JN262325

Educational Issues in Contemporary Japan

現代日本の教育課題

21世紀の方向性を探る
Future Directions in the 21st Century

村田翼夫　編著
上田　学

東信堂

まえがき

　本書は2010年5月に発行した『バイリンガル・テキスト：現代日本の教育──制度と内容──』を引き継ぐものとして作成した。この『バイリンガル・テキスト』も、10年以上前の『バイリンガル・テキスト：日本の教育──制度と課題／教科教育』（学習研究社発行，1998年）の改訂版として発行されたものである。同テキストは、本来、外国人教員研修留学生が日本の教育を理解するためのテキストとして編集された。彼らが日本の教育を自主的に学習しようとしても適当なテキストや参考書がないという不満に応えようとするものであった。そのため、日本の教育全体の特色が理解できるように、教育制度、教育行財政、学校経営、社会教育、教員制度、国際教育それに教科教育（9科目）、勤労体験学習、職業教育、および教育内容、方法の概要、課題などを盛り込んだ。

　また、従来、日本では先進国の情報文化の受入れに腐心する傾向がみられた。他方で、今日の日本では、特色ある科学技術、社会制度、伝統を持つ教育文化などを外国の人々に伝え理解してもらうこともきわめて重要になっている。例えば、「日本の教育経験」を見直し、その特色、長所を外国、とりわけ開発途上国における教育改善に活用してもらおうとする動きもみられる。いうなれば、情報受信型国家から情報発信型国家へ転換することが求められていると考え、国際的に通用するバイリンガル・テキスト（和英対照）として『現代日本の教育──制度と内容──』を発行した。

　本書は、このテキストの主旨を受けて、現代日本の教育がどのように運営され、その実態はどうなっているのかなど、制度とその内容に関する全般的

な特質を認識していただくことを最優先課題として、日本の教育の背景や基本原則から教育制度、教育行財政、社会教育、教育の国際化、教育格差などの現状と課題を解説し、同時に学校において展開されている教育の内容や方法について各教科や領域に即して記述している点が特色となっている。このような教育全般にかかわる理解は重要であることはいうまでもないが、現時点で日本の教育が社会の発展と国際化、情報化などの進展のなかでどのような問題を抱え、いかなる短期的、長期的課題に直面しているのか、またそれらを克服する方策にはどのようなものがあるのか、などについても考察を加え、知見を提供していこうと考えた。こうしたことも、わが国の現代教育に関心をもっておられる方々への便宜となろうという観点から、本書を企画したのである。刊行にいたるまで幾度となく研究会を開催し、各メンバーの担当部分の発表と内容の検討を行ってきた。分野の異なる研究者による意見の相互交換や内容の吟味などによってある程度偏りのない記述となったのではないかと考えている。

　ただし、紙面の都合上『バイリンガル・テキスト』で取り上げた全分野を記述する余裕がなかったので、重点的に取り上げるべき大きな課題があると思われる分野を選択した。特に、教科については、今回、カリキュラム全体の改革以外では、道徳、理科、および情報の3教科にしぼることにした。いずれにしても、本書では現代日本の多方面にわたる教育に関する現状と問題状況・重要な課題を検討している。まず、現代社会の特色である国際化・グローバル化社会、情報化社会、知識基盤社会を見据え、それらの社会と教育の関係について考察している。また問題のある危機的社会として無縁社会、私事化型社会との関係も取り上げた。特に、学校における非行、いじめ、登校拒否の問題、道徳教育の不振、それらと関わるスクールソーシャルワーカー、学校支援NPO、ボランティア活動に言及した。学校、家庭、地域社会の連携の観点から教育を軸とするコミュニティ作りも究明した。教育内容の面では、カリキュラム改革の動向と学校における特色あるカリキュラム作りの課題を示した。さらに、2011年3月に起きた東日本大震災から提起された「放射線」に関する教育、それと関連する理科教育のあり方も解明している。

このように現代日本の教育界には規模の大小はともあれ、解決を迫られている問題・課題は多い。本書ではそれぞれの領域における課題や問題点はできるだけ幅広く提示するよう心掛けたつもりであるが、紙幅の都合上、当該領域のすべてをカバーするまでにはいたっていないということをお断りしておかなければならない。またそれぞれの章節で論じられている内容はできるだけ全体的な整合性を保つよう心掛けたつもりであるが、論者ごとに意図する方向や考え方の面で若干の差異があることも認めなければならない。いずれにしても、本書は、日本の教育の今後の方向性や可能性を総合的に検討した野心的試みであるといえよう。本書の各章節で検討された諸問題・課題が21世紀の日本の教育を展望し将来像を構築するうえで、何がしかの示唆を提示しまたその方向で一定の貢献を果たすことができれば望外の幸せである。

　本書の作成に当たり、図表や索引の整理を手伝ってもらった京都女子大学院生の石田茉優さんに感謝する。ご承知の通り、特に近年は書物を刊行することが極めて困難になってきている。特に研究書やそれに類するものについては販売数が極端に落ち込むなどという現象が常態化している。そのようななか、前述の『バイリンガル・テキスト：現代日本の教育――制度と内容――』に引き続き東信堂の手を煩わせて刊行の運びとなったことは、編者として誠に嬉しく思っている。このような事情のなかで、あえて出版の労をお引き受けいただいた代表の下田勝司氏には深甚の謝意を表したい。また出版に要する経費の一部については、平成24年度京都女子大学の刊行助成金の交付を受けることができた。末尾ながら大学当局の研究活動への支援に感謝の念を申し添えておきたい。

　2013年1月

村田翼夫

上田　学

目次／現代日本の教育課題——21世紀の方向性を探る

まえがき　（村田翼夫、上田学）……………………………………… i

第1章　教育制度の現状と課題　………………（上田　学）… 3
　　　——剛から柔への発想の転換——
　　1　教育の発達とその背景 …………………………………… 4
　　2　現行の学校制度とその特性 ……………………………… 6
　　3　教育の規格化の弊害 ……………………………………… 9
　　4　教育制度の柔軟化への動き ……………………………… 10
　　5　義務教育をめぐる課題 …………………………………… 21
　　6　学校制度の柔軟化 ………………………………………… 24

第2章　特別支援教育制度
　1．特別支援教育の現状と課題　………………（井坂行男）… 31
　　1　障がい児教育の黎明から特殊教育体制の終了までの変遷…… 32
　　2　特殊教育体制から特別支援教育体制への移行 ………… 33
　　3　特別支援教育体制への制度改正に関わる要因 ………… 36
　　4　特別支援教育体制の現状 ………………………………… 40
　　5　特別支援教育の実際 ……………………………………… 44
　　6　諸外国のインクルーシブ教育について ………………… 48
　　7　わが国におけるインクルーシブ教育システムの
　　　　構築に関する検討状況 …………………………………… 52
　2．特別支援教育における国際協力の展開と課題…（中田英雄）… 57
　　1　開発途上国の特別支援教育に対するわが国の国際教育協力… 58
　　2　おわりに …………………………………………………… 66

第3章　教育行政の課題と展望 ……………………（上田　学）… 69
　　　──教育サービスの提供とヒト・モノ・カネの効果的配分──
　　1　現代の学校教育の現状 ………………………………………… 70
　　2　現代の教育と教育行政の役割 ………………………………… 71
　　3　教育委員会にたいする批判 …………………………………… 79
　　4　教育の実施に必要な財源の調達 ……………………………… 85
　　5　地方の再編成と行政 …………………………………………… 89
　　6　まとめ …………………………………………………………… 91

第4章　社会教育分野の現状と課題 ………………（岩槻知也）… 95
　　　──「新たなコミュニティ」の構築に向けて──
　　1　問題の所在──いま、なぜ「新たなコミュニティ」か？ ………… 96
　　2　コミュニティづくりの理論的基盤──ソーシャル・キャピタル
　　　研究とコミュニティを巡る新たな研究領域── ……………… 97
　　3　「教育」を軸とした新たなコミュニティづくりの事例研究
　　　──アメリカ・イギリス・日本の取り組みから ……………… 107
　　4　まとめにかえて ………………………………………………… 117

第5章　ボランティアの意味と教育課題 …………（内海成治）…123
　　　──学校へのボランティアの導入をめぐって──
　　1　ボランティアをするとはどういうことか …………………… 124
　　2　ボランティアとは何か ………………………………………… 125
　　3　現代のボランティア …………………………………………… 130
　　4　教育とボランティア …………………………………………… 133
　　5　ボランティア論から見た教育とボランティア ……………… 142
　　おわりに …………………………………………………………… 143

第6章 多様な個性を育てる教育の社会的課題………（森　繁男）…147
　　──階層とジェンダーにみる格差の克服──
　　はじめに …………………………………………………………… 148
　　1　学力形成と社会階層──**階層格差の克服と学校教育支援** … 148
　　2　学校教育とジェンダー化──**性別に囚われない個性の実現へ** 158
　　おわりに …………………………………………………………… 169

第7章 教育の国際化の現状と課題 ………………（村田翼夫）…171
　　──多文化共生社会への対応──
　　はじめに …………………………………………………………… 172
　　1　学校教育の国際化 ……………………………………………… 174
　　2　大学の国際化 …………………………………………………… 185
　　3　国際教育協力の現状と課題 …………………………………… 191

第8章 カリキュラム改革の現状と課題 …………（山口　満）…199
　　──特色あるカリキュラムづくりへの展望──
　　1　国のレベルでのカリキュラム改革の動向 …………………… 200
　　2　自治体・教育委員会による特色あるカリキュラムづくり… 203
　　3　学校における特色あるカリキュラムづくり ………………… 208
　　4　今後の課題と展望 ……………………………………………… 212

第9章 道徳教育の現状と課題 ……………………（堤　正史）…227
　　──慣習的道徳と反省的道徳を共に生かす教育──
　　1　道徳教育の現状 ………………………………………………… 228
　　2　脱イデオロギーの道徳教育 …………………………………… 232
　　3　道徳の二様態と道徳教育 ……………………………………… 237
　　4　宗教教育と道徳──**宗教的情操の問題** …………………… 241
　　5　民主主義と道徳教育 …………………………………………… 244
　　6　これからの道徳教育 …………………………………………… 251

第10章　災害と理科教育 ……………………………（内海博司）…257
　　　——放射線の人体影響を考える——
　　1　東日本大震災が理科教育に問うもの ………………………… 258
　　2　新学習指導要領と放射線 ……………………………………… 263
　　3　放射線を理解するのに必要な理科とは ……………………… 269
　　4　放射線の人体影響 ……………………………………………… 274
　　5　放射線と社会 …………………………………………………… 279
　　6　世界の理科教育の動向 ………………………………………… 284
　　7　疑う心、正しく恐れる ………………………………………… 286

第11章　教育の情報化 …………………………………（久保田賢一）…293
　　　——知識基盤社会に生きる市民を育てる——
　　1　現代社会の急激な変化 ………………………………………… 294
　　2　教育の情報化政策 ……………………………………………… 295
　　3　情報教育のカリキュラム ……………………………………… 298
　　4　変わる能力観と学習環境 ……………………………………… 301
　　5　教室を開くICT活用 …………………………………………… 304
　　6　ICT活用能力育成のための環境の整備 ……………………… 306
　　7　情報化の負の側面に対する対応 ……………………………… 310
　　8　韓国の情報教育 ………………………………………………… 313
　　9　まとめと展望 …………………………………………………… 316

執筆者紹介 ……………………………………………………………… 321
索　引 …………………………………………………………………… 323

現代日本の教育課題

──21世紀の方向性を探る──

第1章　教育制度の現状と課題
——剛から柔への発想の転換——

上田　学

本章のねらい

　教育という営みは古くから行われてきたが、現代社会にあっては極めて多様な形態で展開されているとともに、大規模に教育サービスが提供されるという特徴をもっている。このような状況を円滑に運営していくためには、教育という営みを通じて得られた知識や技能が社会から正当に認知されるとともに、その基礎となる学校やその他の教育機関の活動が一定の質を保っていることが不可欠となる。これを維持し発展させるために教育制度が形成され、教育の普及に大きな貢献をしてきた。とりわけ日本においては明治以来の教育の近代化の過程で、早期から制度を確立してきたのである。その後の日本の教育の発展を考えると制度の拡充がこれに多大の寄与を果たしてきたととらえられよう。

　しかしながら近年の政治改革の動向と軌を一にしながら、教育が社会環境の変化や人々のニーズに柔軟に対処し、より効果的に提供されることが求められてきた。また学校のあり方やその運営についても地域や子どもの実態に即応する体制が模索されるようになってきた。従来からの基本的な制度に加えて高等専門学校や中等教育学校などが新たに開設されるとともに、異なる学校段階間の連携もまた始まってきている。さらには学校の設置主体の多様化やこれまで整然と行われてきた学校運営についても、地域住民や保護者の意向を忖度(そんたく)することが行われてきている。

　そのようななかで、制度の根幹部分をしめる義務教育についても「不登校の児童・生徒」への対応のあり方から、制度そのものへの検討課題が提起されようとしている。これらの多様な問題にどのように対処し、より精度の高い教育サービスを提供していくことが、今後の日本が直面する大きな課題であるといえよう。

1　教育の発達とその背景

　教育という営みは人間社会の発生とともに発生し、その歴史は極めて長いといわれている。それは人が誕生した段階から大人としての活動ができるまでの期間が他の動物に比して長く、その成長段階において、生活するために必要な習慣や行動様式、コミュニケーションの手法や対人関係、あるいは生計のための経済活動などに要する知識や技能の修得などが不可欠であったからである。また人々が生活の基盤とする共同体の維持・継続をはかるためには、これを構成するメンバーに共同体の慣習や知識などを伝達することが避けられなかった。そのため方法や形態の違いこそあれ、教育は人類にとって必要な働きかけであり、古くから無視できない営みとして家庭や集落あるいは社会のなかで継続して行われてきた。

　これとは別に、社会の継続発展のためには多くの分野で技能や知識の向上が不可欠であった。古代国家においては土木や建築、天文、造船、兵器、医療、宗教、法律、文書保存などの分野で専門職が必要とされ、このような人材を育成するために小規模ながらも学習・教育を行うための特化された組織として、学校もまた開設されていた。しかし近代社会になるまで、大部分の民衆は共同体の一員として必要な知識・技能を、家族や近隣社会などとの生活を通じて身につけていくという、それまでと変わらない環境のなかで過ごしてきたのである。

(1) 近代社会における教育制度の発展

　このような目的を異にする二つの教育が長きにわたって展開されてきたが、しかし人類の生活様式は18世紀後半から始まる産業革命を境にして大きな転換を余儀なくさせられた。当初はイギリスの農村における織機と紡績という家内工業における技術改良に限定されていたが、その後は原料の供給、製品の搬送方法、農業の運営方式やエネルギー源の水力、蒸気への転変をもたらし、また工場の大規模化とともに平野部や港湾地帯に移転し、その地が新興工業都市となっていった。また工業生産の飛躍的発展により製品の販路は

国内にとどまらず、海外市場へと拡大し、その過程で産業革命を達成した西洋諸国はアジア・アフリカ各地を販売市場としてだけでなく原料の供給地として確保するため次第に植民地としていった。

　このような社会の根幹を揺るがす大変動は人々の生活様式にも大きな変化をもたらした。貧富の差の拡大や児童労働、都市部の人口の急増による生活環境の悪化などがそれにあたる。このような新たな事態は、当然のこととはいえ教育のあり方をも一変させることになった。従来日常的な生活のなかで必要に応じて行われてきた教育と、一部の人々を対象とする高度な知識・技能の伝達という教育だけでは、社会の必要に対応しきれなくなったためである。また教育を受ける機会も相当な恩恵を受けるものから、ほとんどそれに浴さないものまで大きな格差が発生してきた。

　これを解消していくことが当時の国家には不可欠であり、いわゆる社会政策と呼ばれる新たな分野が登場するようになった。その一環として教育もまた重要な役割を担うことになった。教育を普及させていくことが新たに登場した社会の矛盾を解消させていくことに通じるとともに、すべての人に基礎的な知識と技能を習得させていくことが就業の機会の提供につながり、またそれが一国の経済発展に連動するという認識のもとに全国的な規模で、すべての人々を対象とする教育サービスの提供が始まっていった。国によって若干の差異はあるものの、おおむね19世紀後半に全国的な教育制度が西洋の先進諸国において始まったという事実が教育の重要性の認識が広がっていったことを示しているであろう。

(2) 教育制度の意味とその構成

　全国民を対象とする学校での学習は、初歩的な読み書き、算数や社会や自然に関する基礎的な理解をはじめとして、学校後に待ち受けている職業にうまく適合し、あるいはより高度な知識や技能の育成を目的とした内容となっていた。

　このような教育サービスの展開のなかで、系統的かつ段階的に提供される教育の質を一定に保つことが要請されることになった。全国的に行われる教

育の質が一定であることが社会的に公認されれば、そこでの学習の成果をもとにして他所への移動や上級の学校に進学することが可能となる。いいかえれば学習経験の質に互換性を付与することによって、人々の移動に対応できることにもつながるのである。このような配慮のもとに教育サービスが規格化された仕組みが教育制度である。したがって教育制度には、社会に多様な形態で展開されている教育のうち、明確な目的を伴って実施されているものすべてがその範疇に入る。具体的には学校教育はいうにおよばず社会において幅広く行われている社会教育もそれに含まれる。しかしより形式がはっきりと識別でき、また対象とする人々の多さや社会の関心の深さなどを考慮すると、学校教育が教育制度の根幹にあることは間違いなく、その意味で教育制度と学校制度が同義のものとして理解されることも少なくない。

　それでは教育の質を確保し、その水準を一定にするために具体的にはどのような手段が講じられているのであろうか。就学(入学)年齢もしくは資格を定め、また修業年限を設定するとともに、そこにおける教育内容や水準を一定のものとするなどがそれにあたる。さらには物的な側面や人的な面においても一定の基準が設けられている。前者には年間の授業日数、教科の種類やその内容・水準、学習組織としての学級の編制や学校規模、学校として備えていなければならない各種の施設・設備、備品などが含まれる。後者は学校の運営に必要な人員の配置とそれらの人々の役割、さらには学校教育に関わる人々に一定の資格を求めていることを想起すれば足りるであろう。

　教育の規格は多方面にわたり、これを維持するために法令を定めてその内容の明確化をはかり、標準的な運営を可能にし、また教育の品質を一定に保ち、社会からの信頼にこたえるという機能を果たしているといえる。

2　現行の学校制度とその特性

　現代日本の学校制度の基本を定める法律は、学校教育法である。1947(昭和22)年に制定されたこの法律は戦後の教育改革の中核的な位置を占め、その後の日本の学校制度の基本的枠組みを提示したという点で重要な意味を

もっている。敗戦の結果、日本は当時占領軍の支配下におかれていたが、平和的な国づくりを行う一環として教育の再建に向けて具体的な提言を行うために招聘されたアメリカ教育使節団の調査報告書の建議を取り入れながら、日本側で編成された「教育刷新委員会（後の教育刷新審議会）の建議をもとに制度化されたのがこの学校教育法（1947年（昭和22年）3月）である。その具体的な考え方は、これと同時に制定された教育基本法の精神、すなわち民主的で平和的な国家を構築するために教育が大きな役割を果たすという観点に基づき、教育における民主主義の実現を図ろうとするものであった。具体的には学校制度は教育における特権の廃止と教育機会の平等を実現するため、6－3－3制という単線型が実施された。また学校教育は個人の利益に資するだけでなく、社会全体の発展と発展に連動していることから、教育基本法では「公の性質」（第6条）を有していることを明確にしていることを受けて、学校を設置する主体を「国、地方公共団体及び法律に定める法人」という三者に限定したのである。

　この時点で構築された学校は幼稚園、小学校、中学校、高等学校、大学（短期大学を含む）、養護学校、盲学校および聾学校であり、制度自体はきわめてシンプルであった。学校教育法では学校制度全般にかかわる事項、すなわち設置・認可、経費の負担、教員等の配置、学生生徒にたいする懲戒、健康診断などをはじめとして各段階の学校の教育目的や目標、教育課程、入学年齢およびその資格、修業年限、必要とされる教職員の配置などが定められた。また学校教育法の規定をもとにより詳細な手続きや実際的な運用については、同法施行令[1]や同法施行規則[2]が、各段階の学校の施設・設備・編制の基準については、学校教育法施行規則（3条）の規定をうけて「設置基準」[3]が定められ、各学校の維持・管理の際に準拠すべき基準としてその遵守が求められた。

　以上のことからわかるように、全国的に提供される教育の水準を維持するために、教育の実施に不可欠と考えられる教育内容、教員、さらには施設・設備・備品などの面から基準やルール（規範）が必要となる。その積極的な意味は、学校ごとに任意に教育を行っていけば、学習内容にばらつきが出ることになり、児童・生徒が一定期間に学習したことをもとに認定される修了資

格の効力が保障できないことになる。そのため卒業ないしは修了資格は他地区では有効性を持たなくなり、転勤や転居による転入学が円滑に認められないなどの不都合が生じることは避けられない。このような資格の互換性が確保されない状態では、教育の普及の妨げになるだけでなく、甚だしく非効率な仕組みであるとの誹りを免れない。さらには学校や地域ごとの格差が生じることになり、教育上の不平等を惹起することにもなろう。そのため制度を規格化し、全国水準を維持していくことは調和のとれた教育の普及をはかるうえで極めて重要であるといえる。

　現代日本の学校制度は先にも述べたように学校教育法を中心にして教育法規が整備され、これらをもとにして規格化・標準化された教育サービスが提供されている。これと同時に、近年国境を越えた人の移動が盛んになってきたことを受けて、諸外国における教育と国内の教育との間の互換性を確保すべく、一定の制度化が図られてきている。たとえば外国で現地の学校教育を受けたものが帰国した場合、当該児童・生徒が義務教育年令であればその居住地における小中学校の該当学年に転入が認められている。同様に、来日した外国人の子弟であっても義務教育年令であれば、該当学年への編入となる。ただし日本語能力が十分でないと判断される場合には、これに対応した学年に配属される場合もあるものの、原則的には日本人と同等の扱いがなされることになっている[4]。高等学校は義務教育ではないため、学校ごとに入学時に選抜が行われているが、高校段階の子弟が帰国した場合には、学校および設置者にたいし「編入学試験の実施回数を増やす」「編入学希望に可能な限り応じられるように特別定員枠を設定する」（1988（昭和63）年10月8日付文部事務次官通達）などの配慮を求め、編入学が円滑に進むことが期待されている。大学入学については外国において12年の教育歴があれば高等学校卒業と同等に受験資格があるものと判断することになっている（学校教育法施行規則150条）。また国際的に認められている大学入学資格の1つである「国際バカロレア資格」も、18歳に達したものでこれを保有していれば西洋諸国を中心に世界の大学への入学資格が認められている。その意味で国際的に通用する基準が設定されていることが、教育を受ける機会の幅の拡張につながって

いるといえよう。

3　教育の規格化の弊害

　これまで述べてきたように、教育を全国的に普及させるとともに、初歩的な段階から高度な教育を体系的に提供するために教育内容のみならず、施設・設備や配置される人員の資格や能力を均質化し、さらには学校を中心とする教育の場の運営の仕方などに関する規格を明確にして、地域や段階によって明確な差異が生じないような工夫と配慮がなされてきた。このように教育制度を確立し均質的な教育を提供していくことは教育の普及と発展にとって必要不可欠なことであることは言うまでもない。

　しかしこのような規格が硬直化し、融通の効かない状態で運用されたらどのようなことが生じるであろうか。昭和20年台前半に着手されたいわゆる戦後の教育改革は、その後の国際情勢の変容や東西対立の激化の中で、連合国側の日本に対する占領政策の転換と軌を一にして次第に変容していった。改革当初に設定された教育における自由と民主主義の実現という方向は次第に放棄され、中央集権的な制度運営へと変化していった。具体的には教育の地方自治を実現するために始まった教育委員会制度が1956(昭和31)年に改定され、制度そのものは存続することになったものの教育委員の選定方法が改められ、また委員会の独自の権限にも制約が加えられることになった。さらには教育長の任命に際しては、市町村については府県の、府県の教育長の場合には国の承認が必要となり、また地方の教育行政の執行に関しても国が是正措置を講じることができるなど、総じて国と地方が上下関係となっていった。

　他方、初等、中等教育における学習内容についても、当初は文部省(当時)が提示した学習指導要領は「試案」とされ、これを参考・素材としながら地方の実態に即して独自に教育内容を編成していくことが認められていた。しかし1958(昭和33)年の指導要領の改定時からこの「試案」という文言は削除され、学校教育法施行規則において「教育課程の基準として文部大臣の定める

学習指導要領によるものとする」と規定され、これを根拠に指導要領には「法的拘束力」があり、これに従うことが求められるようになった。これによって国の定める学習指導の指針が全国の教育水準を統制するだけでなく、指導要領の内容を基準として教科用図書(教科書)検定が行われるようになり、国が学習内容とその水準の設定と実施に強大な役割を担うようになったのである。

　このように国の役割が強化されていくなかで、制度の運営が果たして適正であるのかどうかが問われるようになってきた。1977(昭和52)年の指導要領の改定が検討された背景として、当時まで学校での学習についていけない、いわゆる「落ちこぼれ」の児童・生徒が徐々に増え始めて次第に深刻さが増してきていたことがあげられる。その原因の一つとして挙げられたのが過密な学習内容であり、指導要領にしたがって年間授業日数の確保と教科書の内容を完了することが求められ、そのため授業内容を十分に理解できないまま置いてきぼりになる子供の存在が社会問題化するようになったのである。このような事態を受けて、多様な学力の児童・生徒を一律のカリキュラムで統率し、同一内容で過密な授業を展開していくことにたいする疑問が投げかけられるようになった。とはいえこの時点での改定は、学習内容と授業時間の縮減が中心であり、全国一律のカリキュラムの見直しまでには至らなかった。

4　教育制度の柔軟化への動き

　1993(平成5)年に細川内閣が発足したことにより、いわゆる55年体制といわれる戦後の保守政治にピリオドがうたれ、それ以後は約50年にもおよぶ社会制度全般への見直しが提起されていった。それはまた欧米における「新自由主義」に基づく新しい社会政策の展開と課題意識を共有するものであった。

　一般的に現代にあっては、国家は社会保障、公的扶助、公衆衛生、住宅、教育、環境など国民生活の多様な領域に介入して行政サービスを提供するようになり、またその範囲や規模は飛躍的に拡大してきた。そのため政府の所管する

業務も増大し、それにともなって支出も大幅に拡大せざるをえなくなった。しかし肥大した行政機能は同時に数多くの弊害をもたらした。たとえば拡大する行政需要に対応するための支出の膨張が財政の硬直化を生み出すだけでなく、経済成長の停滞と相まって赤字財政という事態を招来し、それが国民の税負担を拡大するという悪循環を生み出したのである。このような事態を解決するために提唱されたのが、「新自由主義」といわれる考え方である。具体的には政府の規模を縮小するとともに支出対象を整理して財政効率を高め、民間活力を刺激すべきであるというのがその主張の骨子である。このような役割の縮小した状態が「小さな政府」である。

(1) 近年の改革動向の背景

　1990年代後半から始まる施策の転換のキーワードは「規制緩和」「地方分権」「構造改革」であった。「規制緩和」という政策は主に経済や公共政策に関わる分野に固有のものであり、産業や民間事業に対する政府の規制を撤廃または緩めることを意味する。たとえば市場参入に関する規制を廃止することによって、新しく市場に参入できる企業が増え、製品の開発や技術の向上、さらには効率性の追求などにより経済を活性化させることが期待される[5]。これにたいし「地方分権」は、憲法に規定されている地方自治の原則を積極的に推進していこうとする政策である。いうまでもなく憲法では、地方の住民に直接かかわる業務については地方自治体で処理するという仕組みが制度化されていた。しかし地方自治の実態が「3割自治」といわれるように、地方公共団体が徴集できる財源は必要経費のわずかに3、4割にすぎず、残余はいったん国庫に吸収されたのちに地方に再配分される地方交付税交付金に依存せざるをえない状況にあった。また地方公共団体の実務の約7割が国からの委任事務であり、当該事務の処理については国から監督を受けることになっており、地方の自治が形骸化していると批判されてきた。このような事態を打開するため、1990年代中ごろから「地方分権改革」が政策の課題となり、中央政府に集中した権限や財源を地方に移すとともに、国の地方に対する関与を縮減もしくは廃止して地方ごとに政策を推進することを目的とした「地方

分権一括法」が制定された(1999(平成11)年)。この傾向はさらに小泉政権下で「三位一体政策」として加速され、地方への権限と財源の移譲による地方自治の実現に向けた方策が展開された。

これにも関連するが、「構造改革」は「官から民へ」「中央から地方へ」「小さな政府」などをキャッチフレーズにして小泉政権(2001(平成13)年4月～2006(平成18)年9月)が積極的に推進した政策であり、新自由主義に立脚した改革構想を指している。中央政府の役割が時間の経過とともに拡大の一途をたどってきたために、財政規模も膨張するとともに支出も次第に膠着していくという傾向が顕著になってきた。このような事態から脱却し経済活動を活性化させるために提唱されてきたのが「構造改革」であった。具体的にはこれまで公共サービスと考えられていた部門を民営に転換させ、市場化を促進させるとともに、特区政策[6]を推進することなどがその中心であった。

いずれにしてもこれらの新しい政策は経済、社会の多方面にわたって展開されてきたものであるが、このような動向は教育のあり方にも多大な影響をもたらし、教育制度面においても改革が行われるようになってきた。

(2) 近年までの制度改革

先にも述べたように、1947(昭和22)年に制定された現行の学校制度はその後も基本的な枠組みを変更することなく今日に至っているが、いくつかの点で修正がくわえられてきている。それは高等専門学校と中等教育学校の新設である[7]。

① 高等専門学校の新設

先に触れたように、戦後の教育改革では戦前の複雑な学校種を統合・整理し、単線型学校体系が導入された。職業教育は高等学校における職業科か、大学教育に委ねられたのであるが、この両者の中間的な性格を併せ持つ職業学校への要望は、早くも1951(昭和26)年の政令諮問委員会において表明されていた。そこでは「高等学校の課程も…学校毎に、普通課程に重点をおくものと、職業課程に重点をおくものとに分ち、後者においては専門的職業教

育を行うものとする」ことを提案し、同時に「大学は2年又は3年の専修大学と4年以上の普通大学とに分つこと。専修大学は専門的職業教育を主とするもの（工、商、農専修大学）と教員養成を主とするもの（教育専修大学）」に分けることが提案されていた。これは実現には至らなかったが、経済団体などからの要望を受けて1961（昭和36）年に学校教育法が改定され、その翌年から工業系の学校として、中学を卒業した者に5年間の教育を提供する学校が新設されることになった[8]。

図1-1は発足以来の高等専門学校数とそこに在籍する学生数の推移を示したものであるが、ここからわかるように制度発足直後から学校数には大きな変化は見られず、近年では微減傾向を示している。同様に学生数も微増しているものの、急激な変化を示しているとはいえない。

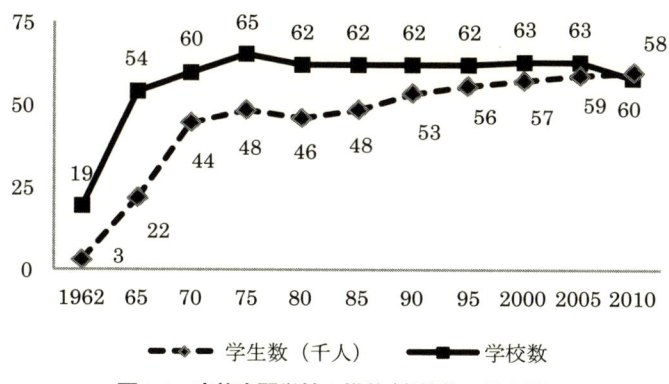

図1-1　高等専門学校の推移（学校数・学生数）

これを別の角度からみるために、中学を卒業した者が高校と高専にどのような割合で進学していったかを示したのが表1-1である。高校への進学者数には年度によって若干の変動が認められるが、いずれの年度にあっても高専への進学者数は高校入学者の1％にも満たない状況にある。これは高専が工学に重点をおいた学校となっているため、これに関心を持つ生徒を受け入れるにとどまっていること、また高等学校に進学したほうが大学受験に有利であること、すなわち一般的な傾向として大学への進学者数が増加していくな

かで、逆に高専に進学した場合には大学への入学の道が閉ざされるといういわゆる「袋小路」への懸念が高専の普及の妨げになったと理解できる。これにたいし高専の卒業生を受け入れて専門教育を施す科学技術大学[9]が創設され、また大学側も短期大学や専門学校[10]の卒業生が3年次に編入学できる体制を整えるなどの措置が取られるようになってきたため、高等専門学校の卒業生が大学等に進学する率は42.2％にまでなっている。このため従来からいわれてきた「袋小路」という指摘は成り立たなくなってきた反面、実践的中堅技術者の養成という設置の趣旨が変容してきているのである。そのため精査された教育内容を短期間で修得させ、より実務的な能力を育成するという高専としての特色を今後どのように実現させるとともに、若年層がここに進学する際にどのようなインセンティブを提供していくのかという課題が指摘できよう。

表1-1　高校と高専への進学者数の対比（a、bともに千人）

年号	高校入学者(a)	高専入学者(b)	b/a
1962	1,266	0.3	0.02
1965	1,699	0.7	0.04
1970	1,382	0.9	0.07
1975	1,468	1.0	0.07
1980	1,628	1.0	0.06
1985	1,771	1.1	0.06
1990	1,871	1.1	0.06
1995	1,552	1.1	0.07
2000	1,400	1.1	0.08
2005	1,184	1.1	0.09
2010	1,166	1.1	0.09

② 　中等教育学校の開設

　中等教育学校は、小学校の教育の上に中学校と高等学校教育を一貫して施すために、1999（平成11）年から開設された6年制の新しいタイプの学校である。子供たちの心身の発達の速度が速まっていくなかで、安定した雰囲気のなかで教育が受けられることは重要である。すでに1970年代から高校へ

の進学準備が厳しくなるにしたがい、それが子どもたちを圧迫しはじめており、その早期解決が求められていた。これとは別に一部の私立学校では中・高一貫の教育が行われていた。このような状況において1997(平成9)年の中央教育審議会は「ゆとりある学校生活をおくることを可能にすることということの意義は大。このため中高一貫教育を享受する機会をより広く提供していくこと」をその答申に明記した[11]。これをうけて登場したのが中等教育学校である。ここからわかるように中等教育学校は中学校と高校という二つの独立した学校組織を完全に統合したものである。

　中等教育学校が新たに登場した当初はその数が限られていたが、時間の経過とともに増加し、2012(平成24)年度における校数は49になっている。これとは別に中学校と高校の緊密な連携を図ることも実施されてきている。具体的には、中等教育学校のように学校の統合にまでは至らないが、入学選抜を行わず同一の設置者による学校間の連携を強化した併設型の中高一貫教育校や、異なる設置者(市町村立と府県立など)による中学校と高校が教育課程の編成や教職員、生徒間交流などの連携を行うことによって中高一貫教育を実施する連携型と呼ばれるタイプなどがそれにあたる。下の図表(**表1-2**、図

表1-2　中高一貫教育校の推移[12]

年度	中等教育学校	併設型	連携型	合計
1999	1	2	1	4
2000	4	10	3	17
2001	7	15	29	51
2002	9	26	38	73
2003	16	49	54	119
2004	18	69	66	153
2005	19	82	75	176
2006	27	100	76	203
2007	32	170	78	280
2008	37	222	79	338
2009	42	247	81	370
2010	48	273	81	402

1-2)からうかがわれるように、このようなタイプの学校はその発足以来、約10年の間に着実に普及を見せている。

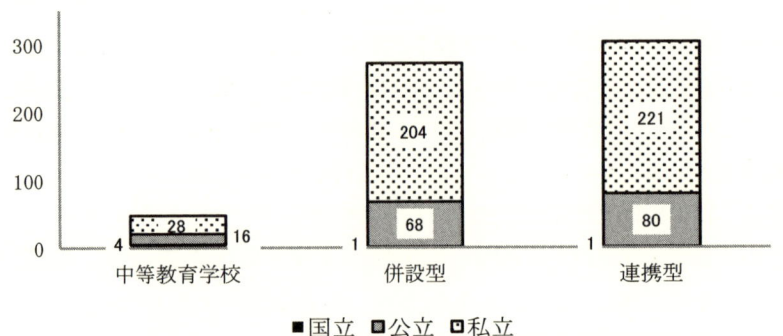

図1-2 中高一貫教育校の現状(設置者別:2010(平成22)年)[13]

　いずれにしてもこれらは中等教育段階における学校組織の改編であるが、義務教育期間は9年であることには変わりなく、そのため6年制とはいえ中学校と同じ年齢層をもつ前期と高校段階に相当する後期に大別して、それぞれの段階に適用される教育課程を編成することになっている。しかしどのようなタイプの一貫教育学校であっても、比較的整備された教育環境のなかで学習が進むことが考えられ、その意味で大学受験に有利なのではないかという見通しから、志願する者が多くそのため受験競争が激しくなることが懸念されている[14]。これを別の角度からとらえると、中等教育が一貫型と従来型の二つのパターンに分離していることになり、これら二つのセクター間の格差が大きくなっていくことも問題点として指摘できる。

(3) 近年の制度改革の動向――異なる学校間の接続連携政策
　新しいタイプの学校を創設するのではなく既存の学校段階をめぐってその相互接続をより緊密にするという「連携」策もまた展開されてきている。

① 幼小連携

　近年「小1プロブレム」という言葉が登場してきたことからわかるように、小学校に入学して間がない段階で、集団的な行動がとれなかったり、椅子に座って先生の話が聞けない子どもの存在が知られるようになってきた。幼稚園での活動と小学校での生活との間にかなりの違いがあり、それに馴染めないことがその原因といわれている。これらの状況を放置しておくと当該児童にとってマイナスになるだけでなく、他の児童の学習活動に影響を与えるため、その解消策が模索されてきた。例えば幼稚園と小学校教育と円滑に接続させるため、幼児と児童の交流の機会を設けたり、両方の教師の意見交換や合同の研究の機会を設けるなど、両者の連携を図ることなどである。このような試みが奏功することが期待されるのは当然であるにしても、「小1プロブレム」という現象が発生するのは、幼稚園と小学校がまったく別タイプの教育を提供し、また子供たちの活動や教員の指導の方法が大きく異なっているからであり、後者が義務教育として位置づけられている反面、幼稚園への入学が任意であるという状態が長く続いてきたからに他ならない。学校教育が円滑に提供され、子供たちが豊かな人間関係と効果的な学習活動が続けていけるようにするためには、学校段階間の溝を小さくし、比較的容易にその間隙が埋められるように制度間の連結状況が構想されることが期待されるであろう。

② 小中連携

　同様の現象は小学校と中学校間にもみられる。同じ義務教育段階にあるとはいえ、両者の形態はかなり異なるだけでなく、成長の度合いが著しい年齢段階にあり、また複数の小学校の出身者が統合される中学校では人間関係を円滑にできるか否かが学習活動に影響を及ぼすといえる。そのため両者の独自性と連続性を踏まえ、一貫性のある教育が求められてきているのであり、小中9年間の教育課程の構造的理解を通した教師の指導力の向上を目指す取り組みが検討されてきている[15]。

　いうまでもなく小学校では学級担任が全教科を担当するというのが一般的

な指導形態であるが、中学校では教科担任制を取り入れている。また学習内容と指導方法が小学校と相当程度異なることから、このような仕組みに馴染めなく、次第に「学習意欲の減退」「学力不振」「学校離れ」「不登校」などに陥っていく傾向が指摘されている。このような問題を解決するには小中学校間、学校と家庭、地域とがより連携を強化し、それぞれがもつ情報を共有することによって、子どもの学力保証とその向上を図るとともに、生活指導面においてもこの連携を有効に活用していくことが必要であるという観点で、これを実行する試みが行われてきている。その背景には小・中学校という異なった義務教育段階を通して円滑な指導を行っていくことの必要性についての認識があるといえよう。また子供たちの成長速度や社会環境が大きく変貌しつつある現在、6－3制にこだわるのではなく、地域の実情にあわせてたとえば4－3－2制や5－4制など柔軟な対応策を提供し、教育の成果を中心に据えた考え方が広がりを見せてきている。またこれにあわせて教育の場としての学校も小中一体として実施するようなケースから、小学校と中学校における学習のプログラムを一体としてとらえ、指導上の工夫をこらした学習活動を展開していくような事例まで様々である[16]。

③ 高大連携

　学校段階が異なる学校間の「連携」という現象は、高校と大学の間にも波及している。「高大連携」とは、大学における学修の単位の認定[17]、大学の科目等履修生や聴講生、公開講座の活用[18]、大学教員による高校での学校紹介や講義の実施など[19]を指している。高大連携は18歳人口の減少によって志願者の確保に無関心ではいられない大学側から積極的に高校ならびに高校生に働きかけを行うことから始まった。また大学が地域の期待やニーズに応え、大学での学習環境に対応できるように高校時代から準備をすすめることなども、このような施策を推進する動機としてあげられている[20]。

　他方では、大学への進学そのものの在り方を修正する方策も実施されてきている。いわゆる「大学への飛び入学」といわれているものがそれにあたる。これは1998（平成10）年から実施されてきており、成績優秀な高校生に

は2年間の在籍で大学受験資格を付与し、大学院を持つ大学への進学を認めるという内容になっている。このような制度改定は、早期に大学に進学させることにより柔軟な思考力と独創的な発想を育てることを目指したものであり、当初は理系中心であったが、その後文系にもその対象を拡大してきている。千葉大学がこの制度の導入のさきがけであったが、現在この仕組みを活用して進学を認める大学は6大学、この制度により進学した生徒数は累計で約100名と普及には程遠い状況にある。その理由の一つに、「飛び入学」をした場合には出身高校を中退したという扱いになり、大学を卒業できない場合には「中卒者」となることや、高校での人間関係による成長を度外視している点などが指摘されている[21]。このように高等学校の卒業資格が大学への入学に必要という制度が「大学への飛び入学」という仕組みによって、例外を認める取扱いが承認されるようになってきた。

　このような例外的な取扱いの事例は、大学院への進学時にもみられる。すなわち大学の修業年限は医歯薬学を履修する課程(6年制)を除くと、4年制(夜間、通信制を除く)となっており、これらの課程を終えた者が大学院への入学資格を持つものとされている。しかしながら当該学部を所定の年数以上在学し、当該大学院を置く大学の定める単位を優秀な成績で修得したと認める場合には、上の原則にもかかわらず大学院に入学させることができることになっている[22]。

(4) 学校の設置主体の多様化

　以上に述べてきたいわゆる弾力化政策は学校の設置主体にも波及し、その範囲が拡大されてきている。周知のとおり、従来から法律の定める学校[23]を設置することができるのは国、地方公共団体のほか法律に定める法人のみと規定されてきた。このように設置者が限定されてきたのは学校が「公の性質」[24]をもっているためであるからと説明されてきた。学校がもっているといわれる「公の性質」をどう捉えるかについては、これまで諸説があったが、現在では学校の機能に着目し、社会、公共の利益に深く関わっているからであると考えられている。このような社会的利益を追求するために学校を設置

する主体を三者に限定してその質の維持をはかってきた。

しかしながら経済活動の活性化を図るために「構造改革」を推進する政府は2002(平成14)年に「構造改革特別区域法」を制定し、地域の特性を踏まえてそこで独創的な事業を推進することを認めた。その一環として2003(平成15)年5月に、特区において株式会社や特定非営利活動法人(NPO)による学校の設置と経営が認められるようになった。これまで私立学校の自主性を尊重するための配慮として、大学および高等専門学校を除く私立学校の設置や廃止について、所轄庁である都道府県知事は事前に「私立学校審議会の意見を聴かなければならない」という規定があり、行政側の私学統制に一定の歯止めをかけることがその目的であった[25]。しかしながら現下に進行する少子化は私立学校の経営に大きな影を落としてきており、既存の私学の間には一定数の志願者を確保することが経営の安定につながる反面、新規に私立学校が開設されればそれだけ経営環境が悪化するとの懸念があった。そのため現実的には私立学校の新設には幾多の規制が加えられ、事実上新規参入が大きく制約されてきたのである。

現在まで、NPOが学校を設置している事例はなく、そのためこの政策によって開設された学校はすべて学校設置会社によるものであり、その数は約30となっている。会社立学校は制度上私立学校の一種とされているが、私立学校が享受している税制上の優遇措置は適用されず、また私学助成が受けられないなどの問題を抱えているが、学校設置主体にたいして課せられていた規制が緩和されたことは間違いない。

またこれとは別に、学校が果たす教育的機能をすべて学校教員で提供するだけでなく、保護者や地域の住民あるいはNPOなどからの派遣などに依拠しながら幅広く人材を活用することが行われてきている。また保護者や地域住民の意見や要望を取り入れるだけでなく、学校運営に関与するような仕組みが形成されてきており、学校を取り巻く周辺環境は確実に広がりつつある。

(5) 学校選択制の導入

保護者が子供の受ける教育を吟味して学校を選択できるようにし、それに

よって学校の質の向上をはかることを目的とした学校選択制もまた実施されるようになった。義務教育段階にあっては児童・生徒が就学すべき学校は当該市町村の教育委員会がこれを指定するというのが伝統的な制度であった。これまで地理的、身体的な理由に加えていじめ対策を理由とする場合については、指定された学校以外の学校に通学することが例外的に認められてきた[26]。この措置はさらに拡大され、保護者が上記以外の事由により指定の変更や区域外就学を申し出た場合、児童生徒等の具体的な事情に即して相当と判断されればこれを承認するという制度、すなわち「通学区域の弾力化」と呼ばれる方策が進行してきている。これに伴い、教育委員会には通学区域制度や就学すべき学校の指定の変更、区域外就学の仕組みについて、入学期日等の通知など様々な機会を通じて広く保護者に対して周知するだけでなく、保護者が就学について相談できるよう、各学校に対してもその趣旨の徹底を図ることが求められるようになった[27]。

　これらの動向は全体的には制度の「柔軟化」「多様化」の一環であるとみなすことができる。その背景にはそれまで極端に制度の厳格な運営が行われていたことへの反動があるとともに、社会において教育全般にわたるニーズの多様化が養成されてきたこと、あるいは地域に密着した教育の提供が必要であるという認識が広く支持されるようになってきたためであると考えられる。

5　義務教育をめぐる課題

　これまでのべてきたように、近年学校制度の運営については学校段階ごとの接続の在り方や学校運営に関わる地域・保護者の意向の尊重など従来には見られなかった柔軟な発想に基づく政策が展開されてきたが、義務教育制度についてはその根幹にはまったく見直しの手は入っていない。

(1) 義務教育制度

　いうまでもなく義務教育制度は「国民の教育を受ける権利」を実現させるため、保護する子女を持つ国民にたいし「普通教育を受けさせる義務」を課して

いる。同時に市町村にたいし「その区域内にある学齢児童を就学させるに必要な小学校を設置」することを義務づけている[28]。また保護者は子が「満6歳になった日の翌日以後の最初の学年の初めから、満12歳に達した日の属する学年の終わりまで」（小学校および特別支援学校の小学部の場合）と「小学校又は特別支援学校の小学部の課程を修了した日の翌日以後における最初の学年の初めから、満15歳に達した日の属する学年の終わりまで」（中学校、中等教育学校の前期課程および特別支援学校の中学部の場合）就学させることになっており、その期間は9年間と規定されている[29]。ここからわかるように日本における義務教育は病弱、発育不全等やむを得ない事由による就学の猶予又は免除の場合を除けば、9年間の学校教育が義務付けられているのである。しかし上述したように、義務教育年齢が明確に6歳から15歳までと定められていることから、その期間に何らかの理由によって長期欠席（例えば「不登校」）をしてその間の学習が頓挫していたとしても、所定の年齢を超えて在学することは認められていない。またこの厳格な「年齢主義」の原則は、たとえ9年間にわたり在籍していたとしても基礎学力が修得されたか否かは問題視されないという現実を生み出している。

(2)「不登校」問題
　またこれに関連して近年、義務教育段階でいわゆる「不登校」の児童生徒の存在が深刻な問題となってきている。「不登校」とは「何らかの心理的、情緒的、身体的あるいは社会的要因・背景により、登校しないあるいはしたくともできない状況にあるため年間30日以上欠席した者のうち、病気や経済的な理由による者を除いたもの」を指し、現在小学校で約2万人、中学校で約9万を上回る児童・生徒がこれに該当するといわれている[30]。
　義務教育は本来、人として成長していくうえで不可欠の知識や技能を教え、同時に成人したのちに生計を営むために必要な情報や理解力を培うために行われるものである。それが何らかの理由により中断もしくは一部が欠落すれば、その子供の成長と将来に大きな禍根を残すことにつながる。そのため「不登校」の児童生徒数が増加の兆しを見せ始めた時期に、当該児童・生徒が「学

校外の施設において相談、指導を受けるとき、必要な要件を満たすとともに、当該施設への通所又は入所が学校への復帰を前提とし」、当該児童生徒の「自律を助けるうえで有効かつ適切であると判断される場合」には校長は指導要録上出席扱いにすることができる」とされた[31]。このような措置の結果、学校外で何らかの指導を受けている場合、当該児童・生徒は出席扱いとなり、出席日数に加えられることになった。このような学校外施設には教育委員会が設置する「適応指導教室」「教育支援センター」やいわゆる「フリースクール」が含まれ、指定された義務教育学校に行かなくても一定の配慮のもとに教育を受けていると認定される道が開かれたといえる。

しかしながらこのような措置は上記の通知にあるように「学校への復帰」が前提とされており、あくまでも所定の期間、所定の学校で学習することが制度の根幹であり、それ以外の義務教育の形態は認められていない。

義務教育は現行法のように、果たして小・中学校のみで行われるのが適切なのであろうか。受けるべき教育の重要性は否定できないものの、それは学校以外で提供されるという可能性は残されていないのであろうか。また憲法（26条）には「教育を受ける権利」と保護者には「普通教育を受けさせる義務を負ふ」と書かれてあるだけで、学校に就学させる義務にはなっていない。とするならば、学校への就学を義務付けている現行の法制は憲法の規定と矛盾するのではないか、という考え方も当然成り立つであろう。この点について日本以外の国ではどのようになっているのであろうか。事例として英国を取り上げてみよう。

(3) 英国の事例

第二次大戦後の英国の教育の仕組みを規定した基本的な法令は1944年の教育法（Education Act）であるが、その36条には子供が教育を受けられるように、親の義務を次のように定めていた。「義務教育年齢にある子供が学校での正規の在籍またはその他の方法で、その年齢、能力や性向に適合し、十分かつ全面的な教育が受けられるようにすることは親の義務である。」[32] 現行法ともいうべき現在の教育法（1996年教育法Education Act、42条）にも義務

教育段階にある子供の教育を保障するための親の義務が掲げられているが、1944年法の規定と若干の違いはあるものの、規定内容はほぼ同様である[33]。ここから分かるように、学校での在籍が基本としながらも、「それ以外の方法」での教育の提供の可能性を残しているのであり、事実家庭教師を雇うなどによって家庭での学習すなわちホーム・スクーリングという選択肢を許容しているのである。

　この事例をもとにすれば、義務教育の重要性は否定されるべきではないが、それは学校のみで提供されるという硬直した仕組みではなく、それ以外の可能性も許容するという柔軟な対応がありうることが分かる。現在日本で認められている学校外の施設の利用が「学校への復帰」を前提としている以上、あくまでも例外的な取扱いでしかないことは明白であろう。しかし英国の事例を参考にすれば、学校以外でも義務教育の機会があるという仕組みが検討される余地は残されている。もっともこの可能性を検討することが、学校以外の教育機会の質保障と連動しなければならないことは言うまでもなく、いたずらに教育水準を低下させるべきではない。と同時に現行の義務教育が本当に子どもの現状と将来に不可欠の内容となっているか否か、あるいは盤石の態勢を取り続けてきた学校制度そのものにたいする見直しに繋がるかもしれないであろう。

6　学校制度の柔軟化

　日本の学校制度を社会的ニーズと実情に即応してより柔軟にしていくことは、時宜にかなった考え方であり、必要な対処の手法であるといえる。しかし同時に制度のもつ意味を踏まえた場合、原則を尊重して教育サービスを提供していくことも重要な視点であることはいうまでもない。これら二つの異なった側面をどのように調整し、原則を維持しながら柔軟な対応策を講じていくためにいかなる手法が有効と考えられるであろうか。そのためのヒントを再び英国の制度運営に求めながら若干の検討を加えてみたい[34]。

年齢	学年				キーステージ
17〜18	13	Sixth form college	Sixth Form		6th form
16〜17	12				
15〜16	11	Secondary	Secondary		4
14〜15	10				
13〜14	9				3
12〜13	8		Middle		
11〜12	7				
10〜11	6	Primary			2
9〜10	5		Junior		
8〜9	4			First	
7〜8	3				
6〜7	2		Infant		1
5〜6	1				
4〜5		Reception			
3〜5		Nursery			

図1-3　イギリスの学校制度

　イギリスの初等、中等教育制度は1988年の「教育改革法」Education Reform Act: ERAをもとにして運営されている。その概要を示したのが上の**図1-3**である。義務教育期間は5歳から16歳となっており、そのうち11歳までを初等、それ以後を中等教育と分類されている。初等段階の学校にはprimary、infant、junior、firstなどの多種類あり、地域によっては同一州county内で複数の制度が共存するところや、また州によって異なる制度が運用されているなどその実態は外部の者には分かりづらい。このような多様な仕組みを運用するために二つの原則が活用されている。第一は学校種によって修業年限が異なることから、5歳から義務教育の終了段階までを第1学年から最終の11学年までを連続した学年としてとらえる手法である。これによりたとえ修業年限の異なる学校に在学していても、また転校するような場合であっても在学年数が明確であることから、比較や移動が円滑に行われることになる。またこの11年間の教育課程は全国共通カリキュラム

National Curriculumとして知られている。そのため学校種が異なっても学習内容の斉一性は保たれることになる。第二には上記のことと関わるが、学校ごとに修業年限が異なっていれば、卒業や入学資格に混乱が生じるという懸念を払しょくするため、当該地区・地域にはすべて卒業と入学とが連結するような学校系統を用意している。そのため他地区と異なる制度が存在しても、その地区内にあっては何ら運用上のトラブルは発生しない仕組みとなっている。また上に触れたように、たとえ当該地区からの転出入があったとしても、連続した学年制度によって、次学年に進級、進学することに問題が生じることはない。

　このように義務教育段階を一体のものとしてとらえ、その内部の区分けについては地方ごとにこれを委ねるという方策は、地域の実情に基づく制度の運営を可能にし、より柔軟なサービスの提供につながりといえる。同時に英国(イングランド)の場合には、義務教育の開始を5歳からとしている点が注目される。5歳からの教育とはいえ発達段階を考慮しこの段階では幼児の体験や学校生活全体を通じて人間関係や言葉、さらには健康や表現などの分野にかかわる総合的な指導のなかで行われているのであり、それは学校の名称こそ小学校であるものの、具体的な内容は幼稚園のそれと大同小異であることは間違いない。また学校の修業年限を多様化することにより、学校段階の違いによる「段差」の発生も食い止められるであろう。しかしいくつかの学校種が併存するとはいえ、全体として義務教育年限は一定であるという仕組みが厳然と維持されていることにより、教育水準を保持することも可能となろう。このような英国の仕組みをどのように評価するかは議論の分かれるところであるが、日本の学校制度をより柔軟に運営していくうえで検討するに値すると考えられよう。

注

1　義務教育段階の児童生徒の就学にかかわる「学齢簿」や通学区域の指定、特別支援学校への入学、視覚障がい者に関する事項、学校の認可・届出、技能教育施設など。
2　学校の施設設備、私立学校の届出、指導要録に加えて、幼稚園から大学にいたる各段階の学校の設備、学級数、校務分掌、教育課程、学年・授業日、高等学校および大学にあっては入退学・卒業、単位の修得などが詳細に定められている。
3　学校設置基準は各段階の学校の種別に対応して、個別に制定されている。戦後の改革のなかでもっとも早く制定されたのは「高等学校設置基準」(1948(昭和23))であり、次いで「大学設置基準」と「幼稚園設置基準」(ともに1956(昭和30)年)、さらに短期大学が制度として恒久化された段階で「短期大学設置基準」(1975(昭和50))がそれぞれ制定された。なお教育制度の中核に位置する小学校と中学校については、戦後の改革時において施設・設備面でなお十分な成果を上げていなかったこと、国庫補助制度に転換していく過程にあったことなどから長く未制定の状態であったが、ようやく2002年になって制定されるにいたった。
4　宮島喬・太田晴雄『外国人の子どもと日本の教育』、東京大学出版会、2005年、58-9頁。
5　川本明『規制改革』中公新書、1998年参照。
6　従来法規制等の関係で事業化が不可能で「構造改革特別区域法」第二条に規定される事業を、特別に行うことが可能になる地域をいう。当該地域の活性化をはかるために地方公共団体が自発的に区域を設定し特定の事業の実施を例外的に促進させる案を提出して、認可が得られればこれに着手するという制度である。
7　なお現行制度発足時から障がい者が幼稚園、小学校、中学校、高等学校に準じた教育を受け、加えて障がいによる学習上、生活上の困難を克服し自立をはかるための知識や技能を習得するために盲、聾、養護学校が設けられてきたが、2007年の法改正により、それらを一括して特別支援学校とその名称が改められた。そのためこれもまた制度改革であるといえるが、制度の抜本的な改革ではない側面をもっているため、ここでは言及しない。なお制度改革の内容については、次章の「特別支援教育」を参照されたい。
8　表1-2にある学校数のうち、商船高等専門学校が5校含まれているが、他は機械、電気、建築などのほか情報系の学科などによって構成されている。
9　1991(平成3)年に新設された豊橋(愛知県)と長岡(新潟県)の技術科学大学がそれにあたる。
10　学校教育法ではその第一条に定める幼稚園、小学校、中学校、高等学校、中等教育学校、特別支援学校、大学及び高等専門学校を正規の学校としているが、これらとは別に職業技能や実際生活に必要な知識などを教える学校として専修学校に関す

る定めを持っている。多様にある専修学校のうち、専門課程をおく専修学校には「専門学校」という呼称の使用を認めている。(学校教育法126条2項)
11 中央教育審議会『21世紀を展望した我が国の教育の在り方について』(1997(平成9)年6月)。
12 文部科学省『学校基本調査』2011(平成23)年版より作成。
13 同上。
14 過去5年間の中等(前期)への入学時の平均倍率は、国立で約8倍、公立で3～4倍、私立で約4倍、併設型の場合は公立で4～5倍、私立でも3倍程度である。中央教育審議会(初等中等教育分科会『中高一貫教育制度に関する主な意見等の整理：中高一貫教育に関する実態調査結果』2011(平成23)年7月による)
15 西川信廣・牛瀧文宏『小中一貫(連携)教育の理論と方法』ナカニシヤ出版、2011年、6頁。
16 西川信廣・牛瀧文宏、前掲書、12-6頁。
17 なお高校生が大学等において学修を行った場合、校長が教育上有益と認める場合にはそれを当該高校における履修と見做し、単位を与えることができるという措置は、1998(平成10)年から始まっている。(学校教育法施行規則98条)
18 大学の科目等履修生や聴講生、公開講座の活用を行っている学校数は、870校(2009(平成21)年度)となっている。文部科学省「高等学校教育の改革に関する進捗状況」(2010(平成22)年度版)。
19 2009(平成21)年度の場合は、2809校で行っており、2006(平成18)年に比べて338校増加している。(出典、同上)
20 勝野頼彦『高大連携とは何か』学事出版、2004年、22-6頁。
21 「「飛び入学」まだ6大学」『朝日新聞』2012年7月27日(朝刊)。
22 学校教育法103条一項ならびに二項の規定による。
23 学校教育法の制定時(1947(昭和22)年)には小学校、中学校、高等学校、大学、盲学校、聾学校、養護学校、幼稚園であったが、現在では幼稚園、小学校、中学校、高等学校、中等教育学校、特別支援学校、大学および高等専門学校となっている。
24 教育基本法第6条には「法律に定める学校は、公の性質を有するものであって、国、地方公共団体及び法律に定める法人のみが、これを設置することができる」と規定されており、2006(平成18)年の改正によっても何ら変更されていない。
25 私立学校法第8条。
26 これは「区域外就学」と呼ばれ、1985(昭和60)年から認められてきた。学校教育法施行令9条。
27 「通学区域制度の弾力的運用について」(1997(平成9)文部省(当時)通知)。
28 学校教育法38条。中学校の場合にもこれが準用されることになっている。(同法

49条)。
29　学校教育法17条。
30　文部科学省「平成21年度児童生徒の問題行動等生徒指導上の諸問題に関する調査」（2010(平成22)年度『文部科学白書』166頁）。
31　文部省(当時)初中局長通知(1992(平成4)年9月24日)。
32　参考までに法文を掲げると次のようになる。"It shall be the duty of the parent of every child of compulsory school age to cause him to receive efficient full time education suitable to his age, ability and aptitude, either by regular attendance at school or otherwise." Education Act 1944, sec.36.
33　1996年教育法Education Act, 1996(42条)は次のような記述になっている。It shall be the duty of the parent of every child of compulsory school age to cause him to receive suitable education either by regular attendance at a recognized school or otherwise.
34　通常「英国」あるいは「イギリス」といわれる場合、その正式な国名は「グレートブリテンおよび北部アイルランド連合王国」(United Kingdom of Great Britain and Northern Ireland)である(略称として「連合王国」：UK)が、これを構成する区域ごとに教育制度が異なるという特性をもっているため、以下の行論ではイングランドにおける事例をとりあげていることをお断りしておく。なお図1-3は拙著『日本と英国の私立学校』2009年、玉川大学出版部、86頁より引用。

参考文献
・西川信廣・牛瀧文宏(2011)『小中一貫(連携)教育の理論と方法』ナカニシヤ出版。
・日本高等教育学会編(2011)『高大接続の現在』(高等教育研究第14集)玉川大学出版部。
・上田学(2009)『日本と英国の私立学校』玉川大学出版部。
・A. グリーン(2000)『教育・グローバリゼーション・国民国家』東京都立大学出版会。
・川本明『規制改革』(1998)中公新書。

第2章 特別支援教育制度
1. 特別支援教育の現状と課題

井坂行男

本章のねらい

　本章1では、初めにわが国の障がい児教育の歴史をこれまでの特殊教育体制から現在の特別支援教育体制までの変遷として概観するとともに、特別支援教育体制の現状について解説する。さらに、わが国が共生社会を構築していく上で、障がい児教育の領域では現行の特別支援教育体制を充実させながら、インクルーシブ教育システムの構築が目指されているといえる。これらの制度改正にはどのような影響があったのかを考察する。

　特殊教育体制から特別支援教育体制への移行に伴っては一人一人の教育的ニーズに基づく適切な教育や指導を通じて必要な支援を行うために、教育機関と医療・福祉・労働それぞれの関係機関との有機的な連携協力の充実が求められた。そのための新たな制度として、個別の教育支援計画の作成・特別支援教育コーディネーターの指名・広域特別支援連携協議会の設置及び特別支援学校のセンター的機能の充実などが位置づけられた。今後のインクルーシブ教育システムの構築においては合理的配慮や基礎的環境整備、連続性のある多様な学びの場や地域内の教育資源の組み合わせ(スクールクラスター)等の制度改正議論がなされた。

　次にわが国の特別支援教育における国際協力の展開と課題について解説する。14歳以下の障がいのある子どもは世界中におよそ9,300万人から1億5千万人と推定されている。その大多数は未就学である。アジア地域の開発途上国は財政上の制約や貧困などの課題に直面しているが、教育の普遍化やサラマンカ声明などの国際的な動向に呼応してインクルーシブ教育を導入し、国際機関などの支援を受けながら普及活動に努めている国は多い。しかし、障がいに対する偏見、差別、無関心が社会全体にあり、障がいのある人の理解と認識は十分に行きわたっていない。このような国々へどのような教育協力ができるのだろうか。

1　障がい児教育の黎明から特殊教育体制の終了までの変遷

　わが国における障がい児の学校教育はいつ頃に開始され、どのように教育法上に位置づけられながら、特殊教育として発展充実してきたのだろうか。

　1870年代初期にわが国で障がい児に対する学校教育の関心が高まった。1871 (明治4) 年、工学頭山尾庸三による「盲唖学校ヲ創立セラレンコトヲ乞フノ書」の太政官への建白、また、翌年1872 (明治5) 年に公布された「学制」には障がい児の学校として「廃人学校あるべし」との教育法令上の規定がなされた。その後、1878 (明治11) 年に京都盲唖院が開設されたことによって、わが国の盲・聾教育が開始されたといえる。1890 (明治23) 年の「小学校令」には盲唖学校の設置等に関する規定が設けられ、盲唖学校の制度上の基礎が整えられた。さらに1923 (大正12) 年に「盲学校及聾唖学校令」が制定され、盲・聾学校の目的が法令上に規定されるとともに盲唖教育補助費が国庫補助となった。この法令では7年間の猶予期間は設けられたが各都道府県に学校設置が義務づけられ、わが国の盲・聾教育の整備が進められたといえる。1941 (昭和16) 年の「国民学校令」に知的障がい・肢体不自由・病弱児等を教育対象とする養護学校が教育法令上に位置づけられた。

　1947 (昭和22) 年の「学校教育法」では盲・聾・養護学校は幼稚園、小・中・高等学校に準ずる教育を施すとともに、障がいに基づく種々の困難を克服するために必要な知識技能を授けるという目的が定められ、小・中学校に設置される特殊学級の規定もなされた。特殊学級が通常の学校に在籍する障がいが比較的軽度な児童生徒の教育の場として、教育法令上でも位置づけられた。盲・聾学校は1948 (昭和23) 年度から年次進行で義務教育が実施されたが、養護学校 (知的障がい・肢体不自由・病弱) は学校そのものが都道府県に十分に設置されていないこともあり、義務制実施は1979 (昭和54) 年まで待つこととなった。また、1958 (昭和33) 年には盲・聾学校学習指導要領が、1963 (昭和38) 年には養護学校学習指導要領も公布され、特殊教育諸学校の教育課程の基準がまとめられた。1979 (昭和54) 年の養護学校の義務制実施では重度重複障がいの児童生徒のために訪問教育も実施された。文部科学省の「平成

23年度特別支援教育資料」(2012)によれば、障がいによって就学猶予・免除を受けている者は56人(0.0005%)である[1]。このように、わが国の障がい児教育制度の充実は重度重複障がい児も含む学齢児童生徒の全就学というわが国独自の特別支援教育制度の確立に結びついたといえる。

　また、1993(平成5)年には通級による指導が制度化され、通常の学級に在籍している障がい児が自校や他校、巡回による形態によって、通級指導教室や特殊学級、特殊教育諸学校での教科補充及び自立活動の指導を受けることが可能になった。この通級による指導を受けている児童生徒は1995(平成7)年度の16,700人から2011(平成23)年度の65,360人へと増加している[1]。さらに、1999(平成11)年には学習障がいの定義や判断基準、指導の方法が示され、通常の学級に在籍する学習障がい及びこれに類似する学習上の困難を有する児童生徒の指導に対する教育的対応がまとめられた[2]。2001(平成14)年には障がいごとの就学基準が改正されるとともに、就学基準に該当する児童生徒でも適切な教育を受けることができる特別の事情があると市町村の教育委員会が認める場合には「認定就学者」として、小・中学校に就学できる制度も整えられた[3]。これらの制度改正は通常の学校における障がい児の学びの場の拡充であったといえる。

　1870年代初期の障がい児教育の黎明期から、通常の学校教育制度の充実と同様に障がい児を対象とする特殊教育も充実発展してきた。この特殊教育の発展は障がいの程度等に基づいて、盲・聾・養護学校、特殊学級、通級による指導という特別な場を設定して指導を行う障がい児の教育制度の確立であったといえる。

2　特殊教育体制から特別支援教育体制への移行

　1870年代の初めに開始された特殊教育は、どのような影響によって、特別支援教育への制度改正が実施されたのだろうか。

　文部科学省は2001(平成13)年の「21世紀の特殊教育の在り方について～一人一人のニーズに応じた特別な支援の在り方について～（最終報告）」で、

21世紀の特殊教育制度の改正は個別のニーズに基づく支援という方向性を明確にした[4]。2001（平成13）年10月には「特別支援教育の在り方に関する調査研究協力者会議」が設置され、2003（平成15）年3月に「今後の特別支援教育の在り方について（最終報告）」がまとめられた[5]。この最終報告では幼児児童生徒（以下：児童等）の障がいの重度・重複化に対応するための障がい種別の枠を超えた特殊教育諸学校のあり方、学習障がい（Learning Disabilities、以下：LD）・注意欠陥多動性障がい（Attention-Deficit/Hyperactivity Disorder、以下：ADHD）・高機能自閉症（High-Functioning Autism、以下：HFA）などのこれまでは何らの教育的対応がなされなかった通常の学級に在籍している発達障がいの児童生徒への教育についても検討された。

　その結果、新たな教育体制として、「特別支援教育とは、従来の特殊教育の対象の障がいだけでなく、LD、ADHD、高機能自閉症を含めて障がいのある児童生徒の自立や社会参加に向けて、その一人一人の教育的ニーズを把握して、その持てる力を高め、生活や学習上の困難を改善又は克服するために、適切な教育や指導を通じて必要な支援を行うものである。」との基本的な考え方が示されるに至った。2004（平成16）年2月には中央教育審議会初等中等教育分科会に特別支援教育特別委員会が設置され、関係団体や教育委員会等からの意見聴取が行われた。2005（平成17）年12月に「特別支援教育を推進するための制度の在り方について（答申）」がまとめられ、2007（平成19）年4月施行の「学校教育法等の一部を改正する法律」によって、従来の特殊教育体制から児童等の特別な教育的ニーズに基づく支援を行う特別支援教育体制へとわが国の障がい児教育制度の改正がなされた[6]。そして、この特別支援教育体制への移行はわが国のすべての学校が特別な教育的ニーズのある児童等の支援を実施するための体制構築であったといえる。

　以下の**図2-1-1**は、文部科学省が「特別支援教育の対象の概念図（義務教育段階）」として示したものである。この図には特別支援教育における障がい対象の量的拡大が従来の特殊教育体制時の約23万人（2.13％）から、新たな教育対象として加えられた通常の学級在籍児の6.3％程度にあたる約68万人（文部科学省調査（2002年））の発達障がい児が加わったことが示されている。わが

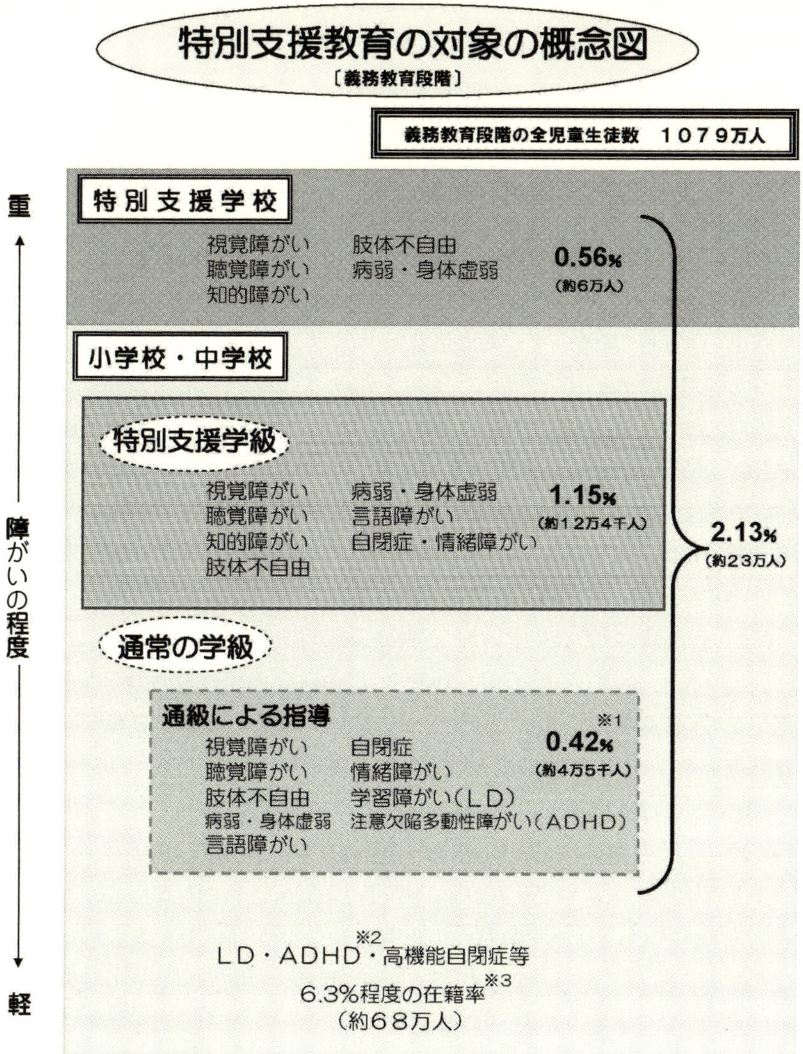

特別支援教育の対象の概念図
[義務教育段階]

義務教育段階の全児童生徒数　1079万人

重　←
↑
│
障がいの程度
│
↓
軽　←

特別支援学校
視覚障がい　肢体不自由
聴覚障がい　病弱・身体虚弱
知的障がい
0.56%（約6万人）

小学校・中学校

特別支援学級
視覚障がい　病弱・身体虚弱
聴覚障がい　言語障がい
知的障がい　自閉症・情緒障がい
肢体不自由
1.15%（約12万4千人）

通常の学級

通級による指導
視覚障がい　自閉症
聴覚障がい　情緒障がい
肢体不自由　学習障がい（LD）
病弱・身体虚弱　注意欠陥多動性障がい（ADHD）
言語障がい
0.42%※1（約4万5千人）

2.13%（約23万人）

※2
LD・ADHD・高機能自閉症等
6.3%程度の在籍率※3
（約68万人）

※1　平成19年5月1日現在の数値
※2　LD（Learning Disabilities）：学習障がい
　　ADHD（Attention-Deficit / Hyperactivity Disorder）：注意欠陥多動性障がい
※3　この数値は、平成14年に文部科学省が行った調査において、学級担任を含む複数の教員により判断された回答にもとづくものであり、医師の診断によるものでない。

図2-1-1　特別支援教育の対象の概念図（義務教育段階）

国の特別支援教育の対象児は全体で約91万人(8.4%)の児童生徒と推定され、義務教育段階の全児童生徒数のおおよそ10%になった[7]。

(http://www.mext.go.jp/a_menu/shotou/tokubetu/main/001.pdf)

3　特別支援教育体制への制度改正に関わる要因

(1) 障がい児者への福祉政策の動向

　特別支援教育体制への制度改正がなされた要因の一つには障がい児者の福祉政策の動向も関係していると考えられるが、実際にはどのような関連があったのだろうか。

　国内の障がい児者施策は厚生労働省が中心となり、教育・医療・福祉・労働などの関係諸機関の連携強化による障がい児者の一生涯にわたる支援システムの構築による、より充実した就労支援の取組が計画されたといえる。特別支援教育体制はこの取組も背景要因とした学齢段階の障がい児教育システムの充実を目指した制度の改正ということもできる。

　障がい者施策の基本を定めた「心身障害者対策基本法」が1970(昭和45)年に制定され、1993(平成5)年には障がい者の自立と社会参加の促進を基本理念とする「障害者基本法」に改正された。この改正では1982(昭和57)年の「国連障害者の十年」の国内行動計画として、障がい者施策としては初めて策定された障がい者対策に関する長期計画が「障害者基本計画」として位置づけられた。そして、2004(平成16)年の「障害者基本法」の改正では障がい児者に対する差別禁止条項や交流及び共同学習の推進による相互理解の促進、障害者基本計画を政府及び都道府県・市町村レベルにおいても策定しなければならないことなどが盛り込まれた。2003(平成15)年度からの10年間にわたる「障害者基本計画」には障がい児一人一人のニーズに応じたきめ細やかな支援を一貫して行うことや発達障がいなどについても教育支援を行うことが基本方針として盛り込まれ、「障がいのある子どもの発達段階に応じて、関係機関が適切な役割分担の下に、一人一人のニーズに対応して適切な支援を行う計画(個別の支援計画)を策定して効果的な支援を行う」ことが記載された[8]。

「重点施策実施5か年計画」には「盲・聾・養護学校において個別の支援計画を平成17年度までに策定する」ことが示され、福祉施策としての「個別の支援計画」の策定が特殊教育諸学校に在籍する児童等においても同様に求められた[9]。

　このような個別の教育計画の作成は1999（平成11）年の盲学校・聾学校及び養護学校小・中学部学習指導要領において、自立活動と重複障がい者の指導では「個別の指導計画」を作成することがすでに義務づけられた。また、文部科学省は学齢期の段階における「個別の支援計画」を「個別の教育支援計画」と位置づけ、教育機関が作成する計画とした。他機関との連携を図るための長期的な視点に立った計画である「個別の教育支援計画」の作成に基づいて、指導を行うための詳細な指導の計画である「個別の指導計画」を作成活用し、累積的に教育効果を積み上げていくことを求めた。

　また、2004（平成16）年には発達障がいについても、早期に発見し、国及び地方公共団体の責務を明らかにするとともに、学校教育における発達障がい者への支援及び就労の支援を実施して、自立及び社会参加のための生活全般にわたる支援等に関する「発達障害者支援法」が成立した。第8条(教育)には「国及び地方公共団体は、発達障がい児（18歳以上の発達障がい者であって高等学校、中等教育学校及び特別支援学校に在学する者を含む。）がその障がいの状態に応じ、十分な教育を受けられるようにするため、適切な教育的支援、支援体制の整備その他必要な措置を講じるものとする。」と、適切な教育的支援等についても規定された[10]。このように、福祉施策としての「個別の支援計画」の策定や「発達障害者支援法」と関連の上に文部科学省の障がい児教育の施策も立案実施されているといえる。

　また、2006（平成18）年度からは文部科学省と厚生労働省が相互に連携協力した取組として、文部科学省初等中等教育局長通知「障害者福祉施策、特別支援教育施策及び障害者雇用施策の一層の連携の強化について」等が出され、福祉・教育・労働の関係諸機関の有機的な連携強化による就労支援の充実が目指された[11]。福祉領域における障がい児者の一生涯にわたる一貫した支援体制における学齢期の教育支援システムの構築という視点も特別支援教

育体制への制度改正要因の一つであったといえる。特別支援教育は障がいの重度重複化に伴って、特別支援学校の在籍児童等が医療的ケアを必要とする場合がある。介護職員等によるたんの吸引等の実施のための制度の検討が行われ2011(平成23)年の「社会福祉士法及び介護福祉士法」の一部改正に併せて、特別支援学校でのこれらの行為の実施についても整備された。このように教育領域と福祉領域との機関間連携が促進されている[12]。

2011(平成23)年の「障害者基本法」の改正では第14条(教育)において、障がい者が能力、年齢及び特性に応じて十分な教育が受けられるようにすることが規定され、本人・保護者への十分な情報提供と可能な限りの意向尊重、交流及び共同学習による相互理解の促進についても記載された[13]。

(2) 国際社会における障がい児者の権利に関する条約等の採択動向

国際社会における障がい児者の権利に関する条約等の採択動向も、わが国の特別支援教育体制の構築に影響を与えた要因の1つであると考えられるが、実際にはどのような関連があったのだろうか。

国際連合は1989(平成元)年に「児童の権利に関する条約」を採択し、第23条において障がい児も可能な限り社会への統合や個人の発達を達成することを規定した。わが国はこの条約を1994(平成6)年に批准している。また、1993(平成5)年には障がい者が社会の市民としての権利と義務を果たすことを確保するための「障害者の機会均等化に関する標準規則」も採択された。1994(平成6)年にはユネスコとスペイン政府共催の「特別なニーズ教育に関する世界会議：アクセスと質」が開かれた。この会議では「特別なニーズ教育における原則、政策、実践に関するサラマンカ声明と行動の枠組み」が採択され、特別な教育的ニーズのある児童生徒を通常の学校に包含するインクルーシブ教育(Inclusive education)が声明として発表された。このサラマンカ声明は通常の学校教育における改革を目指すものであり、障がい児も含めた万人のための学校を提唱した。2002(平成14)年には国連アジア太平洋経済社会委員会(ESCAP)総会が滋賀県で開催され「アジア太平洋障害者のための、インクルーシブで、バリアフリーな、かつ権利に基づく社会に向けた行動の

ためのびわこミレニアム・フレームワーク」が採択された。その序文には「「イ
ンクルーシブな社会」とは、万人のための社会を意味し、「バリアフリーな社
会」とは、物理面や態度において、また社会、経済、文化的側面において障
壁のない社会を意味する[14]。「権利に基づく社会」とは、開発への権利を含む、
人権の概念に基づく社会である。」と述べられている。これらの国際連合等の
議論を踏まえると、今後、国際社会はそれぞれの国家がインクルーシブ社会
の構築を目指していくという方向が明確にされたといえる。

　さらに、2006（平成18）年の国連総会では「障害者の権利条約」が採択され
た。この条約はすべての障がい者の人権および基本的自由、固有の尊厳を尊
重することを目的に、第24条には「あらゆる段階における障害者を包容する
教育制度及び生涯学習を確保すること」とされた[15]。

　わが国は2012（平成24）年現在、上記の「障害者の権利条約」を批准するに
は至っていない。しかし、2009（平成21）年末から内閣府が「障害者制度改革
推進本部」を設置し、5年間を集中審議期間と位置づけ、この条約批准に向
けた国内法の整備と障がい者制度の改革についての議論が展開された。「障
害者制度改革推進会議」の第1次意見の教育領域にはインクルーシブ教育シ
ステムの構築が提言され、文部科学省が検討を行うことが決定された。そこ
で、同省は中央教育審議会初等中等教育分科会に特別支援教育の在り方に関
する特別委員会を開催し、「共生社会の形成に向けたインクルーシブ教育シ
ステム構築のための特別支援教育の推進（報告）」2012（平成24）年をまとめた。
この報告には「特別支援教育は、共生社会の形成に向けて、インクルーシブ
教育システム構築のために必要不可欠なものである」と記載された上で、「基
本的な方向性としては、障がいのある子どもと障がいのない子どもが、で
きるだけ同じ場でともに学ぶことを目指すべきである」と述べられており[16]、
インクルーシブ教育システムの構築に向けて、今後の特別支援教育体制を
いっそう充実させる必要があることが明確に方向づけられたといえる。

　また、この報告には「障害者の権利に関する条約」批准までの短期目標と
して、「就学相談・就学先決定の在り方に係る制度改革の実施、教職員の研修
等の充実、当面必要な環境整備の実施、「合理的配慮」の充実のための取組、

それらに必要な財源を確保して順次実施」があげられている。さらに条約批准後の10年程度の中長期目標には「短期の施策の進捗状況を踏まえ、追加的な環境整備や教職員の専門性向上のための方策を検討していく。最終的には、条約の理念が目指す共生社会の形成に向けてインクルーシブ教育システムを構築していくことを目指す。」とされ、わが国は条約批准後の10年前後の時間経過の中で、緩やかに特別支援教育体制を充実発展させながら、インクルーシブ教育システムへと推進していくことを方向づけたといえる。

4　特別支援教育体制の現状

　それでは、わが国が特殊教育体制から現行の特別支援教育体制移行するにあたって、障がい児教育にはどのような制度改正が必要であったのだろうか。
　わが国がこれらの国内外の動向や情勢等の変化を踏まえ、特殊教育体制から特別支援教育体制へと移行したのは2006(平成18)年6月公布の「学校教育法の一部改正」によってであり、2007(平成19)年4月から施行された。この制度改正は盲・聾・養護学校が特別支援学校に統一され、複数の障がいに対応できる学校になったこと、さらに小中学校等に在籍する障がいのある児童生徒の教育を支援するセンター的機能を発揮すること、また、通常の学校に設置されている特殊学級は特別支援学級へと移行し、通常の学校に在籍している発達障がいを含む障がいのある児童生徒について教育支援を実施すること、加えて、教員免許状も盲・聾・養護学校教諭免許状から特別支援学校教諭免許状に統一された。
　以下では特別支援教育体制とはどのような障がい児教育の体制であるのかを説明する。

(1) 特別支援教育体制を支える3つの仕組み

　文部科学省の2003(平成15)年の「今後の特別支援教育の在り方について(最終報告)」において、特別支援教育のための新たな三つの仕組みが提言された[17]。

① 個別の教育支援計画

　この個別の教育支援計画は、上述のように新障害者基本計画の「重点施策実施5か年計画」において作成することが規定されたものである。この計画は関係諸機関が一体となり、乳幼児期から学校卒業後までの一生涯にわたる障がい児及びその保護者等に対する相談及び支援を促進するための計画である。学齢段階の個別の教育支援計画は多様なニーズに適切に対応するための仕組みであり、関係諸機関との連携のためのツールであるといえる。また、適切な教育的支援を効果的かつ効率的に行うため教育上の指導や支援の具体的な内容、方法等を計画-実践-評価-再実践(Plan-Do-Check-Action)して、より良いものに改善していく仕組みとして設定されている。

　文部科学省の2011(平成23)年度の「平成23年度特別支援教育に関する調査の結果について」[18]からは、全国集計での個別の教育支援計画の実施率は2004(平成16)年度の8.7%から2011(平成23)年度の70.5%に増加していることから、徐々に個別の教育支援計画が作成され活用されていると考えられる。

② 特別支援教育コーディネーター

　特別支援教育体制においては校内の協力体制の確立だけでなく、校外の関係諸機関との連携協力体制の構築が不可欠である。特別支援教育コーディネーターは保護者や関係機関に対する学校の窓口、校内の関係者や関係機関との連絡調整役としての役割を担うキーパーソンである。また、障がいのある児童生徒の発達や障がい全般に関する一般的な知識及びカウンセリングマインドを有する者が校内及び関係機関や保護者との連絡調整役として、指名され、校務として位置づけられるものである。

　文部科学省の2011(平成23)年度の「平成23年度特別支援教育に関する調査の結果について」[19]からは、全国集計での特別支援教育コーディネーターの指名率は2004(平成16)年度の49.3%から2011(平成23年)度の99.9%に増加し、どの学校でも特別支援教育コーディネーターが指名されている現状が認められる。

③ 広域特別支援連携協議会

　地域の総合的な教育的支援体制の構築において、児童等のニーズに応じて必要な教育的支援が適切に提供される一定規模の地域を「支援地域」として、各支援地域の特別支援教育の推進体制を促進するための企画・調整・支援等を行うネットワーク組織が広域特別支援連携協議会として設定された。この広域特別支援連携協議会は支援地域における関係機関の円滑な連携のために、都道府県等の教育委員会や福祉等関係部局を含めた部局横断型の委員会と位置づけられている。

(2) 地域の特別支援教育のセンター的機能を有する学校の役割の構築

　特別支援学校が教育相談や情報提供などの地域の特別支援教育のセンター的機能を担うための議論は1990年代後半から開始された。その内容は保護者への正確な情報提供、早期教育の相談支援体制の充実、地域の教育相談センター的な役割についてであり、障がい発見後の適切な教育支援の充実による適正な就学指導に結びつけることであったといえる。2005(平成17)年の「特別支援教育を推進するための制度のあり方について(答申)」[20]で、①小・中学校等の教員への支援機能、②特別支援教育等に関する相談・情報提供機能、③障がいのある幼児児童生徒への指導・支援機能、④福祉、医療、労働などの関係機関等との連絡・調整機能、⑤小・中学校等の教員に対する研修協力機能、⑥障がいのある幼児児童生徒への施設設備等の提供機能の6つの機能が具体的に示された。現在、特別支援学校のセンター的機能は校内での独立した組織(地域支援部等)が担うようになっている。文部科学省の「平成23年度特別支援学校のセンター的機能の取組に関する状況調査について」[21]では9割以上の特別支援学校の校務分掌等にセンター的機能を担う組織が位置づけられていることが示されている。また、課題は「地域の相談ニーズへ応えるための人材を校内で確保すること」「多様な障害に対応する教員の専門性を確保すること」であった。つまり、特別支援学校の現場にはセンター的機能を担える人材及び専門性が確保しにくいということを示しており、今後も継続して教員の資質の向上に取り組んでいかなければならないといえる。

今後のインクルーシブ教育システムの構築においては、特別支援学校が地域の特別支援教育センターの役割を実質的に担っていくことは非常に重要なことであるといえ、さらに、特別支援学校間の連携強化・協力も大切であるといえる。

(3) 障がいの早期発見及び早期の支援教育

　母子保健法の第12条には市町村が1歳6か月児健康診査と3歳児健康診査を実施することが決められている。1歳6か月健康診査はより重度の障がいのある幼児の発見、3歳児健康診査は中等度から軽度の障がいのある幼児の発見という意義がある。幼児に障がいのある可能性が見出された後は医療機関による診断を受け、必要がある場合には福祉機関の児童福祉施設や通園施設での早期教育や療育支援、視覚および聴覚特別支援学校での早期教育および幼稚部教育を受けることができる。また、2008(平成20)年には文部科学省と厚生労働省の両省連名による「障害のある子どものための地域における相談支援体制整備ガイドライン(試案)」[22]が発刊され、市町村においては各機関の専門家からなる「相談支援チーム」(相談・支援機関のネットワーク)を組織して、障害のある子どもやその保護者への一貫した相談支援を推進することが奨励されている。2004(平成16)年の「小・中学校におけるLD(学習障がい)、ADHD(注意欠陥/多動性障がい)、高機能自閉症の児童生徒への教育支援体制の整備のためのガイドライン(試案)」[23]には教育委員会に「専門家チーム」を設置することとされており、相互に連携を図ることが求められている。

　さらに、学校保健安全法の第11条には市町村教育委員会が就学時健康診断を実施することが義務づけられており「就学指導委員会」等が設置されている。小学校への就学時にも障がい幼児は就学相談が行われ、義務教育をどの校種で受けるかの選択がなされる。障がいのある幼児のより適正な就学を支援するための「就学指導委員会」が99.1％の市町村教育委員会に設置されている現状にある就学指導においては保護者からの意見聴取が義務付けられていることから、より早期段階からの相談支援が重要となるといえる。今後のインクルーシブ教育システムの構築に向けて、現行の就学指導委員会の機能

拡充と一貫した支援を実施するための「教育支援委員会」（仮称）が検討されている。また、今後は幼稚園から高等学校で学ぶ障がいのある児童等には必要に応じて作成が求められている個別の教育支援計画の作成活用に基づいて、関係諸機関との情報の一元化や共有による相談支援及び就学指導の充実も検討されている。

5　特別支援教育の実際

それでは、実際の特別支援教育はどのような現状にあるのだろうか。

障がいのある児童等の学校教育の形態は障がいの程度や実態等によって、特別支援学校、特別支援学級、通常の学級となっている。さらに、既に解説したように通常の学級に在籍して、障がいに起因する困難の改善や克服のために自立活動の指導や教科指導の補充指導を特別支援学校や特別支援学級で受ける通級による指導という形態もある。

次に、それぞれの教育形態ごとの現状を解説する。

(1) 特別支援学校

特別支援学校は視覚障がい者、聴覚障がい者、知的障がい者、肢体不自由者、病弱者を教育の対象として、幼稚部から高等部まで年齢段階に応じた部門を持ち、また高等部を終えた者には専攻科が設置されている。学区域との関係から寄宿舎が設置されている学校もある。2007（平成19）年度からの特別支援教育制度への移行に伴って、複数の障がい種に対応した学校の設置が可能となった。

わが国の特別支援学校在籍者は2011（平成23）年5月1日現在の集計では123,123人で、幼稚部1,543人・小学部36,659人・中学部28,225人・高等部59,696人である。また、単一の障がい種を対象にする学校は視覚障がい66校、聴覚障がい91校、知的障がい490校、肢体不自由137校、病弱63校で合計847校、複数の障がい種に対応した学校は202校である[24]。特別支援教育体制に移行した2007（平成19）年度の複数の障がい種に対応した学校は

98校であったことからすると、複数の障がい種に対応できる特別支援学校が2倍に増加していることが分かる。特別支援学校に在籍する幼児児童生徒のうち、医療的ケアが必要な児童等は2011(平成23)年度の調査では幼稚部48人を含む7,306人である。また、これらの児童等の教育的ニーズに対応するために看護師が1,049人が配置されており、今後は言語聴覚士・理学療法士・作業療法士などの外部専門家との連携も、ますます重要になるであろう。

　今後のインクルーシブ教育システムの構築に従って、特別支援学校の在籍児童生徒のうち障がいが比較的軽度および中等度の児童等は通常の学校での教育を選択するものと思われることから、減少傾向を示すものと考えられる。そして、特別支援学校には障がいが重度である児童が、また、コミュニケーション手段が手話である児童等が聴覚特別支援学校での教育を選択する場合が多くなるものと推測されるが、障がいが重度な児童等の教育的ニーズは多様であり、障がいの重度化・重複化・多様化に対応できるよう、特別支援学校はさらなる専門性の向上が図られなければならない。加えて、特別支援学校は教育対象とする障がい種に応じた教育機能を維持継承していくとともに、在籍幼児児童生徒数が減少する中で、特に地域の特別支援教育センターとしてのセンター的機能を充実させていく必要があるといえる。つまり、特別支援学校は実際の日常的な教育対象は重度の障がいを有する児童等であり、センター的機能としての教育対象は通常の学校に在籍する中程度から軽度の障がいを有する児童等になる。

　特別支援学校教諭の教員免許状の保有率は70.3%であり、新規採用者の保有率は60%前後を推移している現状にある。つまり、現状では新規採用者の40%は免許状を保有せずに採用されている状態である。また、各都道府県・政令指定都市教育委員会における特別支援学校教諭免許状の保有率向上に関する計画の現状については、5年以内の数値目標を設定している教育委員会は21、設定していない教育委員会は41で、特別支援教育免許状の保有率向上の取組は十分とはいえず、早期の解決を必要とする課題である。

① **特別支援学級**

　特別支援学級は知的障がい、肢体不自由、病弱・身体虚弱、弱視、難聴、言語障がい、自閉症・情緒障がいなどの種別ごとに、小・中学校に設置されている。

　全国の小学校の特別支援学級数は知的障がい15,303学級(55,352人)、肢体不自由1,899学級(3,221人)、病弱・身体虚弱887学級(1,608人)、弱視245学級(292人)、難聴550学級(913人)、言語障がい426学級(1,373人)、自閉症・情緒障がい12、197学級(44,838人)で、中学校は知的障がい7,652学級(28,419人)、肢体不自由705学級(1,079人)、病弱・身体虚弱384学級(662人)、弱視77学級(93人)、難聴228学級(369人)、言語障がい77級(118人)、自閉症・情緒障がい5,177(16,918人)であった。また、特別支援学級の設置数は2008(平成20)年度の40,004学級から2011(平成23)年度の44,010学級へと増加しており、在籍者も同様に124,166人から145,431人に増加している。全国の小学校21,721校のうち15,611校に、中学校では10,751校のうち7,499校に特別支援学級が設置されている。しかし、特別支援学級担当教員の特別支援学校教諭免許状の保有率は約30%である。この現状こそは早急に改善すべき課題である。

　特別支援学級については2005(平成17)年の「特別支援教育を推進するための制度の在り方について(答申)」[25]では児童等が籍を置かない柔軟な教育支援を可能にする「特別支援教室」構想が議論されたが、実際の特別支援教育体制には反映されなかった。しかし、特別支援学級が連続性のある多様な学びの場の1つの選択肢として、柔軟な教育支援が可能な場になることは重要であろう。インクルーシブ教育システムでは通常の学級に多様な教育的ニーズのある児童等が在籍する。その一人一人の必要に応じた支援を実践するためには特別支援学級が柔軟性を有して、教育的ニーズの多様性を包含する通常の学校における学びの場として機能することは重要であると思われる。

② **通級による指導**

　通級による指導は1993(平成5)年度から実施された制度であり、比較的軽

度の障がいの児童生徒に対して、通常の学級に在籍しながら、各教科等の指導は通常の学級で行い、障がいの実態に応じて、教科補充や自立活動に関する内容を通級指導教室で行う教育形態である。その対象となる障がい種は言語障がい、自閉症、情緒障がい、弱視、難聴、学習障がい、注意欠陥多動性障がい、肢体不自由、病弱・身体虚弱である。学習障がいと注意欠陥多動性障がいについては2006(平成18)年度から、通級による指導の対象に加えられた。通級による指導を受けている児童等は小・中学校では言語障がい(小:31,314人、中:293人)、自閉症(小:9,007人、中:1,335人)、情緒障がい(小:5,218人、中:1,114人)、弱視(小:111人、中:19人)、難聴(小:1,710人、中:341人)、学習障がい(小:6,455人、中:1,358人)、注意欠陥多動性障がい(小:6,314人、中:714人)、肢体不自由(小:6人、中:3人)、病弱・身体虚弱(小:31人、中:19人)で、総数が小学校では60,164人、中学校では5,196人であった。また、指導の形態は小学校では自校通級が25,447人、他校通級が32,247人、訪問指導が2,470人で、中学校でも自校通級が2,315人、他校通級が2,506人、訪問指導が375人であった。

　2010(平成22)年度の文部科学省の「通級による指導実施状況調査」結果によれば、指導時間については小学校では週1～2単位時間が全体の84.3%を占めるが、中学校の場合は週1～2単位時間が全体の53.5%であった。また、障がい種別により、自校通級と他校通級の児童生徒の割合は異なっており、学習障がい及び肢体不自由の児童生徒では他の障がい種別と異なり、自校通級の方が多くなっていた[26]。

　特別支援学級及び通級による指導とも、小学校に比較して、中学校では対象となる生徒が著しく減少している。しかし、インクルーシブ教育システムでは中学校段階においても特別支援学校に教育措置を変更しない場合や支援もないままに通常の学級に在籍することは少なくなり、これらの学級でも指導を受けることになると思われることから、各中学校にも多様な学びの場の一つとして、特別支援学級や通級による指導を位置づけることが必要になろう。

④ 通常の学級

　2003（平成15）年度からは、既に述べたとおり、就学基準に該当する児童生徒で市町村の教育委員会が小・中学校において適切な教育を受けることができる特別の事情があると認める者を「認定就学者」として、小・中学校に就学することが可能となった。特別な事情とは障がいに対応した学校の施設や設備が整備され、指導面でも専門性の高い教員が配置されていること等の就学環境が適切になされていることである。2003（平成15）年度の認定就学者は小学校で957人であったが2008（平成20）年度には1,899人に増加し、中学校でも同様に323人から662人に増加している[27]。インクルーシブ教育システムとは多様性の尊重に基づいて、障がいのある児童等と障がいのない児童等が共に学ぶ仕組みを作ることである。つまり、通常の教育から障がいのある児童等が排除されることなく、居住地域で教育が受けられることである。「障害者制度改革推進会議」の第二次意見の「地域における就学と合理的配慮の確保」の「地域における就学」について「障がいのある子どもは、障がいのない子どもと同様に地域の小・中学校に就学しかつ通常の学級に在籍することを原則とし、本人・保護者が望む場合に加え、ろう者、難聴者又は盲ろう者にとって最も適切な言語やコミュニケーションの環境を必要とする場合には、特別支援学校に就学し、又は特別支援学級に在籍することができる制度へと改めるべきである。」[28]と述べられている。インクルーシブ教育システムは多様性が尊重され、誰もが居住地域の学校に就学して、通常の学級に在籍することを原則とすることから、共に学び合う場は通常の学級であるともいえる。これを実現するためには、合理的配慮や基礎的環境整備、交流及び共同学習の推進や教員の専門性の確保等が求められ、通常の学級が児童等の教育的ニーズの多様性を包容できる学級になることがインクルーシブ教育の構築にとっては特に重要であるといえる。

6　諸外国のインクルーシブ教育について

　それでは、諸外国におけるインクルーシブ教育はどのような対象児に対し

て、実施されているのだろうか。

　まず、諸外国の障がいのある子どもに対する教育について概観する。国立特別支援教育総合研究所(2012)の調査結果に基づき、わが国を含む11カ国の特別なニーズのある子どもの教育に関する基本情報として「特別な学校」「特別な学級」「通常の学級」の対象それぞれでの児童生徒数とその割合を**表2-1-1**に示した[29]。

　この表から、特別なニーズのある子どもの対象全体の割合が3%以下の国はオーストラリア、フランス、イタリア、日本、韓国、スウェーデンで、5〜8%の国はドイツ、ノルウェー、10%の国はアメリカ、20%以上の国はイギリスとフィンランドである。3%以下の国は障がいへの対応が中心で、10%を越えると学習困難への対応が加わり、20%以上の国は学習の躓きまでを支援対象としていると述べられている。

　また、2012(平成24)年2月現在では上記の11カ国のうち、フィンランド、日本、ノルウェー、アメリカは「障害者権利条約」に署名はしているが批准はしていない。

　次に、イギリス、フランス、イタリアのインクルーシブ教育システムの構築状況を概観する。これら3国のインクルーシブ教育システムについては「共生社会の形成に向けたインクルーシブ教育システム構築のための特別支援教育の推進(報告)参考資料5　諸外国におけるインクルーシブ教育システムの構築状況」[30] をまとめたものである。

　イギリスの障がい児の教育制度はSENと呼ばれ、特別な教育的ニーズ(Special Educational Needs)のことである。教育的なニーズを学習の困難さから捉え、学習の困難さが大きい子どもにはステートメントが発行され、そのステートメントは特別な教育的ニーズや必要な手立てが具体的に記述されたものである。子どもは原則、学校区の小学校に入学するが、ステートメントのある場合や保護者が希望した場合には特別支援学校に通学する。通常の学校にはSENコーディネーターがおり、特別な教育的ニーズのある子どもには教育的な手立てを準備するスクールアクションとそれより手厚い支援がな

表 2-1-1　特別なニーズのある子どもの教育に関する基本情報

国名	オーストラリア※1	中国	フィンランド	フランス	ドイツ	イタリア	日本	ノルウェー	韓国	スウェーデン	イギリス	アメリカ
特別な学校 児童生徒数	4,673	158,962	6,406	78,112	399,229	693	62,302	1,930	24,580	516	76,900	192,948
割合 (%)	0.42	0.08	1.17	0.69	4.85	0.01	0.58	0.31	0.35	0.06	1.10	0.35
特別な学級 児童生徒数	13,923	4,657	15,156	63,214	不明	無し	135,166	4,063	43,183	13,261	不明	※2
割合 (%)	1.24	0.00	2.77	0.56			1.26	0.66	0.62	1.46		
通常の学級 児童生徒数	15,000	264,506	153,848	123,075	80,512	170,696	54,021	40,592	14,741	不明	1,564,840	5,519,630
割合 (%)	1.34	0.13	28.16	1.09	0.98	2.33	0.50	6.61	0.63		22.44	9.99
対象全体の 割合 (%)	3.00	0.21	32.10	2.34	5.82	2.34	2.34	7.59	1.18	1.52	23.54	11.00

※1　オーストラリアは New South Wales 州の情報
※2　アメリカのデータは、全体で 11%であるが、特別な学校は分離型学校と寄宿施設に限定し、通常学級については通常学校で過ごす時間が 80%を集計したものであり、個々の数値の合計と合っていない。

(表1は「国立特別支援教育総合研究所ジャーナル　創刊号　諸外国における障害のある子どもの教育　表3　特別なニーズのある子どもの教育に関する基本情報　P33 （2012）」を筆者改変)

されるスクールアクション・プラスが用意され、どちらの対象児にも個別教育計画が作成され評価が実施される。SENのある子どもは**表2-1-1**のように20％を越え、特別支援学校には約1.1％の子どもが学んでいる。

　フランスの障がい児の教育制度は国民教育省が管轄する通常の学級の中に初等教育段階は「インクルージョンのためのクラス」や中等教育段階に「インクルージョンのための校内ユニット」があり、それぞれはわが国の特別支援学級に類似している。またフランスの厚生省は、わが国の「自立活動」や「合科統合の授業」に相当する学校(療育施設)を設置しており、これもまた障がい児教育を担っているといえる。パリ国立盲学校や同聾学校は特殊教育の施設である。これらの施設内に上述の学校での「校内ユニット」等と同様のものである「学校ユニット」を設置することが決められ、特殊教育関係施設にも特殊教育のシステムが組み込まれた。就学は居住地に最も近い通常の学校に子どもを登録し、この学校が学籍校となる。障がい者事務所は専門家チームが保護者や学校と密接に関係を持ちながら、個別の就学計画を作成し、見直しが行われる。

　イタリアでは特別支援学校が廃止され、すべての子どもが通常の学校に就学することになっている。インクルーシブ教育が機能するために通常の学校には特別支援教育教員資格を有する支援教師の配置、複数学級担任制の導入、支援員の配置、学級の小規模化、柔軟なカリキュラムの編成、個別教育計画の作成などが取り入れられている。また、インクルーシブ教育を支えるために学校以外の関連機関とも連携がなされるために、プログラム協定という契約が締結され、コスト分担や役割分担が明確にされている。

　これら3つの国はそれぞれ、「障害者権利条約」には署名している。通常の学校や学級にインクルーシブ教育をサポートするシステムが導入されている。また、居住地の通常の学校に学籍を置き、教員の配置や個別教育計画の作成等が行われているという点は共通しているといえる。

7　わが国におけるインクルーシブ教育システムの構築に関する検討状況

　わが国の今後のインクルーシブ教育システムの構築に向けた検討は、どのような方向性をもっているのだろうか。

　すでに述べたように、文部科学省の中央教育審議会初等中等教育分科会の特別支援教育の在り方に関する特別委員会から2012（平成24）年7月に「共生社会の形成に向けたインクルーシブ教育システム構築のための特別支援教育の推進(報告)」が出された。

　この報告から、これまでに述べてこなかったことをまとめる。

　インクルーシブ教育システムにおいて、障がいのある子どもが十分に教育を受けられるための合理的配慮は「障がいのある子どもが、他の子どもと平等に「教育を受ける権利」を享有・行使することを確保するために、学校の設置者及び学校が必要かつ適当な変更・調整を行うことであり、障がいのある子どもに対し、その状況に応じて、学校教育を受ける場合に個別に必要とされるもの」であり、「学校の設置者及び学校に対して、体制面、財政面において、均衡を失した又は過度の負担を課さないもの」と定義した。加えて、国・都道府県・市町村が障がいのある子どもの支援のための教育環境の整備をそれぞれ行うが、これらは「合理的配慮」の基礎となる環境整備であり、「基礎的環境整備」と呼ぶこととされた。

　多様な学びの場の整備として「日本の義務教育段階の多様な学びの場の連続性」と題するモデルが図2-1-2のように示されている。この図は教育的ニーズに最も的確にこたえる指導を提供できる多様で柔軟な仕組みのモデルであると考えられる。

　学校間連携の推進については地域内の教育資源の組合せ(スクールクラスター)により、地域内のすべての子ども一人一人の教育的ニーズに応え、特別支援学校のセンター的機能との連携によって、各地域におけるインクルーシブ教育システムを構築していくことが考えられている。

　特別支援学校と幼・小・中・高等学校等との間、特別支援学級と通常の学級との間でそれぞれ行われる交流及び共同学習はすべての児童等において、

日本の義務教育段階の多様な学びの場の連続性

同じ場で共に学ぶことを追求するとともに、個別の教育的ニーズのある児童生徒に対して、その時点で教育的ニーズに最も的確に応える指導を提供できる、多様で柔軟な仕組みを整備することが重要である。小・中学校における通常の学級、通級による指導、特別支援学級、特別支援学校といった、連続性のある「多様な学びの場」を用意しておくことが必要である。

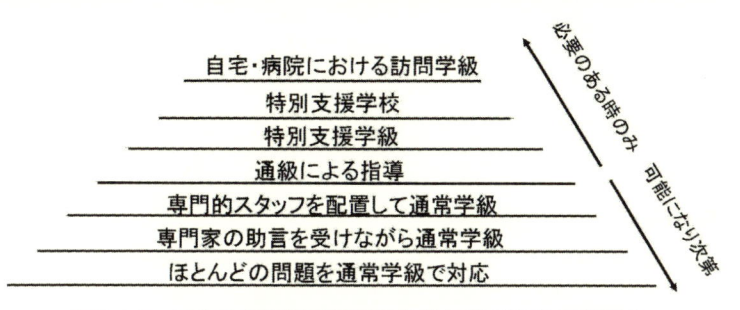

```
            自宅・病院における訪問学級        ↑
              特別支援学校                  必
              特別支援学級                  要
              通級による指導                の
         専門的スタッフを配置して通常学級    あ
         専門家の助言を受けながら通常学級    る
         ほとんどの問題を通常学級で対応      時
                                          のみ
                                          可能になり次第
```

図2-1-2　日本の義務教育段階の多様な学びの場の連続性

共生社会の形成に向けて、経験を広め、社会性を養い、豊かな人間性を育てる上で、意義があり、多様性を尊重する心を育むことができると述べられた。

また、すべての教員は特別支援教育に関する一定の知識・技能を有していることが求められ、必要に応じて、外部人材の活用も行い、学校全体としての専門性を確保していく必要性にも言及された。

最後に、日本型インクルーシブ教育システムは現行の特別支援教育体制の充実推進に基づいて構築していくという基本的な発展の方向が定められたといえる。現行の特別支援教育体制として個別の教育支援計画の作成・特別支援教育コーディネーターの指名・広域特別支援連携協議会の設置、特別支援学校のセンター的機能の強化、外部専門家の活用、特別支援教育支援員の配置、認定就学者制度の導入、発達障がいへの対象拡大、交流及び共同学習の促進、特別支援学校への名称及び機能変更、特別支援学校教諭免許状への一本化、指導から支援へとの方法論の転換等が制度改正として実施された。現状において、「障害者権利条約」の締結を踏まえた今後の日本型インクルーシ

ブ教育システム構築に向けた制度として、新たに設計されていることはインクルーシブ教育の理念の設定、原則、すべての子どもの学籍を通常の学級に置く、就学相談及び就学先決定の仕組み、合理的配慮と基礎的環境整備、連続性のある多様な学びの場、地域の教育資源の組合せ等である。

また、知的障がい教育におけるインクルーシブ教育の在り方については、今後の議論が待たれるところである。一般に知的障がいのある児童等の教育の目標は生活の自立であり、通常の学級で実施されている体系的系統的な教科の指導とは目標が異なっている。これらのことを踏まえると、日本型のインクルーシブ教育は多様性に自由度が加えられた選択性の高いシステムとしての特性を備えたものであってほしいと思う。

注
1 文部科学省：特別支援教育資料(平成23年度)、2012年、
 http://www.mext.go.jp/a_menu/shotou/tokubetu/material/1322973.htm
2 文部科学省：学習障害児に対する指導について(報告)、1999年、
 http://www.mext.go.jp/a_menu/shotou/tokubetu/material/002.htm
3 文部科学省：学校教育法施行令の一部改正について、2002年、
 http://www.mext.go.jp/b_menu/hakusho/nc/t20020424001/t20020424001.html
4 文部科学省：21世紀の特殊教育の在り方について〜一人一人のニーズに応じた特別な支援のあり方について〜（最終報告)、2001年、
 http://www.mext.go.jp/b_menu/shingi/chousa/shotou/006/toushin/010102.htm
5 文部科学省：今後の特別支援教育の在り方について(最終報告)、2003年、
 http://www.mext.go.jp/b_menu/shingi/chousa/shotou/018/toushin/030301.htm
6 文部科学省：特別支援教育を推進するための制度の在り方について(答申)、2005年、
 http://www.mext.go.jp/b_menu/shingi/chukyo/chukyo0/toushin/05120801.htm
7 文部科学省：「特別支援教育の対象の概念図(義務教育段階)」、2008年、
 http://www.mext.go.jp/a_menu/shotou/tokubetu/main/001.pdf
8 障害者基本計画、2002年、
 http://www8.cao.go.jp/shougai/suishin/kihonkeikaku.pdf
9 重点施策実施5か年計画、2002年、
 http://www8.cao.go.jp/shougai/suishin/gokanen.pdf
10 文部科学省：発達障害者支援法、2004年、
 http://law.e-gov.go.jp/htmldata/H16/H16HO167.html

11　文部科学省：障害者福祉施策、特別支援教育施策及び障害者雇用施策の一層の連携の強化について（文部科学省通知）、2006年、
http://www.mext.go.jp/b_menu/shingi/chousa/shotou/054/shiryo/attach/1283704.htm
12　厚生労働省：社会福祉士法及び介護福祉士法の一部改正（2011）、
http://wwwhourei.mhlw.go.jp/hourei/doc/hourei/H111005Q0030.pdf
13　厚生労働省：障害者基本法（2011年）改正、
http://www8.cao.go.jp/shougai/suishin/kihonhou/kaisei2.html
14　外務省：アジア太平洋障害者のための、インクルーシブで、バリアフリーな、かつ権利に基づく社会に向けた行動のための地域におけるフレームワークの検討、2003年、
http://www8.cao.go.jp/shougai/asianpacific/biwako/mokuji.html
15　外務省：（仮訳文）障害者の権利に関する条約、
http://www.mofa.go.jp/mofaj/gaiko/treaty/shomei_32.html
16　文部科学省：共生社会の形成に向けたインクルーシブ教育システム構築のための特別支援教育の推進（報告）、2012年、
http://www.mext.go.jp/b_menu/shingi/chukyo/chukyo3/044/houkoku/1321667.htm
17　文部科学省：前掲報告、2003年。
18　文部科学省：平成23年度特別支援教育に関する調査の結果について、2012年、
http://www.mext.go.jp/a_menu/shotou/tokubetu/material/1321182.htm
19　同上報告。
20　文部科学省：前掲答申、2005年。
21　文部科学省：平成23年度特別支援学校のセンター的機能の取組に関する状況調査について、2012年、
http://www.mext.go.jp/a_menu/shotou/tokubetu/material/1327787.htm
22　文部科学省：障害のある子どものための地域における相談支援体制整備ガイドライン（試案）、2008年、
http://www.mext.go.jp/a_menu/shotou/tokubetu/material/021.htm
23　文部科学省：「小・中学校におけるLD（学習障害）、ADHD（注意欠陥/多動性障害）、高機能自閉症の児童生徒への教育支援体制の整備のためのガイドライン（試案）」、2004年、
http://www.mext.go.jp/a_menu/shotou/tokubetu/material/1298152.htm
24　文部科学省：前掲資料　特別支援教育資料、2012年。
25　文部科学省：前掲答申、2005年。

26 文部科学省：平成22年度通級による指導実施状況調査結果について、2011年、
http://www.mext.go.jp/a_menu/shotou/tokubetu/material/1306725.htm
27 文部科学省：前掲資料　特別支援教育資料、2012年。
28 内閣府：障害者制度改革の推進のための第二次意見、2010年、
http://www8.cao.go.jp/shougai/suishin/kaikaku/pdf/iken2-1-1.pdf
29 企画部国際調査担当・国別調査班　国立特別支援教育総合研究所ジャーナル　創刊号　諸外国における障害のある子どもの教育　諸外国における障害のある子どもの教育、30-42頁、国立特別支援教育総合研究所、2012年、
http://www.nise.go.jp/cms/resources/content/6231/20120611-154652.pdf
30 文部科学省：共生社会の形成に向けたインクルーシブ教育システム構築のための特別支援教育の推進(報告)参考資料5　諸外国におけるインクルーシブ教育システムの構築状況、2012年、
http://www.mext.go.jp/component/b_menu/shingi/toushin/__icsFiles/afieldfile/2012/07/23/1321672_2.pdf

参考文献

・中田英雄(2011)「これからの特別支援教育―インクルーシブ教育の可能性―」『環境と健康』、24(4)、共和書院。
・中田英雄・米田宏樹(2010)「第Ⅱ章-3　特別支援教育制度」　村田翼夫・山口満編著　『バイリンガル・テキスト　現代日本の教育―制度と内容―』　東信堂。
・独立行政法人　国立特別支援教育総合研究所(2009)『特別支援教育の基礎・基本　一人一人のニーズに応じた教育の推進』　ジアース教育新社。
・井坂行男・仲野明紗子　「全国の特殊教育諸学校におけるセンター的機能の現状と課題」『特殊教育学研究　47(1)』、2009年。
・内閣府　共生社会政策統括官(2009)「障がい者施策　障がい者制度推進本部」。
http://www8.cao.go.jp/shougai/suishin/kaikaku/kaikaku.html
・文部科学省(2007)「特別支援教育の推進について(通知)」。
http://www.mext.go.jp/b_menu/hakusho/nc/07050101.htm
・鈴木陽子・井坂行男・東風安生編著(2004)『特別支援教育の扉』　八千代出版。
・文部省編集(1978)『特殊教育百年史』　東洋館出版社。

第2章　特別支援教育制度
2. 特別支援教育における国際協力の展開と課題

中田　英雄

本章のねらい

　14歳以下の障がいのある子どもは世界中におよそ9,300万人から1億5千万人と推定されている(WHO and World Bank,2011)。その大多数は未就学である。アジア地域の開発途上国に共通する問題として財政上の制約、貧困、保健ケアの未整備、栄養失調、支援サービスの欠如、障がいに対する社会の無関心、学校や専門家の不足などがある(Kohli,1993)。このような状況下にあって教育の普遍化やサラマンカ声明などの国際的な動向に呼応してインクルーシブ教育を導入し、国際機関などの支援を受けながら普及活動に努めている開発途上国は多いが、教育インフラの未整備、欧米モデルの不適合、質の高い教員の不足、予算不足、法の未整備などの問題に直面している(Eleweke and Rodda, 2002; Kalyanpur, 2011; WHO and World Bank, 2011)。

　一方で開発途上国では通常教育が優先され、特別支援教育は取り残されていることが多い。例えば、憲法や法律に障がいのある人の教育を受ける権利条項が規定されていても、特別支援教育は置き去りにされている(Murinda, 2004)。さらに、障がいに対する偏見、差別、無関心が社会全体にあり、障がいのある人の理解と認識は十分に行き渡っていない。開発途上国の教育関係者は国際社会の動向を認識しているが、様々な理由で特別支援教育を自力で実施できないでいる。このような国々へどのような教育協力ができるのだろうか。

1 開発途上国の特別支援教育に対するわが国の国際教育協力

わが国の障がい児教育分野の国際教育協力については河合(2009)が簡潔にまとめている。ここではインドネシアとアフガニスタンで実施した特別支援教育分野の国際教育協力の状況、成果、課題等について述べる。

(1) インドネシア
① 背景と目的

1988年にインドネシア教育大学講師を大学院留学生として受け入れた。2002年、かつて留学生であった同大学の講師にわが国の伝統である授業研究会のインドネシア開催を提案した。その当時、同国の特別支援教育教師は約1万2千人で、4年制卒業資格者は約2,900人(約24%)であり、無資格の教員が15%を占めていた(河合・中田、2004)。子どもの増加に対して教員養成が追い付かず、現職教員を再教育して資格を付与するために国民教育省特別支援教育課は全国各地で現職教員研修会を実施していた。インドネシアには特別学校、特別小学校、統合学校があり、特別学校の96%(837校)は私立学校であり、特別小学校はすべて公立で全国に228校あった。統合学校の83%(153校)は公立で17%は私立(31校)であった。児童の総数は約6万人であった。特別支援教育教師の質の向上を図ることが政府の重点政策の一つであったので、この政策にかなう教育協力として日本の伝統的な授業研究会の開催を国民教育省とインドネシア教育大学へ提案した。すでに国際協力機構(JICA)が同国で理数科教育分野の授業研究プロジェクトを同大学と実施中でもあり、その提案は同大学で承認された。さらに国民教育省特別支援教育課の支援を受けることになった。

② 日本・インドネシア協働授業研究会

2004年に第1回日本・インドネシア協働授業研究会がバンドンの知的障がい特別支援学校と聾学校で国民教育省とインドネシア教育大学の支援の下に開催された(中田・Djadjaほか、2010b)。特別支援教育分野では同国で初の

授業研究会であった。算数・数学・体育の授業をわが国の現職教員等が行った。インドネシア側も算数・数学と体育を行った。次に両国の教師が二人一組になって各教科の授業を行った。参加者は200名を超えた。現地ではこれまで教師が他の教師の授業を公開の場で参観することはなかったので、参加者は日本式の授業と自国の授業を比較するよい機会になった。参加者に授業の流れを観察して優れた取り組み(Good practice)を発見するよう奨励した。わが国の大学で日本語を専攻した元留学生が日本の教師の授業中の発言を通訳した。第2回(2005年)はスラバヤ、第3回(2006年)パダン、第4回(2007年)ソロ、第5回(2008年)ジョグジャカルタ、第6回(2009年)マカサル、第7回(2010年)スラバヤとサマリンダ、第8回(2011年)スラバヤ、第9回(2012年)はスラバヤで開催された。第5回まで同様の方式で行い、第6回以降は大学関係者が独自に計画立案し、授業研究会を継続していた。第7回以降からタイのコンケン大学教員が参加するようになった。日本の現職教員は現地で教材を手作りし、指導案(現地語に翻訳)を作成して研究授業に臨んだ。古新聞を活用したり、一人ひとりの子どもに声をかけながらハイ・タッチをして意欲を高めたり、算数の授業の始めに歌を導入したり、即席の手作り教材を効果的に使ったりした授業に子どもたちの目は輝いた。参加者はこのような授業に釘付けになった。第3回に実施したアンケートで233名の回答者のうち99.6%(232名)が授業研究会は授業改善に役立つと回答した。また、校長グループは授業研究会の意義と効果を認め、日本人教師は言葉や文化の壁を乗り越える力があり、身の回りにある安価な品を利用した教材で子どもの活動を活発にし、学習意欲を高めていたと述べ、今回のような授業研究会は普及に値すると評価した。

　インドネシアの教師は長さ20センチ、幅3センチ程度の竹を10数本用いて加算、減算を教え、体育の授業では色違いの自転車タイヤ数本を使った。教材として長い間大切に使われているせいか、竹もタイヤも変色していた。

　第4回の授業研究会に参加したスラバヤの私立インクルーシブ学校は授業研究方式を導入し、定期的に校内研究授業に取り組むようになった。この学校が中心になってスラバヤ授業研究協議会を2007年に設立し、研究授業の

経験が豊富な教師が各地でモデル授業を展開するようになった。

第5回で日本人現職教師が参加する協働授業研究会は終了した。毎回の研究会は現職教員研修会の一環であった。参加修了書は授業研究会参加証明書でもあった。5回の協働授業研究会を通して**図2-2-1**に示す国際協働授業研究モデルができあがった(中田、2008)。このモデルの特色は日本と途上国の教師が対等の立場で研究授業を行うことにある。

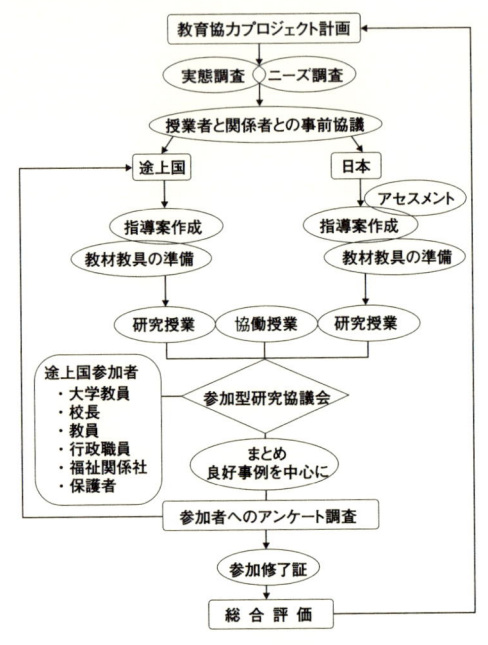

図2-2-1　特別支援教育国際協働授業研究モデル

インドネシアにはGotong Royongという言葉がある(Koentajaraningrat, 1967; アリフィン・ベイ、1995)。これは相互扶助を意味し、いまも地域社会にこの精神が息づいている。筆者は授業研究会が開かれるたびに授業研究はGotong Royongの精神を念頭において教師同士が助け合いながら行う授業改善法であると力説してきた。日本で生まれた授業研究がインドネシアに根付き、やがてインドネシアの教育文化にふさわしい独自の授業研究法が開発されることを期待している(Nakata, 2010a; 中田・Djadjaほか、2010b)。

2002年にバンドンの盲学校を訪問したときノルウェーの支援で設置された当時最先端のコンピュータ式点字編集・印刷機が稼働していた。これで点訳の効率が向上し、点字教科書全国配付ネットワーク・システムの構築が一気に進むと感じた。しかし、2012年11月に同学校を訪問すると鉛板に点字を刻印する昔ながらの装置が動いていた。コンピュータと周辺機器は酷使されて不具合を起こしているが、ノルウェーの保守点検修理の担当技術者は支援期間満了で帰国したという。ハイテク機器の供与に思わぬ落とし穴があった。この事例は国際教育協力関係者の教訓になる。

　なお、2009年にインドネシア教育大学に筑波大学教育開発国際協力研究センターの英語略称（CRICED; Center for Research on International Cooperation in Educational Development）と同じ国際協力教育開発研究センター（CRICED; Center for Research on International Cooperation and Educational Development）が設立された。

(2) アフガニスタン
①特別支援教育の状況
　1979年にカブールに国立盲学校が創立された。1993年に紛争で盲学校は破壊され、2002年から2003年にかけて再建された。2012年3月にカブールの私立聾学校が国立学校の認可を受けた。これでカブール市内の国立特別支援学校は2校になった。国際NGOが支援する非認可の学校は各地にあるが、実態は不明である。2010年に盲学校の教師は64人、児童生徒は163人であった。盲学校には小中高の学年があり、コーラン、職業教育（伝統音楽とブラシづくり、織物、編み物など）、白杖歩行指導、教科学習などがある。聾学校の教師は28人、児童生徒は298人であった。カブール教育大学を卒業した聴覚に障がいのある教師が教鞭を執っていた。授業中は手話が主に使用されている。職業教育として絵画、木工、織物がある。そのほかにカブールには2001年に創立された未認可の聾学校が1校ある。教師は24人、児童生徒は204人であった。この聾学校が中心になって手話辞典が編纂され、国際援助機関の支援で出版されている。さらにヘラートに2校、ジャララバー

ドに1校の聾学校があると国家教育暫定計画2011-2013に載っているが、国立か私立かNGO支援の学校かどうか詳細は不明である(Islamic Republic of Afghanistan Ministry of Education,2011)。

カブール市内に教育省が国連機関と国際組織の支援を受けて推進する29のパイロット・インクルーシブ学校がある(Islamic Republic of Afghanistan Ministry of Education,2011)。あるインクルーシブ学校には教師が332人、児童生徒数は小学部が9,749人、中学部が4,486人、高等部が2,065人、障がいのある子どもは28人で合計16,328人であった。3部授業が行われている。

インクルーシブ教育の対象となる子どもはユネスコによると推定約400万人である(UNESCO, 2009)。今後、アフガニスタン教育省は約400万人の子どもたちに教育の場を用意し、特別支援教育の教師を養成しなければならない。教育省と特別支援教育関係者の前に巨大な壁が立ち塞がっている(Trani,Bakhshi and Nandipati, 2012)。このような状況を打開するために9つの包括的な障がい政策が提案されている(Turmusani, 2006)が、実現に至るまでには遠い道程がある。教育省がこの状況を改善するのは困難であり、国際機関等の支援は焦眉の急である。

(2) カブール教育大学への教育協力

2003年10月にJICA主催の第1回特別支援教育に関する国際セミナーがカブール教育大学で開かれ、わが国の特別支援教育制度や教員養成カリキュラム、特別支援教育の実際(ビデオ)などを紹介した。セミナーの最終日に障害のある子どもの教育保障のための行動計画の必要性、各地の大学に特別支援教育学科の設置、国連機関・国際機関・国際NGOなどと連携した特別支援教育の支援、国際セミナーの継続開催など8項目からなる「セミナー参加者からのアピール」が発表された。

2004年、カブール教育大学准教授を外国人研究員として筑波大学に招聘した。2005年に准教授が帰国すると同大学に特別支援教育学部の設置が高等教育省で認可された。これはアフガニスタン史上初のことであった。ユネスコの報告書の一文にJICAと筑波大学の支援でカブール教育大学に特別支

援教育学部の設置が認可されたとある(UNESCO, 2009)。

(3) JICA 技術協力プロジェクトの開始
①JICA 技術協力プロジェクト「特殊教育強化プロジェクト」

2006年9月にアフガニスタン政府の要請を受けてJICA技術協力プロジェクト「特殊教育強化プロジェクト」が発足し、2008年3月まで実施された。カブール教育大学の講師1名をJICA短期研修生として筑波大学で受け入れ、特別支援教育概論のテキストをダリ語で開発した(Assadullah, Nozawa and Nakata, 2007)。同大学特別支援教育学部の教科書として利用されている。障害に関する学術的な知識や情報が圧倒的に不足しているので、わが国および海外の特別支援教育に関する資料や文献、実験心理学の英語論文、英語専門書、ビデオなどを特別支援教育学部に提供した。プロジェクトの終了にともなってカブール教育大学で開かれた第2回セミナーでカブール教育大学の使命と役割、特別支援教育の在り方、将来構想などにTurmusani(2006)の障害政策開発を交えて提言し、カブール教育大学、教育省、高等教育省に提言書として提出した。

②JICA技術協力プロジェクト「アフガニスタン国教師教育における特別支援教育強化プロジェクト

JICAはアフガニスタン教育省の要請を受けて2008年12月から技術協力プロジェクトを開始した。おりしも文部科学省特別教育研究連携融合事業(中田・野澤・井坂、2010)が2005年度からスタートしていた。カブール教育大学と交流協定を結び、積極的に教育協力を推進している大阪教育大学と新たに連携し、プロジェクトを推進することにした。1名の業務調整員がカブールに常駐し、プロジェクト業務に当たることになった。教育省教師教育局にプロジェクト事務室を設置し、現地スタッフを雇用した。教師教育局の計画は特別支援教育2単位32時間を新カリキュラムに設定し、それに必要な教科書開発とシラバス作成であった。全国で約42,000人の学生が2単位32時間の特別支援教育の概論を学び、毎年1万数千人が卒業して各地の教員にな

るとしたら、その影響は計り知れない。JICA技術協力プロジェクトは教育省教師教育局の立てたこの計画を支援することであった。

●教員養成校

2009年に42の教員養成校には42,435人の学生が在籍し、そのうちの16,117人(38%)が女性であった(Islamic Republic of Afghanistan Ministry of Education, 2011)。2年課程の現職教員学生の総数は22,017人であった。2年課程の学生数は19,197人、5年課程の学生数は1,218人であった。2009年の卒業生は16,064人に上り、そのうちの5,875人が女性であった。アフガニスタンは女性教師が極端に不足している。

●特別支援教育教科書の開発

ある国際援助機関が作成した教科書の内容がイスラム文化を侮辱しているという理由で数百万部に上る教科書が不採択になったと現地の英字新聞で報道された。教科書の認可をめぐる政争も報告されている(Spink, 2005)。Woo and Simmons (2008)はアフガニスタン教育省で国際カリキュラム・コンサルタントを務めた経験から、現地専門家が教科書を執筆すると現地専門家自身の能力が向上すると述べている。これらの点を考慮して、カブール教育大学のスタッフが自力で教科書を開発するのが最善であると判断した。同大学のスタッフは教科書開発の目的を理解し、教科書執筆を開始した。現地へ派遣されるたびに編集員会を開催して執筆者と直に原稿を検討した。さらに念を入れて筑波大学大学院を修了した帰化アフガニスタン人が出来上がった原稿をチェックし、差別用語や文章表現の手直しをした。完成原稿を教育省教育局に提出し校閲を受けた。5人の教育省校閲者の数回にわたる指導・助言を活かしてようやく脱稿した。ダリ語版とパシュト語版の原稿を作成した。徹頭徹尾アフガン人の手によるダリ語版30,000部とパシュト語版15,000部の教科書がJICAの支援で印刷され、全国の教員養成校に配付された。

教科書の使用状況を調べるために24の教員養成校の教師を対象に調査した。その結果、80％以上の教師は障がいの定義、原因などに関する知識を理解していたが、視覚器と聴覚器の解剖をそれぞれ理解した教師は56％と40％であった。受講した学生が各障がいを良く理解したと答えた割合は

20%から40%台で、ある程度理解できたと答えた割合は60%から76%台であった。特別支援教育の授業はその緒に就いたばかりである。長い目で教員養成校の授業を見ていく必要がある。

●シラバス等の作成

　教科書の内容に応じて32時間分のシラバスを英語で作成し、教育省教育局に提出した結果、採用された。1,500部がJICAの支援で印刷された。現地の盲学校、聾学校などの活動を収録したDVDをJICAの支援で2本制作し、副教材とした。これは13（約31%）の教員養成校で活用されていた。電気のない遠隔の教員養成校の実情を考慮するとこの活用率は高い。

●本邦研修

　筑波大学と大阪教育大学は、教育省教育局行政官および教員養成校講師の短期研修を2期に分けて実施した。講義と特別支援学校見学、アクションプランの作成が中心的な内容であった。ある研修生は学校の教師がまるで自分の子どものようにクラスの子どもに接していたのが印象的だったと語った。

●現地セミナーの開催

　カブールで全国の教員養成校講師約100名を対象に導入研修とフォローアップ研修を開催した。導入研修は本邦研修参加者の帰国報告会で、フォローアップ研修はカブール教育大学スタッフ、盲学校、聾学校、インクルーシブ学校の各教師が講義をした。各講義直後にグループ討議を行い、その結果を各グループの代表が発表した。このセミナーに参加した教育省のある高官はこれまで数多くのセミナーに参加したが、このような真剣で熱を帯びた6日間のセミナーは他に類を見ないと高く評価した。

　2010年12月にJICA技術協力プロジェクト「アフガニスタン国教師教育における特別支援教育強化プロジェクト」の所期の目的を達成し、任を解いた。

　カブール教育大学は2012年9月の大統領令によりMartyr Professor Burhanudin Rabani Education and Training Universityに名称を変えた。

2　おわりに

　JICA技術協力プロジェクトは、アフガニスタン政府の要請に応えて2013年から第2フェーズの技術協力プロジェクトへ移行することになった。教育省教師教育局は教員養成校の特別支援教育を現在の2単位から18単位に増やす計画である。現地の政情が不安定になることが予想されるため専門家の派遣は控え、研修中心のプロジェクトを展開することになった。大阪教育大学は長期および短期研修を担当する。長期研修生は1年間の研修期間で特別支援教育に必須の高度の知識と実践研究法等を身につけるとともに指導用ハンドブック等を作成し、帰国後に特別支援教育教員養成トレーナーを務めることになっている。

　インドネシア教育大学が第2フェーズのアフガニスタン短期研修生の研修を行うことになった。イスラム圏同士の国が教育協力で結ばれることになる。途上国が途上国を支援する方式は南南協力である。両国と日本(JICA)をそれぞれ線でつなぐと三角形ができることから、このような支援方法を「南南三角協力」と称している(JICA, 2012)。第2フェーズのプロジェクトは「南南三角教育協力」になる。この新しい方式で教員養成校の特別支援教育科目の内容が充実し、障がいに対する深い理解と認識をもつ教員が輩出され、近い将来、特別支援教育教員養成コースが教員養成校に設置されることを期待したい。

参考文献
- 中田英雄、Djadja Rahardja、Juhanaeni、Sujarwanto、Budiyanto、Asep A. Sopandi、Munawir Yusuf、Sparno、Lalan Erlani、柿山哲司、岡川　暁、草野勝彦(2010b)：日本・インドネシア国際協働授業研究会の効果、働態研究の方法、79-82頁、人類働態学会。
- 中田英雄、野澤純子、井坂行男(2010c)：平成17年度－平成21年度特別教育研究連携融合事業報告書、「開発途上国に対する国際教育協力に係る教材開発」―アフガニスタンの特別支援教育分野への教育協力―、筑波大学教育開発国際協力研究センター。
- 河合　康(2009)：日本の障害児教育分野における国際教育協力の展開、上越教育大学研究紀要、28、75-86頁。

- 中田英雄(2008):国際協働授業研究モデルの開発、比較教育学研究、36号、134-146。
- 河合 康・中田英雄(2004):インドネシアにおける障害児教育の史的発達と現状、上越教育大学研究紀要、23(2)、511-526頁。
- アリフィン・ベイ(1995):インドネシアのこころ、奥 源造編訳、メコン。
- JICA (2012): Indonesia-Japan: Dynamic development for prosperity-Practices of South-South and Triangular Cooperation (SSTC). JICA Indonesia Office.
- WHO and World Bank (2011): World report on disability.
- Islamic Republic of Afghanistan Ministry of Education (2011): National Education Interim Plan 2011-13.
- Kalyanpur, M. (2011): Paradigm and paradox: Education for All and the inclusion of children with disabilities in Cambodia. International Journal of Inclusive Education, 15 (10), 1053-1071.
- Nakata, H. (2010a): ASAPE-government collaboration to improve quality of life for persons with disabilities as a part of education for all.11th Asian Society for Adapted Physical Education and Exercise Symposium in Solo, Keynote Speeches, 1-5.
- UNESCO (2009) :Needs & rights assessment.Inclusive education in Afghanistan. UNESCO Kabul.
- Trani, J. F., Bakhsi, P., Noor, A. A. and Mashkoor, A. (2009): lack of a will or of a way? Taking a capability approach for analyzing disability policy shortcomings and ensuring program impact in Afghanistan. European Journal of Development Reaserch, 21, 297-319.
- Woo, Y. Y. J. and Simmons, J. A. (2008): Paved with good intensions: images of textbook development in Afghanistan. Asia Pacific Journal of Education, 28(3), 291-304.
- Assadullah, F., Nozawa, J. and Nakata, H. (2007): Introduction to special education (In Dari). CRICED, University of Tsukuba.
- Turumusani, M. (2006): Disability policy development in Afghanistan. A manual for planners. Asian Research Service.
- Spink, J. (2005): Education and politics in Afghanistan: the importance of an education system in peacebuilding and reconstruction. Journal of Peace Education, 2(2), 195-207.
- Murinda, S. (2004): A critical analysis of the Nziramasanga report of inquiry into education in Zimbabwe, 1999; The case of special needs education. Zimbabwe

Journal of Educational Research, 16 (2) , 72-84.
- Elweke, C, J. and Rodda, M. (2002) : The challenge of enhancing inclusive education in developing countries. International Journal of Inclusive Education, 6 (2) , 113-126.
- Kohli, T. (1993) : Special education in Asia. In Mittler, P. Brouillette, R., and Harris, D. (Eds.) , Special needs education, Kogan Page, 118-129.
- Koentajaraningrat (1967) : Villages in Indonesia. Cornell University Press.

第3章　教育行政の課題と展望
――教育サービスの提供とヒト・モノ・カネの効果的配分――

上田　学

本章のねらい

　現代日本の教育は世界的に見ても極めて高い普及率を示しており、多種多様な教育が提供されているといってよい。このような状況を維持するためには施設設備など物的な側面がほどよく提供され、同時に数多くの教職員が全国的に配備されるとともに、これら二つの要素を支える経費が確保されてきたからに他ならない。教育機会が幅広く提供されるうえで国と地方がそれぞれの役割を担ってきたのは間違いないが、両者の間の権限の分担関係については議論が分かれてきた。
　しかし近年、「地方分権」の名のもとに「学校の自主性・自律性」を推進する政策が展開されてきた。学校が地域に密着してきめ細かい指導を行うことによってその成果を追求するというこの政策は、いいかえれば地方ごとに展開されてきた教育行政がその実をあげてこなかったという事態を解決するために提起されてきたといえよう。
　地元と協力しながら学校を運営していくという仕組みは英国の事例を参考にしたものであるが、それとの決定的な違いは英国では学校に経常の物件費だけでなく、人件費も委ね経営効率を勘案しながらその執行を求めているのにたいし、日本の場合には保護者・住民の経営への参画は認められているが、経費に関する事項は学校に権限が与えられていない点である。そのため自主的な学校運営を実施するには学校そのものに財源を付与し、その執行を委ねる仕組みが構想される必要があろう。しかしこれを実施するには校長をはじめとしてその他関係者の経営能力の育成と、執行状況の点検を定期的に行う制度を構想していくことが求められる。

1　現代の学校教育の現状

　現代日本における教育の普及程度を学校段階ごとに示したのが次の**表3-1**である。近年の少子化と地方における過疎化が進行するなかで、学校数がやや減少しているが基幹部分となる学校の総数は、全国で5万を超えている。また在籍している園児、児童、生徒、学生数は1900万人近くにまでなっており、教員数はおおよそ130万に達していることがわかる。在籍者と教員を合わせると2000万人を超えるほどになり、総人口の約14.7％が学校に直接関わっていることを示している。

　この比率は1960（昭和35）年の24.6％をピークに次第に低下してきているが、おおよそ7人に1人が学校に在籍もしくは勤務しているという状況は、この国の教育がいかに幅広く普及しているかを示している。

表3-1　各段階の学校の現状[1]

	学校数	在籍者数（千人）	教員数（千人）	職員数（千人）
幼稚園	13,392	1,606	111	20
小学校	22,000	6,993	420	79
中学校	10,815	3,558	251	32
高等学校	5,116	3,369	239	49
中等教育学校	48	230	2	0
特別支援学校	1,039	122	73	15
大学	1,173	3,043	184	209
高等専門学校	58	60	4	2
計	53,641	18,981	1,284	406

　とくに義務教育の普及率は極めて高く、世界的に見ても最上位に位置している。また高校への進学率も急速に向上し、過去30年のうちに90％台の半ばまで到達する勢いを見せている。日本の経済成長や高等学校の普及などを背景に大学など高等教育機関への進学率も着実にのび、2010（平成22）年度には54.3％になっている。幼稚園の場合には上にも述べたように、少子化の影響とあわせて、同一年齢段階に保育所（園）が共存しているためさほど高

くはないが、保育所(園)と併せて就学前に教育を受けている幼児の数は、きわめて多い。

このように全国のいたるところに学校などの教育機関が用意され、人々の教育を受ける機会が提供されることを可能にしている仕組みはどのようになっているのであろうか。

2 現代の教育と教育行政の役割

(1) 教育行政の意味

日本に限らず、世界各国では産業の発展と国民の能力と生活水準の向上などを目的として全国的な教育制度の普及をはかってきた。就学前教育、初等・中等教育、高等教育にとどまらず職業教育、成人教育など多様な教育がわれわれの周囲にあるという現状がそれを物語っている。またこのような大規模な制度を継続的に維持、運営していくためには、これをささえる仕組みが必要となろう。

大量かつ多様な教育ニーズに的確に対応するためには相応の業務の提供が不可欠であり、またこれを実現するためには「ヒト、モノ、カネ」といわれる三要素が必要である。

「ヒト」とは、教育を実際に行うに当たって必要な人員の配備を指している。たとえば学校には児童・生徒の指導にあたる教員のほかに、事務職員などが配置されていなければならず、さらに就学事務や学校の予算、教員の採用、配置などの業務を担う人員も欠かすことが出来ない。先に掲げた表3-1からも確認できるように、学校教育に限定しても、全国で雇用されている教職員数は160万人を超えるほどまでになっているのであり、常に160万人を周到に配置しておくことによって、全国的に学校が配置され、段階に応じた教育の提供が可能になっているといえる。

他方、教育が滞りなく提供されるためには「モノ」も必要である。数百人規模の平均的な学校において継続的に教育活動が展開されるためには、校地が確保されたうえに教室、体育館、音楽室、運動場、プール、図書室などが常

時使用できる状態におかれ、また照明設備、学習用机・椅子などがほどよく準備されているだけでなく、各種の学習活動が効果的に展開されるよう換気や採光、騒音対策などの面で良好な教育環境が用意されていなければならない。また教科書、教育機器・機材、学習教材、図書、資料などもこのような活動に不可欠な「モノ」であるといえよう。

このような「ヒト」と「モノ」が常に供給されるためには、「モノ」の購入や維持、「ヒト」の雇用と配置は不可欠であり、それには一定額の資金すなわち「カネ」が必要である。この資金をどのように調達するか、どこから調達するか、誰がどの程度負担すべきかなど考えなければならない課題は多い。

教育行政とは、国民全体にたいして多彩なニーズに対応した教育を提供するために、①モノ（校地、校舎、施設、設備、備品など）を確保して、②継続的かつ計画的に教育業務を展開するために必要な人材（教職員、教育関係職員など）が雇用・配置され、③これら二つの要素が円滑に進行するために不可欠な財源を確保し、教育が効果的に実施されるために支出されるという機能を指す。これら三つの要素を確保して、それぞれの機能を効果的に運用し、所与の目的である教育事業が展開されることが求められているといえよう。

これらの機能は、現代では教育が公共サービスとして提供されているということから、大部分は国および地方公共団体という公的組織によって担われている。しかし教育行政の機能をこのように捉えると、私立学校を設置運営する学校法人も同じ機能を発揮していると考えられるが、行政組織の一部を構成しているわけではないため、通常は教育行政の担い手の中にはこれを含めない。

いずれにせよこのような機能と役割は組織的な教育の提供にとって必要不可欠であり、それぞれの主体の果たすべき役割や負担区分が将来的に変化することがあるにしても、また何を主体として教育を提供していくのかによって、そこに登場するアクターに違いが生じる可能性がある。しかし誰がどのような役割を担うにしても、このような活動は将来においても逓減することなく、むしろその必要性は不変であるといえよう。しかしその機能や組織は行政組織のみの固有のものではなく、各種の民間組織にも分散化した形式と

なると考えられ、関係する諸団体・組織間の連携と協同が求められ、より効率的な組織運営が求められるようになると考えられる。

それでは全国的に教育サービスを提供するために、現在どのような仕組みが取り入れられているのであろうか。

(2) 国の役割

教育サービスの全国的な提供は国民全体の能力を向上させ、国力の発展に大きく寄与するであろう。そのため中央政府もその運営に一定の役割を担うことが期待される。教育に関わる国の組織としてこれを担ってきたのは文部省であったが、2001（平成13）年に科学技術庁と合併して文部科学省となり、これがその機能を継承している。

文部省は戦後の教育改革において、それまでの中央集権的かつ官僚統制色が強かったことへの反省から、その権限の行使にあたっては「法律に別段の定めがある場合を除いては、行政上及び運営上の監督を行わない」（旧文部省設置法5条2項）ことを明示し、地方を主体として教育行政を展開するという仕組みを構想していた。その具体的な機能は指導・助言を基本としたものであった。しかしながら国と都道府県、市町村がそれぞれ分担して役割を担うという形式は残しながらも、1956（昭和31）年の「地方教育行政の組織及び運営に関する法律」の制定以後は次第に中央と地方の一体的な行政を行なうようになってきた。このような方向は2006（平成18）年の教育基本法の改訂時に、国と地方公共団体の関係について「適切な役割分担及び相互の協力」（16条1項）が保たれることを求め、さらに国の役割として「全国的な教育の機会均等と教育水準を図るため、施策を総合的に策定し実施」（同2項）することと規定されることになった。その反面として地方には「その地域における教育の振興を図るため、その実情に応じた教育に関する施策を策定し、実施」（同3項）することも規定された。また国が教育の振興に関わる施策を推進するために、基本的な方針や計画を策定することも併せて盛り込まれた。このように国の果たす役割が徐々に拡大していく背景には、国が主導して全国の教育を展開していくことが効率的であり、また国の責任を強調したいという

考えがあり、他方においては地方自治体の行政力や財政力が脆弱なため、中央からの指示や指導に依存せざるをえない状況があることが指摘できる。

(3) 国の機能

　国の果たしている役割は第一に、教育が行われる物的環境が整備されていることが必要であるとの観点から、学校が設置される際に学級編制、教員数、施設設備(普通教室、特別教室、図書室、保健室、職員室)、運動場など整えられるべき施設・設備に関わる「学校設置基準」を定めることである[2]。

　第二は教育内容にかかわる基準の設定である。全国的な教育水準の維持のため小、中、高校には教育課程の基準として「学習指導要領」が定められており学習目標や目標、各教科の学習内容、授業時間数等が示されている。これらを基準として各府県、市町村さらには各学校において具体的な授業時間数が確定され、それをもとに各学校で時間割が作成される。

　学校教育法には「小学校の教育課程に関する事項は文部科学大臣がこれを定める」[3]と規定されており、これを受けて学校教育法施行規則では「教育課程の基準として文部大臣が別に公示する……学習指導要領によるものとする」(52条)と定められている[4]。

　学習指導要領は1950年代には「試案」と明記され、学校が教育課程を編成するための参考資料とされていたが、1958(昭和33)年の改訂時から文部省告示として官報に公示され、法的拘束力が強調されるようになった。教育課程の基準を設ける目的が全国の教育水準の維持であるとすれば、学習指導要領は教科に関する「大綱的基準」であると考えるのが妥当であろう。

　文部科学省はこの学習指導要領を基準にして、教科用図書(教科書)の適否を審査する権限が与えられている。このいわゆる教科書検定も、教育の質を一定にするために必要な業務であるのか否かについての議論は分かれるが、教育の自主性を尊重するという現行制度の精神からすれば、教育課程の大綱的基準に即して教科書が編纂されるよう指導と助言が行なわれるべきである。

　第三には、このような国がその役割を遂行するためには、教育に限らず一般的に法令に基づいていることが求められている。そのため教育に関わる施

策を実施していくためには、多種多様な法令が整備されている必要があり、また同時に業務の遂行に必要な予算の立案とその執行が不可欠となる。そのため法令の整備と必要な場合にはそれらの改定にともなう作業等を円滑に行うことが求められている。

(4) 地方自治体の役割

教育が全国的な視野で運営されることは重要であるが、子どもは個々の家庭で生活し、その近隣社会から影響を受けながら成長している。このような子どもの生活環境を踏まえて学校教育を提供するには、その居住地域の特性を視野に入れる必要があろう。これを実現していくとすればそれぞれの地域実態に精通している地方自治体が重要な役割を担っていることは疑いない。

①戦前の制度の特徴

近代的な学校制度が確立した時点で、教育をめぐる国と地方の役割分担は次のように設定されていた。1886(明治19)年にそれまでの制度を一新して「小学校令」「中学校令」などの法令が制定されたが、これとほぼ同時期に市制・町村制が実施されている。その際に政府が発表した理由書において、教育にかかわる国家の役割が明瞭に示されている(1888(明治21)年)。それによると市町村の業務には「全国の公益」のためのものと「当該市町村の公益」のためのものに二分され、前者には軍事、警察、教育等が含まれ、後者の代表的なものとして農業経済、交通事務、衛生事務が示されていた。ここからわかるように市町村が学校を設置する行為は国の業務を代理するものと位置づけられ、それを管理する権能を担う役割が担わされるようになっていたのである[5]。

教育をめぐる国と地方との関係は、その後に制定された「地方学事通則」(1890(明治23)年)および改正「小学校令」(同年)において明確にされ文部大臣、地方長官、郡長、市町村長等の権限と責任が具体的に示された。それによると市町村長の権限は「市町村ノ属スル国ノ教育事務ヲ管掌シ市町村立学校ヲ管理ス」ることと規定されている(小学校令70条)。小学校などの設置や教員給与に関する費用、学務委員、視学などに要する費用は地方とりわけ市

町村の負担とされた(同43条)。一方、国は教育の目的、方法、教科、教則、教科書、教員、生徒等に関する事項に責任を負うこととなった。

　これに対し中学校にあっては、教育の目的、方法、教科、教則、教科書、教員、生徒等について国が責任を負うという形式は小学校と同様であるが、その設置・維持に関して尋常中学校は府県、高等中学校(1894(明治27)年以後は高等学校と改称)は国の負担と規定された。

　この仕組みを前提として、市町村が行う教育業務については市町村を管轄する内務省と教育をつかさどる文部省の両者の厳重な監督を受けることになった。そのため地方が業務を行うという形式は当初から、地方の独自の判断やニーズに対応するというものではなく、国が行うべき業務を地方に行わせるとともに、その実施状況を国が監督するという趣旨であったことは明らかである。

　以上のことからわかるように日本における近代教育はその当初から、とくに国民教育の根幹とされる義務教育については市町村がそれに要する経費を負担するとともに、運営管理に責任を持つという仕組みが形作られたのである。その後は中央政府や府県による一定の経費負担制度が導入されたものの、市町村が義務教育に責任を負う仕組みは現在まで変わることなく継続されている。

②現代の教育行政制度

1) 発足時の制度

　このように戦前の日本は極端な中央集権の仕組みのなかで、官僚が教育を統制していたことへの反省から、戦後の改革期において地域の住民の意向が反映され、また地方の実情に基づく教育行政への転換がはかられた。そのモデルとなったのがアメリカの教育委員会制度であった。その基本的な役割は教育が「不当な支配に服することなく、国民全体に対し直接責任を負って行われる」(旧教育基本法10条)ことを目指すことであった。このような趣旨は1948年(昭和23年)に制定された「教育委員会法」のなかにも示されている。教育行政制度の改革と同時に地方制度も大きく転換し、「地方自治の本旨に

基づいて」行われるべきであることを明記され、これを受けて昭和22年に制定された「地方自治法」では、教育は地方固有の事務であると規定された[6]。全国の都道府県、市町村に設置された合議制の教育委員会は「公正な民意により、地方の実情に即した教育行政を行う」ことが期待されたのである[7]。

　発足当時の教育委員会は、一般の選挙によって選出された委員によって構成され、その数は都道府県が7名、市町村は5名であった。地域の住民がその地における教育の運営に責任を持ち、これに携わるべきであるという考え方が、この制度の根底にあった。

　しかし同時に、教育委員の職務を円滑に進めるためには、教育事情に精通し、あわせて学校等の管理・運営に必要な識見を有する者が必要であるとの観点から、当該地方教育委員会がこのような重要な職責を担う人物を教育長として任命し、住民の代表である教育委員と協業していくという方式をとった。また教育が一般政治の動向によって左右されないように、教育委員会には議会にたいし独自に教育予算原案を提出できるように構想されていた。

　ところが新しく導入された制度はこれまで経験したことのないものであったため、本来住民の代表として教育の運営に責任をもつべき教育委員の選挙が政党や組合などの関与するところとなり、教育が政治的争いに巻き込まれるとともに、住民側のこの制度にたいする意識が低調であったこと、自治体によっては教育委員会と首長との間に教育予算に関する対立が生じ、円滑な業務の展開に困難が生じたことなどにより、次第に教育委員会への信頼感が損なわれていった[8]。同時に、戦後の改革がその後の国際情勢の変化によって次第に後退していき、政治の保守化のなかで教育行政の在り方も大きく転換していくことになった。

2) 現行制度への移行

　1956（昭和31）年に従来の「教育委員会法」にかわって「地方教育行政の組織及び運営に関する法律」（以下：地教行法）が新しく制定された。これによって教育委員は7名から5名に（さらに町村では3名とすることも可）減少し、選挙制は廃止され委員は首長が任命するようになっただけでなく、教育長の免許も廃止されその任命には市町村の場合には府県の、府県の場合には国の承

認が必要であるという仕組みに切り替えられた。さらに市町村立の小中学校の教員の人事権を府県に移し、教育委員会の財政権限も首長に移行させるなど、委員会制度は大幅に改定されることになった。このような変更を経て教育委員会制度は現在に至っていることは周知のとおりである。

3) 教育委員会の役割としくみ

学校教育や学校外の教育を全国的に提供する業務は主に地方自治体に属している。全国の学校の設置状況をみると小学校では98.8％、中学校では92.7％が公立学校となっていることから分かるように、教育に関わる地方自治体の役割は極めて大きい。先にも述べたように学校のみならず当該地域における教育業務を推進するために設置された組織が教育委員会である。

教育委員会は全国の都道府県および市町村（東京都の特別区を含む）におかれ、当該区域内の学校教育のみならず社会教育、スポーツや文化財に関わる業務を担当している[9]。学校に関連する主たる権限を列記すると、①当該委員会の所管に属する教育機関の設置、管理、廃止、②教育財産の管理、③委員会と教育機関の職員の任免やその他の人事、④学齢児童・生徒の就学、入学、転学等に関すること、⑤学校の組織編制、教育課程、学習指導、生徒指導、職業指導に関すること、⑥教科書・教材の取り扱いに関すること、⑦校舎その他の施設・設備に関すること、⑧教職員その他関係者の研修、⑨教育関係職員、児童・生徒の保健・安全・厚生に関すること、⑩学校その他の環境衛生に関すること、⑪学校給食に関することなどである[10]。

現在、教育委員会を構成する教育委員の定数は5名となっており、そのうち、代表となる委員長を除いた残余の委員のなかから教育長を指名することになっている。教育長は教育委員会の事務をつかさどり、その下に各分野の業務を処理していく事務組織が置かれている[11]。また府県の委員会には学校などにたいして専門的な立場から指導・助言を行う指導主事が配備されている。

学校教育法では、市町村に義務教育学校の設置を義務づけている[12]。また学校の設置者がその設置する学校を管理し（「設置者管理主義」）、その学校にかかる経費を負担する（「設置者負担主義」）という原則も示されている[13]。こ

こからわかるように市町村には小、中学校を設置することが義務付けられているとともにそれらの学校を管理し、経費も負担するという仕組みとなっているのである。そのため教育委員会の業務の主軸は小中学校に関する業務とならざるを得ない。

3　教育委員会にたいする批判

(1)「民意の反映」をもとにした批判と問題点

　先にものべたように日本では、地域住民の声を反映させ当該地域における教育を推進させるために教育委員会が設置されてきた。しかし学校が地域住民や保護者の意向を十分に斟酌せず、他方では公立学校における教育の質にたいする不満や疑問、さらには学校でのいじめや教員の不祥事にたいする教育委員会の対処の方法や姿勢などが住民や保護者の間に不信感を醸成してきた。また教育委員による判断や意思決定などの活動が全般的に低調であり、住民にその職務が十分に理解されていえない状況にあり、そのことを踏まえて教育委員会の存在そのものを疑問視する風潮も台頭してきた。

　これらの動向を背景にして近年、教育委員会にたいして「民意を反映していない」「首長の積極的な発言が受け入れられるべきである」などの批判的な論調が展開されるケースが散見されるようになってきた[14]。その一例として大阪府の動向があげられよう。大阪では「選挙を通じて民意を代表する議会及び首長と、教育委員会及びその管理下におかれる学校組織(学校教職員を含む)が、法令に従ってともに役割を担い、協力し、補完し合うことによって初めて理想的に実現されうるものである。教育行政からあまりに政治が遠ざけられ、教育に民意が十分に反映されてこなかったという不均衡な役割分担を改善し、政治が適切に教育行政における役割を果たし、民の力が確実に教育行政に及ばなければならない。」[15]という観点から大阪府教育基本条例を定め、行政の長が教育運営に積極的に関与することを認める制度を導入した。

　社会や住民の間に広がる不信感や理解不足をもとにした世論を追い風にして、議会や首長が教育に介入することを合理化する政策の提示は、極めて恣

意的であるといえる。現行の教育委員会制度は、過去に政治が教育に介入したことの誤りを繰り返さないために、住民が教育自治を実現するべく、一般政治における住民代表として都道府県知事もしくは市町村長を選挙で選出する仕組みとは別に、教育委員を選挙によって選出し彼らに当該地区の公立学校等の管理・運営を委ねたのである。それは教育基本法において政治的中立をうたっていることからも明らかである。しかしながら前述したように昭和31年の法改正の結果、このような住民による教育代表を選出する方式は廃止され、首長がこれを任命する制度に切り替えられた。首長が住民の代表であるから、その代表が教育委員を指名しても住民の意向が反映しているというのが当時の政府側の説明であった。とするならば「教育行政からあまりに政治が遠ざけられ、教育に民意が十分に反映されてこなかった」ことの責任は彼らを任命した首長の側にあり、教育委員の能力や職務が不十分であるとすれば、より民意を体現した委員に切り替えることは可能であったはずである。同時に公正な民意を直接に反映させることがもっとも重要であるならば、「教育委員の準公選制」を実施する可能性も残されていた。現に1979年5月、東京都中野区で教育委員会準公選条例が公布され、これに基づき区民の推薦を受けた立候補者による区民投票を行い、その投票結果を尊重して委員の任命を行うという試みがあり、条例が廃止された1995(平成7)年まで現行の法制度の枠内で民意を集約する制度が一部の地域とはいえ、現実に実施されていたのである。しかしこのような方策をとるのではなく、議会と首長が直接に教育に介入するという選択肢を提案したことは、明らかな誤りであり、住民のもつ学校や教育委員会にたいする不信や不満を政治的に利用して誤った方向に事態を進行させるものであるといえるであろう。

　制度の根本思想をわきまえず、現状の不備を恣意的な政策によって乗り越えようとする行動は厳しく戒められなければならないのは当然であるとしても、戦後60有余年にわたって存在してきた教育委員会制度が万全であったとは到底言い難く、硬直化した学校の運営に地域住民や保護者に参画させ、地域の世論や願いを教育に生かすというコミュニティ・スクール制度の導入は極めて斬新な動向であることは間違いない。これが今後奏功するかどうか

は予断を許さないものの、地域や学校の意思を尊重しながら、教育運営を行い、所期の成果をあげるためにはどのような問題があり、それを如何に解決していくかを検討することが求められる。次にこれらの課題について考えていきたい。

(2) 保護者や地域の意向を反映した学校経営

　全国レベルで斉一化され、ほぼ均質な教育が提供される仕組みに対して、近年のいわゆる「規制緩和」「地方分権」を目指す政策の流れのなかで、「学校の自主性・独自性」が提唱されるようになってきた。中央教育審議会は1998（平成10）年に、地方分権化の動向を踏まえ、地域に根差した教育行政を推進する立場から制度を一層柔軟化、弾力化をはかることを主眼とした検討を開始した。その具体的な内容は国と地方との間の権限の見直しと、教育委員会制度の見直しであった。

　その結果、学校が独自の判断で保護者や生徒自身の興味や関心、地域の多様なニーズに対応した教育を提供し、特色ある教育を実施することを提案したのである。そのなかで公立学校が地元の要請に的確に対応しながら、「すべての学校がその特色を生かして、創意工夫を凝らしたような教育活動を展開することが不可欠である。」「各学校の自主性・自律性の確立と自らの責任を判断による創意工夫を凝らした特色ある学校づくりの実現のためには、人事や予算、教育課程に関する学校の裁量権限を拡大することが必要である。」[16]ことを指摘していることは注目されてよい。政府による一連の規制緩和や地方分権政策にそって、個々の学校が独自に学校を経営し、その存在をより魅力的にすることが求められてきているといえるであろう。

　これを受けて政府は、地域や保護者の意見を学校運営に反映させ、多様なニーズに対応しながら信頼される学校づくりを実現させるため、さまざまな施策を提起してきた[17]。

　またこれとは別の文脈で、新しい時代における新しい学校づくりを進めるという発想から、教育改革国民会議は「地域の信頼に応える学校づくりを進める」「学校や教育委員会に組織マネジメントの発想を取り入れる」などとな

らんで「新しいタイプの学校("コミュニティ・スクール"等)の設置を促進する」ことを提案している[18]。これを受けて「既存の学校に対する国民の批判にこたえるため、公立学校の管理運営の活性化」をはかり、地域による公立学校の運営への参画が政府の提案するところとなり、(「今後の学校の管理運営の在り方について」、中教審答申：2004(平成16)年3月)、法制化されていった[19]。

ここで新たに登場した学校運営協議会には、①教育課程の編成その他当該校の運営に関して校長が作成した基本的な方針について承認する、②当該校の運営について、教育委員会または校長に意見を述べる、③当該校の職員の採用その他任用に関して、教育委員会に意見と述べるなどの権限が与えられることになった。

ここからわかるように従来から学校の運営は設置者である教育委員会や校長の権限とされ、部外者の意向が反映される余地はなかったが、保護者や地域住民によって構成される学校運営協議会には教育課程やその他学校の活動等について発言することが認められたと同時に、教職員の人事に関しても、意見を述べることができるようになった。これは保護者や地域住民という本来学校外にいる人々に一定の発言権を認めたという点で、従来からの学校運営にかかわる常識を大きく転換させたものであるといえよう。

これを言い換えれば、地域に存在する学校の多くは公立であるため、子どもの保護者だけでなく、その地域に居住する住民の意見を取り入れ、まさに地域に密着した学校づくりを行うという考え方が取り入れられたと理解することができるであろう。

このコミュニティ・スクールに指定された学校数は年を追うごとに指定数が増加しており、またその普及度も急速になってきている。また指定を受けた学校は66.4％が小学校、27.8％が中学校と義務教育学校が全体の94.3％を占めている。学校が地域(校区)のニーズにこたえ、柔軟かつ現実を踏まえた学校教育を展開しようとする傾向が徐々に拡大していっているといえよう。

(3) 英国の制度改革とその影響

このように学校の周辺地域の住民や保護者が学校運営に関与するという

方式は、1988年以後の英国において展開されてきた政策から影響を受けたものであり、現地では「地元による学校経営」(Local Management of Schools: LMS)という名称で知られている。

　英国では1988年に教育改革法(Education Reform Act: ERA)が制定され、従来から行われていた学校運営の在り方は全面的に改められた。この法律により「全国共通カリキュラム」(英国、National Curriculum)が導入され、これに連動して「全国共通試験」(National Test)の実施も決定された。また公立学校の通学区域を廃止し、保護者に進学・入学する学校を自由に選択させ、学校側にはより魅力的な、期待に応えられる状況を創出することを求めたのである。各公立学校には保護者、住民、地元社会、教職員からなる「学校理事会」を設置し、これに学校運営の責任を負わせる仕組みも同時に導入されることになった。

　学校は「全国共通教育課程」をもとに教育の実施計画をたて、教員を雇用するだけでなく、学校に関わる情報を公開し、児童・生徒の募集を行わなければならず、それらの業務をすすめる組織が理事会である。学校には設置者である市当局が算定した支出基準に基づき、学校運営に必要なすべての年間経常経費(施設や校地に関わる費用を除く)が支給され、その枠内で理事会は独自に予算を立て、執行していかなければならない。これには人件費も含まれるため、物件費とどうバランスをとるか、学校の教育活動をどう特色づけていくか、そのために必要な項目や重点的に経費を投入して充実をはかるべき対象とそうでないものを仕分けて予算案を作成していくことが求められる。また教育活動をより円滑に行い、成果を上げていくために不可欠な教員の雇用数も検討の対象となる。物件費についても学校における教育計画との相関を考慮した予算計画を立てなければならず、同時に経費を投入した結果がどのようなものであったのかについて精査し、以後の予算計画の参考にすることも不可欠となる。全体的には学校の予算枠が限られているため、その枠で最大効果を上げるためにはできる限り冗費を縮減し、効率的な財源運用が必要となる。他方、行政当局も学校に予算執行を委ねる限り、それらが適正に処理されているかを定期的にチェックし、もし執行上不備があれば助言を行い、

正常な運営が行われるよう指導していく体制がとられている。また経費の投入とその成果との関連を重視する（cost performance）という立場から、学校を評価することも行われてきている。このように学校自体に会計責任を負わせるため、一定の成果を上げた学校とそうでない学校が自然と判別できるようになり、後者の場合には校長などの罷免や、最悪の場合には学校の閉鎖も避けられない。

　ここからわかるように、LMS はそれまで行政当局がもっていた学校運営に関わる権限と責任を学校理事会に移管するというものであった。公立学校であるため財源はすべて公費によって賄われるものの、その執行については学校ごとの判断に委ねられ、理事会が組織運営や対外的な関係、経費支出の管理などをおこなって成果を追求するというのが改革の趣旨であった。それは換言すれば、学校関係者に当事者意識をもたせ、責任を分有させることによって、教育の成果を向上させようとする意図のもとに形作られた仕組みであった。その意味で、学校改善と教育の質の向上を図る主体を保護者や住民たちとし、彼らの意思にゆだねるという思い切った手法であったといえよう。

　このような英国における実例を全面的に導入するのではなく、あくまでもモデルとして日本の現状を打開するために、これまで学校運営に関与する余地のなかった地域住民や保護者に参画への道をひらき、学校当局に地域の声を届けてその実態に即応する体制を構築する方策として提示されたのが上に見たコミュニティ・スクールである。そのため従来では当然であった学校運営は教職員と行政の責任であるとの考え方に大きく修正が加えられたと考えられ、これまで見られなかった新しい体制づくりが始まったといってよい。

　しかしこのような英国モデルを下敷きにしたコミュニティ・スクールが一般化していくことによって、学校が自然と地域のニーズに対応し、柔軟なあるいは現実的な学校教育が展開されていくとみてよいであろうか。あるいはこのような新しい仕組みが奏功するためには、他に解決されなければならない条件はないのであろうか。

4 教育の実施に必要な財源の調達

これまで述べてきたように、膨大な数の学校の維持・運営には多額の経費を必要とする。また地域に密着し、特色ある学校を運営していくためには支出面での工夫とともに、財源の確保は不可欠である。しかし現行制度では国あるいは地方自治体における教育費には特別な枠が設定されているのではなく、一般財源の一部が充当される仕組みとなっている。そのため財源そのものの増減だけでなく、公的業務全体のなかでの優先順位などによる影響を蒙らざるをえないという傾向がある。

このような経費の負担状況について国と地方自治体の財政全体にかかわる仕組みを示すと次の図3-1のようになる。

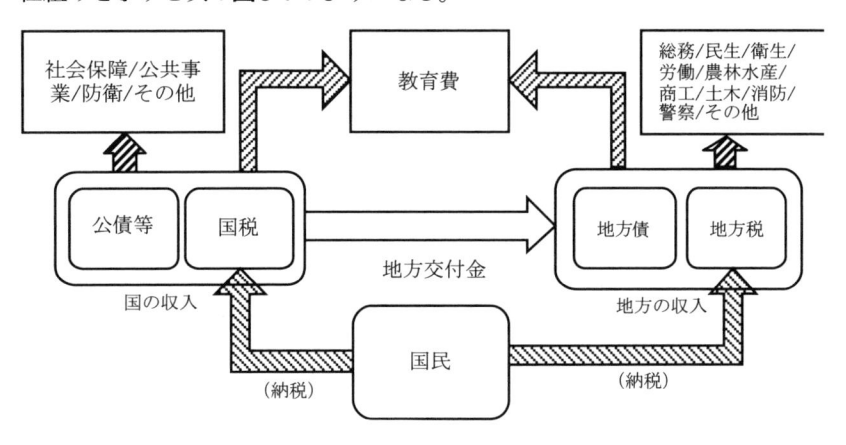

図3-1　国と地方の歳入と歳出の流れ

国民は納税の義務を負っており、所得税、法人税、消費税、住民税などを納付しているが、それらは国だけでなく地方の財源となっている。国の税収は約40兆円であり、これに国債等の公債費などが加わり全体として92兆円余が歳入となっている（2011（平成23）年度当初予算）。地方自治体もまた住民税を中心にした税収（35.6兆円）があるが、地方ごとに税収に格差があり、他方では一定の支出をすることによって社会需要に対応した施策を行うことが期待されている。そのため自治体の財政力に応じて国が徴収した税の一部

(17.7%)を地方交付金として地方に再配分する仕組みがとられている。その額は全体で17.4兆円にのぼっており、これが地方財政に組み込まれるとともに、不足分を補う公債による収入を加えて地方の歳入を構成している。

①国の財政

国の歳出に占める文教・科学振興費は社会保障費、地方交付税交付金に次いで第三位(5.5兆円)であるが、全体の6.0％を占めているに過ぎない。このうち、教育関係への支出は約3/4をしめており、国立大学運営費や私学助成金を除くと多くは公立学校に関わる支出であることがわかる。(**表3-2**、**3-3**参照)

表3-2 一般会計(歳出)

項目	額(億円)	構成比(%)
社会保障	287,079	31.1
地方交付税交付金	167,845	18.2
文教及び科学振興	55,100	6.0
公共事業	49,743	5.4
防衛	47,752	5.2
その他	101,106	10.9
国債費	215,491	23.3
総額	924,116	100.0

表3-3 国の文教・科学予算の内訳

項目	内訳	額(億円)	構成比(%)
文教関係費	義務教育費国庫負担金	15,666	75.8
	公立文教施設費	917	
	国立大学運営費交付金	11,528	
	私学助成金	4,388	
	高校実質無償化	3,922	
	その他	5,327	
科学技術振興費		13,352	24.2
合計		55,100	100.0

(表3-2,3-3はいずれも財務省「2011(平成23)年度文教及び科学振興費について」より作成。http://www.mof.go.jp/public_relations/finance/f2303c.pdf)

②地方の財政

では地方自治体の歳出状況はどのようになっているのであろうか。総額が95兆円弱であることは前述したが、そのなかで教育費は民生費に次いで第二位となっており、全体の約17.4％を占めている。この教育費のうち人件費の占める割合は全体の2/3となっており、大きな割合となっていることがわかる。(表3-4、図3-2参照)

表3-4　2010(平成22)年度目的別地方歳出(決算)額の状況

区分	決算額(億円)	構成比(％)
総務費	99,998	10.6
民生費	213,163	22.5
衛生費	58,124	6.1
労働費	8,082	0.9
農林水産費	32,458	3.4
商工費	63,984	6.8
土木費	119,592	12.6
消防費	17,792	1.9
警察費	32,164	3.4
教育費	164,467	17.4
公債費	129,791	13.7
その他	8,135	0.9
合　計	947,750	100.0

総務省『地方税白書』13頁

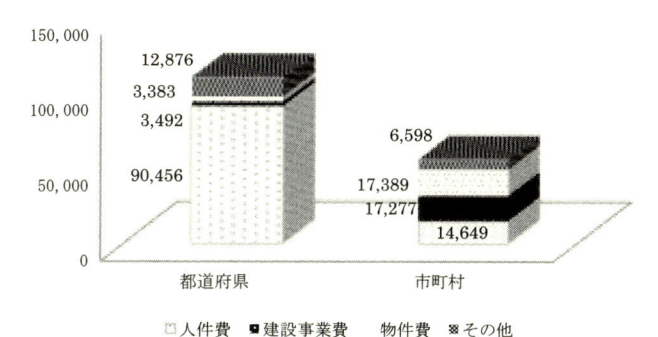

図3-2　地方の負担した教育費の内訳

都道府県：人件費 90,456／物件費 3,492／建設事業費 3,383／その他 12,876

市町村：人件費 14,649／物件費 17,277／建設事業費 17,389／その他 6,598

③教職員給与費の負担

　先にのべたように特に義務教育段階にあっては、教育の提供に責任を負うのは市町村とされ、またそれらに必要な経費は「設置者負担主義」の原則が適用されてきた。しかし公的団体のなかでもっとも財政力の乏しい市町村に負担を強いるこの制度は、特に教育費のなかで最大の費目である教員の人件費の支出に関して早くも明治後期以後から大正時代にかけて支障がでてきたため、国からの補助制度が次第に拡充されていった[22]。

　このような修正策は徐々に強化されていき、現在では公立の小、中学校に加えて数は少ないものの中等教育学校の前期課程、特別支援学校の小、中学部にかかわる教職員給与費の1/3は国が負担し」（義務教育費国庫負担法2条）、残りの2/3は府県がこれを負うという分担関係が構築されている。（市町村立学校職員給与負担法1条）このような施策によって、教育費負担のなかで最大部分を占める教職員給与費が国および府県によって負担されることになり、市町村は残余の経常費のみの負担で済むようになっている[23]。この仕組みを文字通り受け止めれば、市町村は過重な財政的負担から解放され、あわせて先に述べたような地域に密着した学校づくりに専念できる環境にあると理解できる。教育の質を向上させ、子どもたちに行き届いた教育を提供するための工夫は数多く考えられるが、もっとも想定しやすい教育・学習環境の向上の具体例として、一学級あたりの児童・生徒数を縮減してその教育効果を上げることであろう。しかしこれをそのまま実施に移すことはそれほど簡単ではない。

　現行制度にあって市町村が任意に採用する教員数を決定すれば、府県や国が無定量な人件費の負担を強いられることになりかねない。そのためこの制度においては市町村立小・中学校などに勤務する教職員の採用や異動にかかわる権限は府県の教育委員会にゆだねられ、またその定数については「公立の小学校又は中学校の一学級の児童又は生徒の数の基準は、都道府県の教育委員会が定める」（公立義務教育諸学校の学級編制及び教職員定数の標準に関する法律、1758（昭和33）年）と規定され、教員数が膨張しないような歯止めがかけられている。

国および府県の直接の負担となる教員給与費等を直接左右する教員数は、一学級あたりの児童・生徒数をもとにして算出されることになっており、その数は都道府県ごとによって弾力的に運用することが認められているものの、現状では小学校１、２年生に限って35人学級を、小３以上中学３年生までは40人を標準とする、と定められている[24]。またこれをもとにして都道府県ごとに独自の判断をしてその学級定員を若干小さくすることも可能となった。しかし仮に法定定員を下回る少人数学級を作れば、そのために必要となる人員の雇用に要する経費はこれを実施する市町村または府県が自己負担する以外に方法はない。逼迫する地方財政の現状からすると、このような判断をすることは極めて困難であり、事実上、地方当局は国の定めた基準に従わざるを得ない状況にある。言い換えれば、地域や子どもたちの実情に即応して学校教育を推進していこうとすれば、財政上の問題をクリアしなければならず、これを解決しないと地域の多様なニーズに対応して、特色ある学校づくりを行うこと自体が画餅となってしまうことになる。

5　地方の再編成と行政

　都道府県および市町村がそれぞれの区域において、責任を負う領域にかかわる業務を推進していくためには相応の財政力(資金力)の裏付けが必要であることはこれまでも指摘してきた。
　しかし地方自治体とりわけ市町村の財政力は脆弱であるだけでなく、自治体の規模や立地条件などによって財政規模に大きな格差が存在する。このような状況を打開し、併せて地方分権の実をあげることを目的として、近年「平成の大合併」といわれる地方自治体の統合・合併が大々的に行われたことは記憶に新しい。この政策により、行政単位が以前よりも広域化してきたことは**図3-3**から容易に推定できる。

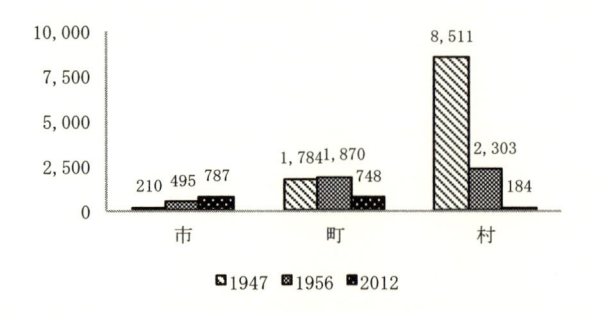

```
10,000 ┤                                          8,511
 7,500 ┤
 5,000 ┤
 2,500 ┤      210 495 787   1,784 1,870          2,303
                                        748            184
     0 ┴─────────市──────────町──────────村─────────
              ■1947  ■1956  ■2012
```

図3-3　市町村数の推移[25]

　地方自治体がその地の特性やニーズに違いに応じて独自に政策を実行することが必要であることはいうまでもなく、また地方のことは地方の住民が積極的に関わることによって暮らしや環境などに関心を持ち、政治への積極的な関与につながるという意味で、民主主義の源流であるといえるであろう。

　このような地方の自治を推進していくためにも地方自治体の財源を確保し、独自にその使途が決定できるようにすることは不可避であろう。近年の地方分権化には国から地方への税源を移譲し、さらに地方自治体に交付されてきた地方交付税の仕組みを見直し、同時に国から地方へ支出される国庫補助金を削減というプランが包含されていた。しかし地方ごとの税収には居住人口の差や産業の発展の違いなどによってかなりのばらつきがあるため、裕福な自治体では多様な施策が期待できるが、貧弱な地域では独自の政策どころか、現状を下回る行政サービスしか提供できないことにつながりかねない。そのための補正策として地方交付金制度が存在するが、しかしその結果として地方が国の監督・統制を受けることになり、財政面における地方の自立をいかに確保していくかが、全般的な地方行政の展開を左右するだけでなく、教育面での分権化を推進していくうえで大きな課題となっているといえるであろう。

　またこのような地方における行政組織をめぐる環境が激変するなかで、教育委員会の機能も変容を余儀なくさせられてきている。例えば府県の委員会

が教育課程、人事、研修に関わる事項を進めていくのに反比例して、市町村委員会の役割が逓減していくという傾向の他に、地域行政の総合化や街づくり・地域づくりのための施策が活発に行われていくなかで、知事部局あるいは市長部局の果たす役割が拡大していく反面、教育委員会の業務がそれらに吸収されていくという傾向が見られるようになってきている。その意味で教育委員会の独自性とは何か、将来的に教育委員会は存在していくのか、あるいはこれに替わる別の組織が登場してくるのか、などについて検討される必要がある。

6　まとめ

　以上に述べてきたように、近年では子どもの多様性と地域の実情を踏まえて、特色ある学校づくりが目指されてきている。これ自体に何の問題はなく、これを追求していくことは重要であろう。
　しかしこれを実現するにはクリアしなければならない課題はあまりにも大きい。むしろ口先だけで地域と連携する学校づくりを唱えても、これを下支えする仕組みを変えなければ実現の見通しは暗いし、これに言及しないままで新しい学校づくりを提唱することにはあまり大きな意味をもたない単なるスローガンに終わってしまうであろう。
　地域と密着し、地域のニーズに的確に対応することを目指した教育を展開する一つの方策として、きめ細かい学習指導や地域との連携を綿密にはかっていくことが望まれるが、これに必要な人員を配置しようとすれば、これは法定定員外となるため、市町村が独自に採用しなければならず、その給与費等は市町村の負担となることは避けられない。現下の税制度と経済事情から考えると地方財政には決して余裕があるとはいえず、これを直ちに実行することはそう容易ではない。しかし他方においては、地域と学校との関係をより親密にしながら、充実した教育を提供していくべきであるとの時代的な要請が課せられているのであり、これら二つの問題をどのようにして解決していくべきなのかを本格的に検討し、解決の方途を探るべき時にきていること

は間違いないであろう。

注
1 文部科学省『学校基本調査報告書』(平成22年度版)をもとに作成。なお学校数は実数、その他の項目の単位はすべて千人、大学には短期大学を含めた数値、高等学校は通信制を除いている。教員、職員はともに専任者のみを掲げている。
2 これまで幼稚園(1956)、高等学校(1948)、大学(1956)、短期大学(1975)などの設置基準が定められていたものの、長く小学校および中学校に関してはこれが存在しなかったが、ようやく2002年(平成14年)になって規定が設けられることになった。
3 学校教育法33条の規定。なお中学校については48条、高等学校は52条、中等教育学校については68条に同様の規定が設けられている。
4 中学校については74条、高等学校は84条に同趣旨の規定が設けられている。なお中等教育学校は74条(前期課程)および84条(後期課程)を準用するとなっている。
5 『明治以降教育制度発達史』、第3巻、51頁。
6 地方自治法2条第3項の5。
7 旧教育委員会法1条。
8 宗像誠也編『教育行政論』東京大学出版会、1957年、299頁〜。
9 大学などの高等教育と私立学校に関する事務をのぞく。
10 地教行法第23条の規定ではこのほか、社会教育に関すること、スポーツ、文化財、ユネスコ活動、教育に関する法人、教育に関連する調査統計、広報や相談業務などが例示されている。
11 町村の場合には3名以上でも可という規定になっている。(地教行法3条)
12 同法38条(小学校)、同49条(中学校の場合、38条を準用するという規定)。
13 学校教育法5条。
14 市川昭午『大阪維新の会「教育基本条例案」何が問題か?』教育開発研究所、2012年。
15 大阪府教育基本条例・前文(2011(平成23)年8月22日)。
16 「今後の地方教育行政の在り方について」(中教審答申：1998年)。
17 ①学校管理規則の見直し、②校長の意見具申が取り入れられるような教員人事、③学校の意向が反映される予算、④校長の任用資格の見直し、⑤学校外からの人材起用、⑥地域住民、保護者への学校目標や教育計画の達成状況を説明する。⑦学校評議員制度の導入などがその具体的な内容となっている。
18 教育改革国民会議「教育を変える17の提案」(平成12年)。
19 2004(平成16)年に「地方教育行政の組織及び運営に関する法律」が改定され、「教育委員会は…書簡に属する学校のうち、その指定する学校の運営に関して協議する機関として、当該学校ごとに、学校運営協議会を置くことができる。」と規定され、

その委員は「…当該指定学校の所在する地域の住民、当該指定学校に在籍する生徒、児童又は幼児の保護者その他教育委員会が必要と認める者」の中から当該教育委員会が任命するという規定が盛り込まれた。(47条の5)因みに学校運営協議会の設置が認められた学校を「コミュニティ・スクール」と呼ぶのが通例となっている。

20 「2011(平成23)年度文教及び科学振興費について」、http://www.mof.go.jp/public_relations/finance/f2303c.pdf
21 総務省『地方財政白書(2012(平成24)年版)』51頁。
22 国からの補助制度は「市町村立小学校教員年功加俸国庫補助法」(1896(明治29)年)にはじまり、「市町村立小学校教育費国庫補助法」(1900(明治33)年)、「市町村義務教育費国庫負担法」(1918(大正7)年)、「義務教育費国庫負担法」(1940(昭和15)年)など年をおうごとに補助対象を拡大し、それにあわせて補助額が増額されている。
23 国および府県が経費を負担することになっている市町村立の義務教育学校の教職員は、「県費負担教職員」と呼ばれている。
24 2011(平成23)年4月に「公立義務教育諸学校の学級編制及び教職員の標準に関する法律」と「地方教育行政の組織及び運営に関する法律」の一部が改正されたことによる。
25 総務省統計局「市町村合併資料」、http://www.soumu.go.jp.gapei/gapei/gapei2.html

参考文献
・川瀬憲子(2011)『「分権改革」と地方財政』自治体研究社。
・佐々木信夫(2009)『現代地方自治』学陽書房。
・市川昭午(2006)『教育の私事化と公教育の解体』教育開発研究所。
・黒崎勲(2004)『新しいタイプの公立学校』日日教育文庫。
・金子郁容(2000)『コミュニティ・スクール構想』岩波書店。
・神野直彦・金子勝(1998)『地方に税源を』東洋経済新報社。
・木田宏(1977)『逐条解説・地方教育行政の組織及び運営に関する法律』第一法規。

第4章　社会教育分野の現状と課題
──「新たなコミュニティ」の構築に向けて──

岩槻知也

本章のねらい

　「無縁社会」という言葉の流行に象徴される、人々のつながりの希薄化は、現代日本が抱える主要な社会問題の一つであり、家庭や学校、地域社会における教育活動にも大きな影響を及ぼしている。本章では、このような人々のつながりを回復する一つの手立てとして、近年、社会教育の分野で取り組まれている「新たなコミュニティづくり」の活動を取り上げ、その理論的な背景や現状、今後の課題等について検討を加えた。特に理論的な背景については、様々な分野で注目を集めつつある「ソーシャル・キャピタル(social capital)」研究や「コミュニティ」を巡る新たな研究の動向について概観するとともに、具体的な活動の事例として、アメリカにおける「コミュニティ・スクール(community school)」、イギリスにおける「地域開放学校(extended school)」及び日本(大阪)における「地域教育協議会」の取り組みに焦点を当て、各国における「教育を軸としたコミュニティづくり」の実践の意義や課題について考察した。各国の取り組みには、もちろん様々な違いがみられるが、一方で、教育を媒介として多様な人々が出会い、コミュニケーションを繰り返しながら、新たなつながりを創り出しているという点では共通している。これからの社会教育に強く求められるのは、このような人々のつながりの創出に向けた活動の契機を生みだすという役割であろう。

1　問題の所在——いま、なぜ「新たなコミュニティ」か？

　2010年1月、NHKの制作による「無縁社会—"無縁死"3万2千人の衝撃」と題された、文字通り衝撃的なスペシャル番組が放映されて以来、この「無縁社会」という言葉は、一種の流行語のように、様々なメディアで取り沙汰されるようになってきた。「ごく当たり前の生活をしていた人がひとつ、またひとつと、社会とのつながりを失い、ひとり孤独に生きて亡くなっていた[1]」…このような死を本番組では「無縁死」と呼び、実際に「無縁死」を遂げた方々の、それぞれの人生を丹念に取材している。「人間は元来一人で生まれてきて、一人で死んでいくものである」という少々クールな考え方に立つならば、このような死に方は何も特別なことではないし、場合によっては幸せだと捉えられるかもしれない。しかしNHKの取材班によれば、先の番組の放送直後から、「無縁社会、他人事でないなぁ」「無縁死予備軍だな」「行く末のわが身に震えました…」といった3〜40歳代の視聴者の書き込みが、インターネット上に相次いだという[2]。煩わしい人間関係を捨て去り、あえて「無縁」であることを選択してきたかに見える若い世代にも、このようなつながりの喪失に対する漠然とした不安感が、徐々にではあるが募ってきているようである。

　筆者はこれまで、学校外の多様な教育活動を対象とする社会教育の研究を進めてきたが、近年この分野においても、例えば一人暮らしの高齢者の問題や育児に不安や困難を抱える保護者の問題等、上記のような「無縁社会」を背景とする人々の社会的孤立に起因した様々な問題が、しばしば取り上げられるようになってきている。そしてそれらの問題の解決のために、地域社会における人と人のつながりの重要性が指摘され、「まちづくり」や「地域づくり」に関する実践・研究にも強い関心が寄せられつつある。

　そこで本章では、このように失われた人々の「縁」、即ちつながりを回復するための一つの手立てとして、「コミュニティ」というものに着目する。周知のように「コミュニティ」という語はきわめて多義的であるが、ここでは「近隣関係を媒介とした小規模な地域社会」といった意味に捉え、かつての閉鎖的な「ムラ社会」の復活に向かうのではない、開かれた「新たなコミュニティ」

を構築していくための方途を探っていきたい。というのも、このような「新たなコミュニティ」こそが、孤立した人々をつなぐ端緒となる大きな可能性を秘めていると考えられるからである。

2 コミュニティづくりの理論的基盤
——ソーシャル・キャピタル研究とコミュニティを巡る新たな研究領域

　以上のように、本章の目的は「人々がつながる新たなコミュニティの構築」の可能性を探ることにあるが、ここではその前提として、そのような取り組みの根拠となるようないくつかの研究を取り上げてみたい。具体的には、まず第一に「人々がつながる」ことの意義について、近年様々な研究・実践領域に大きな影響を及ぼしている「ソーシャル・キャピタル」研究の内容について検討する。そして第二に、この「ソーシャル・キャピタル」研究にも影響を受けつつ発展してきた「コミュニティ」を巡る新たな研究領域―コミュニティ科学、コミュニティ心理学、コミュニティ教育学―の内容について概観する。

(1) ソーシャル・キャピタル研究の概要とその意義

　ソーシャル・キャピタル研究の第一人者とされるアメリカの政治学者ロバート・パットナムは、すでに1990年代の半ば、「ひとりでボウリングをする(Bowling Alone)」という論文の中で、1960年代以降、アメリカ社会においても人々の社会的な結びつきが弱まり、市民社会の活気が失われてきたと述べている[3]。この論文のタイトルは、かつて多くのアメリカ人が「クラブ」に入ってグループでボウリングをしていたが、近年は一人で孤独にボウリングをする人が増えたということを象徴したものである（ちなみに1980年から1993年の間に、アメリカのボウリング人口は10％増加したが、クラブに入ってボウリングをする人は40％も減少したという）。つまり、ビールやピザを片手にいろんな会話を交わしながら、ボウリングを通じて社会的な交流をはかる―そんな行動をとる人々が、かなりの割合で減ってしまったということである。ボウリングなどというと些細なことに思われるかもしれないが、パットナムに

よると、1993年の1年間で少なくとも1回ボウリングに行ったアメリカ人は約8,000万人であり、この数字は1994年の連邦議会議員選挙の投票者数を優に上回っていた（およそ1.3倍）らしい[4]。冒頭に述べたような「無縁社会」の問題は、決して日本だけの問題ではないのである。

さて、パットナムがこのような研究を行う際に準拠したのが、本節のテーマに掲げた「ソーシャル・キャピタル（social capital）」という概念である。直訳すると「社会資本」となるが、ふつう社会資本といえば、道路や港湾、住宅や上下水道などの都市基盤、即ち社会的なインフラストラクチュアのことが思い浮かぶだろう。しかし実を言うと、この概念はそのようなハードな「モノ」ではなく、人間社会が織りなすソフトな「関係」のことを指している。「資本」だけに何がしか形のあるものを想像しがちであるが、この概念には人間関係のネットワークや、そのネットワークが育む相互理解、信頼、規範などの、どちらかといえば目に見える形では捉えにくいものが含まれているのである。

もともとこの概念は、20世紀初頭、あるアメリカの教育学者が使い始めたとされているが、その後は教育学のみならず、政治学や経済学、社会学や都市計画などの様々な分野で重要なテーマの一つに数えられるとともに、アメリカ以外の国々やOECD、世界銀行などの国際機関における政策論議のキーワードにもなっている。ちなみに日本においても、2002年度より内閣府がソーシャル・キャピタルに関する調査研究プロジェクトを開始した[5]。それにしても、このもう一つ掴みどころのない概念が、なぜこれほどまでに注目を浴びているのだろうか。

先のパットナムによれば、このようなソーシャル・キャピタルの蓄積が、人々の自発的な協力を促し、経済面や社会面での様々な成果を生み出すのだという。信頼感や共通の規範に裏打ちされた人々のつながりが、経済発展や子どもの教育の向上、近隣の治安の向上や健康・幸福感の増進をもたらし、ひいては民主主義というものを実質的に機能させていくというのである[6]。かつて1960年代には、国家発展のために教育への投資が叫ばれ、投資の対象である個々の人間を「資本」と捉える「ヒューマン・キャピタル（人的資本）」研究が一世を風靡した（当時この研究で指導的な役割を果たした経済学者た

第4章　社会教育分野の現状と課題　99

ちが、後にノーベル賞を受賞している)。つまりこのヒューマン・キャピタル論が、教育投資による「個人の力」の成長を重視しているのに対して、近年のソーシャル・キャピタル論は、いわば「人々のつながりの力」の成長に注目しているのである。

　イタリアやアメリカにおける調査研究に基づいて、パットナムは、例えば次のような興味深い指摘も行っている[7]。まず、ソーシャル・キャピタルには組織内部の同質的なネットワークを基盤とする「結合型」と、異なる組織間の異質な人々によるネットワークを基盤とする「橋渡し型」の二つがあるが、特に前者の「結合型」が内向きで閉鎖的になった場合には排他的となり、経済パフォーマンスの悪化や社会参加の遮断、コミュニティ内部の対立などを招く可能性があるという。これは日本における「ムラ社会」の問題点を考える上でも示唆に富んでいる。またソーシャル・キャピタルは一朝一夕に蓄積されるようなものではなく、長い歴史のなかで培われるものであって、イタリアにおける南北の違いなどは、千年にわたる歴史が大きく影響しているという指摘も見逃せない。さらにソーシャル・キャピタルの形成には、メンバーが直接顔を合わせることが重要だという指摘も面白い。ITネットワークも重要だが、それはあくまでも顔を合わせて行うコミュニケーションの補完物ではないかという。加えてボランティア活動等の市民活動が、ソーシャル・キャピタルの蓄積を促す新たな動きとして特に重視されている点も注目に値する。

　以上、パットナムの議論を中心としてソーシャル・キャピタル論を概観してきたが、これらの内容を見ていると、本章がテーマとする「人々をつなぐ新たなコミュニティの構築」が、国際的にみても、きわめて現代的な意義をもつ重要な取り組みであることに、改めて気づかされる。

(2)コミュニティを巡る新たな研究領域の動向

　上記のようなソーシャル・キャピタル研究の進展に伴って、日本においても、「人々のつながり」の構築に寄与する「コミュニティ」に対する関心が近年高まっており、いくつかの新たな研究領域が形成されつつある。例えば、「コミュニティデザイナー」なる肩書を創り出した建築家の山崎亮は、人々の間

の「いいあんばいのつながり」をデザインし、その実現のために様々なサポートを行う、いわば「ものをつくらないデザイナー」の重要性を指摘している。ここでの「いいあんばいのつながり」とは、かつての農村集落に見られる凝集性の強いつながり、いわゆる「しがらみ」ではなく、個人化された自由な生活を尊重する緩やかなつながりのことであり、このようなつながりこそが、人々の自由や安心を保障しながら、現代社会に存在する様々な課題の解決を促すというのである。これまで建築の世界においても、「まちづくり」にはハードとソフトの両面が重要だと言われてきたが、思いのほかソフト面に取り組む建築家が少ないため、山崎はこのソフト面に重点を置いて取り組む仕事を「コミュニティデザイン」と呼び、その意義を強くアピールしている[8]。

　また社会保障や環境・医療等に関する政策研究を幅広い視野から展開している広井良典も、上記のような「人々の緩やかなつながり」を構築することが、国際的に見ても「社会的孤立」度の高い日本社会の未来にとってきわめて重要であると述べている。広井は「コミュニティ」を「人間が、それに対して何らかの帰属意識をもち、かつその構成メンバーの間に一定の連帯ないし相互扶助(支え合い)の意識が働いているような集団[9]」と定義したうえで、そのコミュニティを「農村型コミュニティ」と「都市型コミュニティ」の二つに類型化している。前者の「農村型コミュニティ」とは、いわゆる日本の伝統的な「ムラ社会」の特質に重なるものであり、「共同体に一体化する(ないしは吸収される)個人」によって、情緒的(あるいは非言語的)なつながりの感覚をベースに形成される凝集性の高い同質的な集団のことを指す(このような集団は、パットナムの言う「結合型」のソーシャル・キャピタルを形成する)。一方「都市型コミュニティ」とは、独立した個人によって、言語的な要素を強くもつ共通の規範やルールに基づいて形成される異質性の高い集団だとされる(この集団は、パットナムの言う「橋渡し型」のソーシャル・キャピタルを形成するが、ここではヨーロッパの都市コミュニティがイメージされているようである)。広井によれば、これら二種のコミュニティがもつ人々のつながりの原理は、相互補完的であり、最終的にはその両者のバランスが重要であるという[10]。つまりこの広井の議論においても、先の山崎が言う「人々の間のいいあんばいのつながり」を基盤とする

新たなコミュニティの重要性が指摘されているのである。
　以上のように「コミュニティ」を巡る研究は、近年様々な領域において注目されてきているが、ここでは以下、そのような研究が個人レベルではなく、一つの層として展開されてきている3つの事例—コミュニティ科学・コミュニティ心理学・コミュニティ教育学—について概観してみたい。

①コミュニティ科学
　2000年代の後半あたりから、「コミュニティ科学」なる新たな研究領域の必要性を提起し、実際に大規模な実証研究プロジェクトを展開してきているのは、金子郁容ら率いる慶應義塾大学のグループである[11]。周知のように、コミュニティに関する研究は、既に社会学などの領域において、およそ100年以上も前から連綿と展開されてきており、例えばテンニースの『ゲマインシャフトとゲゼルシャフト』(1887年)やマッキーヴァーの『コミュニティ』(1917年)などが、その初期の代表的な研究としてしばしば取り上げられる。しかし金子によれば、これら従来の「コミュニティ研究」は、「すでにあるもの」としてのコミュニティの特質を分析するものでしかないという。ピーター・ドラッカーが「コミュニティ」と「組織」の特徴を対比させて表現したフレーズ「コミュニティはbe（あるもの）で、組織はdo（するもの）だ[12]」を引用しながら、金子は、「コミュニティ科学」がbeの要素だけでなく、doの要素、即ち「コミュニティが社会的課題を解決するための方法として機能すること」をも志向した実践的研究であると述べている。
　さらに具体的には、コミュニティ科学は、以下のような「シナリオ」を実現させるための理論と実証の科学であるとされる。そのシナリオとは「人と人のつながりが形成されやすい、ソーシャル・キャピタルが高い社会では社会イノベーションが起こりやすく、その結果、社会コストが低くなるとともに社会問題の解決に向けて社会生産性が向上する[13]」というものである。「社会イノベーション」とは、新しい発想による社会的な関係の変化、即ち既存の対立構造や相互不信の解消、新しい状況や事物の受容等により生じる個人や組織における意識や行動の変化であり、このような社会イノベーションが進

展することによって、これまで利害対立やコミュニケーション不足のために得られることのなかった個人や組織の自発的協力が得られるとともに、相互信頼によって信用担保のコストも軽減される。つまり、低コストで社会的課題の解決や事態の改善を達成できる「社会生産性」の高い社会が実現されるというわけである[14]。

以上のようなシナリオの妥当性を検証するのが、この「コミュニティ科学」の役割であるが、ここでは金子らのチームが実施している地域医療システムに関する実証実験の一部を簡単に紹介しよう[15]。この実験とは、2008年度に東京都奥多摩町で実施された「遠隔予防医療実験」である。具体的には、過疎化・高齢化の進行する同地域に、医師を派遣するのではなく、テレビ電話システムを導入し、都心のクリニックの医師による遠隔健康・予防相談を実施するというものである。この実験がユニークなのは、テレビ電話を個人宅に設置するのではなく、地区の中心にある集会所に設置し、参加者に定期的に集まってもらうようにした点である。そうすることで、都心の医師によるテレビ電話でのきめ細かな相談・指導が実現するとともに、実際に参加者同士の交流が始まり、順番待ちの時間や相談の終了後に、健康のことや相談・指導内容についての会話が頻繁に交わされるようになったという。一部の地区では、参加者が集まって地元の食材を使った健康的な食事を食べるという「食事会」が催されるなど、地区の集会所が、当該地区住民の「健康づくり」を地域ぐるみで促進する共同の場になっていったのである。紙幅の都合上、結果の詳細を記述することはできないが、関わった医師らの報告によれば、生活習慣病に関連する検査の数値に「驚くほどの効果」が表れていたという。先のシナリオに即して言えば、以下のように表現できるであろう…「地区の集会所で行われる遠隔医療の取り組みによって、医師と地区住民及び住民同士の間に日常的で水平的なコミュニケーションが生じ、お互いに対する関心や信頼感が醸成されていくことで、社会イノベーションが進展する。その結果、地区住民は自分の健康や病気に対して、より自主的に対応するようになり、過大なコストをかけずに地区住民が抱える健康問題の解決や改善が図られることになる。」

以上に見てきたようなコミュニティ科学の研究は、現在まだ緒についたばかりであるが、ソーシャル・キャピタルの理論に依拠しつつ、自治体や企業、病院や学校、商店街等の様々な団体・組織と協働しながら、精力的に展開されてきている。

②コミュニティ心理学
　上述の「コミュニティ科学」が、日本発のかなり新しい研究領域であるのに対し、この「コミュニティ心理学」は、1960年代半ばのアメリカに端を発する比較的歴史のある研究領域である。その起源は、1965年にボストン郊外で開催された「地域精神保健に携わる心理学者の教育に関する会議」に遡ると言われているが、この「地域精神保健」とは、精神障がいの社会的な決定要因に着目し、地域社会の環境やそこで生活する人々への介入を通して障害を予防するという取り組みである。それまで地域社会から孤立した精神病院で実施されていた精神医学的援助が、病院に設置された「地域精神保健センター（Community Mental Health Center）」で実施されるようになったことで、障がい者が「脱施設化（deinstitutionalization）」の理念のもとに地域社会に戻り、医師や心理臨床家もクリニックという密室から飛び出して、地域社会で仕事を行うようになったのである。その後1967年には、このような地域精神保健に携わる心理学者らを中心としてアメリカ・コミュニティ心理学会が設立され、「地域精神保健」の領域に留まらない幅広い活動を展開しながら現在に至っている（現在の名称は"Society for Community Research and Action"）。なお日本においても、既に1960年代後半より、このようなアメリカの動向が紹介され、1998年には「日本コミュニティ心理学会」が設立された[16]。
　さて、それでは現在の「コミュニティ心理学」の定義とはどのようなものであろうか。日本におけるコミュニティ心理学研究の第一人者である植村勝彦は、日米における研究の歴史をレビューしたうえで、その定義を次のように表現している。

　　コミュニティ心理学とは、多様なコミュニティの中に存在および発生す

る問題をメンバーが社会問題として捉え、当該コミュニティ内外の人的・物的・その他活用可能な社会資源を導入しながら協働することで、人と環境の不適合から生じたそれを解決・低減することを通して、コミュニティおよびそれを構成する人々のウェルビーイングの向上を目指す、市民主体の心理学である[17]。

　この定義には非常にたくさんの内容が盛り込まれているが、まず特徴的であると考えられるのは、コミュニティ心理学が、個人のみならず、その個人をとりまく環境—コミュニティ—に焦点を当て、コミュニティに存在する「社会問題の解決」を強く志向している点である。主として個人の内面を対象とする心理学の研究において、社会問題の解決を志向するこの領域は、きわめて能動的・実践的であり異色である。その点は、先の「コミュニティ科学」が「be」のみならず「do」の要素を重視していたことと重なり合っていて興味深い。また、この心理学がカバーする「コミュニティ」の範囲が相当に広いことも注目に値する。いわゆる地縁的な「地域社会」である地理的コミュニティ (geographical community) に加えて、学校や企業、病院等の各種施設、あるいはそれぞれの下位単位であるクラスや職場（部署）、病棟などもコミュニティとして捉えられており、例えば「学校コミュニティ」や「職場コミュニティ」といった用語が使用されている。さらにこの中には、セルフヘルプ・グループ（当事者・家族の会）やインターネット上のバーチャル・コミュニティなども含まれており、かなり多様な形態の「コミュニティ」が想定されていることがわかる[18]。先の植村によるテキスト『現代コミュニティ心理学』において例示されている具体的なトピックをいくつか列挙してみると、「地域における子育て支援：ソーシャル・サポート」、「教師との心理学の共有化：コンサルテーション」、「幸福な老い：ウェルビーイング」、「障害者の自立：エンパワーメント」[19]といった内容になるが、これらはいずれも、これまで社会教育学や生涯学習論の分野で重視され、取り組まれてきたテーマと大きく重なっている。
　以上のように、コミュニティ心理学においては、個人をとりまく多様なレベルのコミュニティのメンバー間で展開される様々な相互作用に実践的に介

入していくことで、当該コミュニティのメンバー自身が、主体的に、またコミュニティ内外の人々と協働しながら問題解決を目指せるよう支援を行うことに重点が置かれている。

③コミュニティ教育学

　教育社会学の分野を足場としながら、「地域と教育」の問題について、現場の実践に即した調査研究を展開していた池田寛が、大阪大学において「コミュニティ教育学」の講義を開講し、その研究室を立ち上げたのは2000年代前半のことである。日本において「コミュニティ教育学」という研究領域の必要性が提起されたのは、この時が最初であるとされる[20]。

　もちろんこの「地域と教育」の問題は、「コミュニティ教育学」という語が登場するかなり以前から、教育社会学や社会教育学の分野における主要なテーマの一つであった。例えば、日本教育社会学会の『教育社会学研究』に1951年から1990年までに掲載された「地域と教育」領域に関連する論文の内容をレビューした久冨善之は、その特徴を次のように整理している。まず戦後復興期の1950年代には、新学制移行直後の新しい学校のあり方への期待から、具体的な地域を対象とする実証的な調査研究が精力的に展開され、地域の現実に即したカリキュラムを編成する「コミュニティ・スクール」づくりや「地域教育計画」策定の取り組みが活発となった。また高度成長期後の1970年代後半から80年代初期においても、50年代ほどの活況ぶりではないにせよ、地域社会と学校教育の関係に関する研究が継続的に取り組まれているが、その後1980年代の半ば以降は、この分野の研究が「断絶」したとでも言えるような、いわば「空白の時代」を迎えることになったという[21]。先の池田のもとに学び日本初の「コミュニティ教育学」のテキストを編んだ高田一宏は、その原因について次のように述べている…「地域それ自体が人間形成力を失うとともに、学校がますます閉鎖的になっていくことで、1980年代以降の『地域と教育』に関する研究は、現実から乖離し、あるいは現実の変化に追いついていけず、その焦点を見失っていったのである[22]。」

　以上のような「空白の時代」のさなか、具体的な現実の中から学校と地域の

連携の必要性を見出し、「地域からの教育改革」論を提起したのが、大阪の同和教育の取り組みである。当時、深刻な状況にあった被差別部落（同和地区）児童の「低学力」の実態を改善するためには、学校だけでなく、家庭や地域が一体となって、子どもの生活規律や意欲の向上に向けた体制を構築することが重要であるとして、それら三者の連携、有機的なつながりを生みだすシステムを創り出すことが求められていた。先の池田は、様々な地域でフィールドワークを重ねながら、このような連携システムは、被差別部落だけでなく、すべての地域で必要な「地域教育システム」であるとして、その実現のために、大阪府における「教育コミュニティづくり」の施策の推進に尽力することになる（詳しくは次節で述べる）[23]。

「コミュニティ教育学」が依拠する基本的な概念は、この「教育コミュニティ」であるが、池田はその概念内容を以下のように述べている。

> 「教育コミュニティ」とは、学校と地域が協働して子どもの発達や教育のことを考え、具体的な活動を展開していく仕組みや運動のことを指している。教育コミュニティづくりを進めていくのは、教師、地域住民、保護者、そして行政関係者やNPOの人びとである。これらの人びとが、「ともに頭を寄せ合い子どもたちのことを考え、いっしょに汗を流しながらさまざまな活動に取り組むこと」が教育コミュニティづくりのかたちであり、「ともに集う場」「共通の課題」「力を合わせて取り組む活動」がその基本的要素である[24]。

先のコミュニティ科学やコミュニティ心理学と同様に、このコミュニティ教育学もまた、人々のつながりによって、家庭や学校、地域社会に存在する様々な問題を解決することを志向している。身近な学校を核として、教育を媒介とした人のつながりを創り出していくこの「教育コミュニティづくり」の取り組みは、地道な草の根の活動を基盤にしながら大きく広がってゆく可能性を秘めている。

3 「教育」を軸とした新たなコミュニティづくりの事例研究
　――アメリカ・イギリス・日本の取り組みから

　前節では、新たなコミュニティづくりの理論的基盤として、①ソーシャル・キャピタル研究の意義及び②コミュニティを巡る新たな研究領域の動向の二点について検討してきた。まず①においては、「人々のつながり」が様々な社会問題を解決する力となることが、「ソーシャル・キャピタル」という概念で説明され実証的に研究されてきているということ、また②においては、そのような「人々のつながり」によって形成された「コミュニティ」が社会問題の解決に果たす役割に関して、ディシプリンの異なるいくつかの研究領域が様々な実証研究を積み重ね、興味深い知見を導き出していることが明らかとなった。

　そこで本節では、このような「人々のつながり」によって形成される「コミュニティ」を、実際にどのように構築していくのかという点について、アメリカ、イギリスおよび日本(大阪)の事例をもとに検討を加えてみたい。前節で述べたことからも明らかなように、「新たなコミュニティ」の構築には、様々なパターンがあり得るが、ここでは先の「コミュニティ教育学」の領域が対象としているような、「教育」を軸としたコミュニティづくりの事例―アメリカの「コミュニティ・スクール」、イギリスの「地域開放学校」、大阪の「教育コミュニティ」―を中心に検討を進める。

(1) アメリカの「コミュニティ・スクール」とイギリスの「地域開放学校」
①アメリカにおける「コミュニティ・スクール(community school)」の取り組み
　アメリカにおける「コミュニティ・スクール」の嚆矢は、1930年代半ばにミシガン州フリント市において設置された「明かりのついた校舎(lighted schoolhouses)」に遡る。フリント市はGM発祥の地でもあるという自動車産業の街であるが、当時、世界恐慌後の経済の低迷に伴い、失業者や青少年犯罪が増加し、家庭の崩壊やコミュニティの荒廃といった社会問題が急激に顕在化していた。このような状況を憂いた元市長で実業家でもあったス

チュアート・モット (Charles Stewart Mott) が、公立学校を地域住民の身近な集会や学習の場として使用・運営することを提唱して「モット基金 (Mott Foundation)」を設立し、コミュニティ・スクールの普及に尽力した。「明かりのついた校舎」とは、地域住民が、子どもたちのいなくなった夜間に、近くの学校に集まってスポーツや学習をしたり、地域の問題について語り合ったりしていたことからつけられた名称である。この取り組みは、地域住民の相互理解の促進や相互扶助的な人間関係の構築、また学習による精神の豊かさの回復等を目的としたコミュニティの再構築プロジェクトとして位置づけられたのである[25]。このフリントの取り組みを契機として、コミュニティ・スクール運動が全国的に拡大し、1978年には「コミュニティ・スクール法 (Community Schools Act)」が制定される。ただ残念ながら、1980年代のレーガン政権時にこの法律に基づく国家予算はカットされてしまうが、その後も地道な運動が継続的に展開され、クリントン政権時の1998年には「21世紀の地域学習センタープログラム (The 21st Century Community Learning Center Program)」において、国家的なサポートが再開されることになる[26]。そして2011年には「フルサービス・コミュニティ・スクール法 (Full-Service Community School Act)」が制定され、現在に至っている。

1998年に全米のコミュニティ・スクール運動のリーダーが集まって結成された「コミュニティ・スクール連合 (Coalition for Community Schools：以下、CCSと表記する)」が掲げる理念は、以下のようなものである。

> コミュニティ・スクールは、学校と他のコミュニティ資源を結ぶ場であり、両者の協同組合でもある。教科の教育や各種のサービス・支援、また参加の機会に関する視点を統合することによって、生徒の学習は改善され、家族も力強くなり、コミュニティもより健全になる。学校はコミュニティのセンターとなり、すべての人に開かれたものとなる…一日中、毎日、夕方に、そして週末に[27]。

以上のような理念のもと、公立学校という場を拠点として、始業前・放課

後のプログラムや子育て支援、生活相談や健康・医療相談、さらには移民のための英語教室や家族のためのリテラシー教室などの多彩なプログラムが提供されている。コミュニティ・スクールが「フルサービス・スクール」と呼ばれている理由はここにあると言ってよい。このように学校を核とした多様な活動が全米で展開されているのだが、ここではCCSの調査報告書"Making the Difference"(2003)から、バージニア州セントポールという田舎街のある高校の事例を簡単に紹介したい。この高校では、ある時「湿地帯の再生」をテーマとした地元アパラチアの自然環境に関するコースを開設した。生徒たちは再生の方法を学ぶために水質や土壌の調査を行い、湿地に適さない植物を取り除くとともに、水生植物を移植した。またピクニックのための橋や歩道をつくり、今後の調査のための学習センターまで建設したという。そのために彼らは、助成金の申請書を書いて資金調達者を確保し、予算を立てて地元の役所の職員にプレゼンテーションをしたり、近隣の大学にも出向いて協力をとりつけている。実はこのような活動のプロセスにおいて、生徒たちは、自然科学に関する知識を体験的に学ぶだけでなく、彼らの教師や地域の他の大人との永続的な友情を育み、有意義なつながりを築いていくのである[28]。

　CCSは、以上のようなコミュニティ・スクールの取り組みの意義を、以下の3点に整理している。

- 学校外にあるコミュニティの資源を集積し、学校の教職員に対する要求を軽減する。
- 学業的能力と非学業的能力の双方を開発するような学習機会を提供する。
- ソーシャル・キャピタル―若者の学習をサポートしたり社会参加を促すと同時にコミュニティをも強化する人間関係のネットワーク―を形成する[29]。

　学校とコミュニティをつなぐことで、コミュニティの資源が、学校の教職員の負担を軽減するだけでなく、子どもたちに対しても教科学習にとどまら

ない豊かな学習機会を提供することになる。また学校という場を拠点として様々な取り組みが展開されることにより、子どもたち、学校の教職員、保護者、地域住民の人間関係のネットワークが広がり、ソーシャル・キャピタルが蓄積されて、コミュニティが強化される。このようなアメリカのコミュニティ・スクールの取り組みは、まさに「教育を軸としたコミュニティづくり」の重要なモデルの一つであると言える。

②イギリスにおける「地域開放学校(extended school)」の取り組み

　アメリカにおけるコミュニティ・スクールと同様の取り組みを展開している学校が、イギリスにも存在する。「地域開放学校」と呼ばれる学校で、その理念は先に述べたアメリカの「フルサービス・コミュニティ・スクール」をモデルとしている。1998年にスコットランドでイギリス初の施策が開始され、イングランドでも2003年より「フルサービス地域開放学校(Full Service Extended School: FSES)」という名称で施策が展開されてきた。この「地域開放学校」を巡る近年の施策の動向や具体的なプログラムについて、ここでは紙幅の都合上、その対象をイングランドの「フルサービス地域開放学校(以下、FSESと表記する)」の取り組みに絞って検討を進めたい[30]。

　イングランドにおいて、このFSES施策が国家レベルの一大プロジェクトとして展開し始めたのは、1990年代の末から2000年代にかけてのことである。社会経済的な不利益状況と、教育や労働等の様々な領域における達成度の低さとの密接な関連性が指摘され、当時の労働党・ブレア政権が、その改善を重要な政策課題の一つに掲げて内閣府(Cabinet Office)に「社会的排除防止局(Social Exclusion Unit)」を設置し、様々な関連施策を展開したのがこの時期であった。教育施策を重視していたブレア政権は、社会経済的に不利な状況にある地域や学校に重点的に資源を配分する施策を次々と展開していくが、その過程で浮上してきたのが「地域開放学校」プロジェクトである。学校が子どもたちの社会経済的不利益状況の改善に取り組むためには、学校内や学校同士のかかわりだけでなく、子どもたちが暮らす家庭やコミュニティとのかかわりに、改めて目を向ける必要があるというわけである[31]。

FSESには、以下のような5つの「核となるサービス(core offer)」がある。

a) 初等・中等教育学校の安全な場所で実施される多彩なアクティビティ(学習支援、遊び・レクリエーション、スポーツ・音楽・美術・工作等の趣味のクラブ、ボランティア、ビジネス活動など)
b) 小学校における保育(午前8時から午後6時までの年間48週にわたるサービス)
c) 「家族での学習(family learning)」を含む保護者への支援
d) 学校看護師や言語療法士、警察等の特定の専門家の迅速な紹介
e) 地域住民への学校施設の開放(成人学習やICT、スポーツ施設等)[32]

　日本で言うところの学校の課外活動や学童保育、地域住民への学習機会提供(公開講座などの学校開放事業)等の取り組みと重なるような活動もあれば、託児や学校始業前の「朝食クラブ」のようなサービスもある。また社会経済的不利益層の支援には特に必要不可欠な保護者に対する学習支援や特定の問題に関する専門家への紹介も重視されている。もちろん、このような多彩な活動は学校単独で取り組めるものではない。実際、このFSESには様々な公的機関や組織、民間のボランティア団体等が関わっている。具体的には、警察や教育機関(大学や継続教育カレッジ等)、ユース・サービス(Youth Service：青少年の学校外活動の支援機関)やシュア・スタート(Sure Start：就学前教育・保育プログラムの名称)、ラーン・ダイレクト(Learn Direct：成人を対象とする民間の通信教育機関)、地域活動団体、市民相談局、職業案内センターなどが挙げられるが[33]、これら地域の諸機関・団体と学校がつながることで、先に述べたような多彩な取り組みを実施することができるのである。
　ここで最後に、筆者が2012年3月に現地調査を実施したロンドンの最貧困地区イズリントン区(London Borough of Islington)の取り組みを簡単に紹介しよう。この地区は、2011年現在の調査で「貧困線(poverty line)」以下の状態にある子どもの割合が46%と、その比率がイングランドの中でも2番目に高い経済的に極めて厳しい地域である[34]。また2012年現在、地区内にあ

る56の初等・中等教育学校の児童・生徒約21,000人の7割強がブラックその他のエスニック・マイノリティであり、45%が英語を母語(第一言語)としない者となっている[35]。このイズリントン区は、"Cambridge Education @ Islington"という専門的な教育的アドバイスやサポートサービスを提供する会社(営利企業)に、学校のコンサルティングや教師の育成等に関する業務を委託しているが、この会社が区内の各学校においてユニークな取り組みを展開している。とりわけFSESに関連する取り組みで注目されるのが、エスニック・マイノリティ（以下、EMと表記する)の児童や保護者の支援を専門的に行うチーム"Ethnic Minority Achievement Service"の活動である。当該児童の学校における言語学習プログラムの作成・実施や学校の教育課程外での英語教室の開催等に加えて、保護者のための交流会や英語教室も開設している[36]。また学校の管理職を含む教職員に対する研修コースも数多く提供しており、その中には例えば「EMの保護者や地元のコミュニティ・グループと協働するために」といったテーマのものもある。以下はその研修の目的である。

- EMの保護者グループとつながるための実際的な戦略を開発する。
- EMの保護者が自分の子どもの教育を支援できるよう、彼らとともに取り組む方法を開発する。
- 保護者のグループから効果的に意見を聞く方法を開発する。
- 近隣のコミュニティ・グループと協働する方法を開発する[37]。

この「近隣のコミュニティ・グループ」には、例えば「ムスリム福祉センター」や「トルコ教育連盟」など、EMの保護者の重要な支援者となり得る地元の組織が含まれている。つまり学校とコミュニティ組織が連携することで、EMの保護者が学校やコミュニティとつながる機会の拡大を目指しているのである。学校を核としてこのような「つながりの連鎖」を生みだすことによって、コミュニティが強化され、そのことがマイノリティの社会的孤立(排除)を防ぐ重要な手立てになっていると言える。

(2)大阪における「教育コミュニティづくり」の事例研究
①なぜ「大阪」の事例なのか?

　さて、最後に日本の事例を検討しておきたい。日本においても、1980年代半ばに臨時教育審議会が「開かれた学校」論を展開して以来、「学校と地域の連携」の重要性が指摘されてきたが、本格的な国家レベルの関連施策が誕生したのは2000年代に入ってからのことである。具体的には、2000年に「学校評議員制度」が、また2004年には「学校運営協議会(コミュニティ・スクール)制度」が導入され、2008年からは「学校支援地域本部」という名称の事業が展開されてきている[38]。前二者は「学校の運営」に地域住民が参加するというもので、アメリカの「コミュニティ・スクール」やイギリスの「地域開放学校」とはかなり異質なものである。また後者は、学校の教育活動を地域住民が支援するというもので、先の「学校運営協議会制度」に比べれば英米の取り組みに類似しているが、それでもその比重は「コミュニティの強化」というよりもむしろ「学校の支援」のほうにあると言ってよい。このような「学校」に強く方向づけられた日本の国家レベルの施策に対し、本項で取り上げる大阪府の「教育コミュニティづくり」の施策は、これまでに述べてきた英米の事例にきわめて近い「コミュニティ強化」型の施策であり、注目に値する。そこで本項では、日本政府の施策が開始される以前より展開されてきた、この大阪府の取り組みについて検討してみたい。

　大阪府における「教育コミュニティ」の施策は、2000年より府内の一部の自治体で開始され、その後2002年にはすべての自治体で実施されるに至る。筆者は、ちょうどその施策導入期にあたる2001年より約10年間、大阪府の社会教育委員を務めてきた。この「社会教育委員」とは、大阪府の社会教育に関わる施策の方向性について議論し、府に対して具体的な提言を行うという役割を担っている。周知のとおり社会教育の施策は、青少年や成人に対する学校外の多様な教育活動を対象としているので、その議論の内容もきわめて多岐にわたるものであったが、筆者が委員として参加していた10年の間、このような多岐にわたるテーマのなかで、常にその議論の中心にあったのは、先の「教育コミュニティづくり」という一つの大きなテーマであった。大阪府

においては、この「教育コミュニティづくり」の施策に関する議論が、学校教育ではなく、社会教育の領域で行われてきたのである。

この「教育コミュニティ」の考え方は、前節の「コミュニティ教育学」の項でも述べたように、子どもの健全な成長発達を促すために、地域の共有財産である学校を核として、地域の大人が継続的に子どもに関わるシステムをつくるというものである。このシステムにおいては、身近な学校を拠点として、同じ地域に暮らす子どもや大人が集い、学校の教育活動や地域活動に共同で参加することを通して、お互いの関係を深めていくことを目標としている。つまり「教育」を媒介として、同じ地域に暮らす人々の新しいつながり、即ち新たなコミュニティ――「教育コミュニティ」――をつくりだすということを目指しているのである。今から約10年前に、大阪府の社会教育委員会議がこのような方向性を打ち出すに至った背景には、家庭や学校の教育機能を根底のところで支えてきた地域社会の教育機能、即ち地縁的な人間関係が希薄化してきた今日、それに代わる新たな人間関係を地域につくりだしていかないと、家庭や学校の教育機能そのものも危うい状態に陥ってしまうのではないかという状況認識があった[39]。

少々前置きが長くなってしまったが、以上のようなことから、本項ではこの大阪府の「教育コミュニティづくり」の取り組みを、新たなコミュニティづくりの一つの事例として取り上げ、その特徴について検討を加えてみたい。

②「地域教育協議会」というシステム

「地域教育協議会」とは、先に述べた「教育コミュニティ」の理念を具体的な施策として展開するための組織である(かなり口幅ったい名称なので、「すこやかネット」という愛称が使われることも多い)。本組織は、各中学校区に1つの割合で設置されており、現在では大阪市を除く府内334のすべての中学校区で開設されている(ちなみに、大阪市も同様の組織を各小学校区に設置している)。なお、中学校区を単位としているのは、当該校区の乳幼児から中学生までの幅広い年齢層の子どもを対象とするためである。次に構成メンバーについては、当該校区内にある小・中学校、保育所、幼稚園、高校、及びそれぞれのPTA、

自治会、子ども会、民生委員や青少年指導員、社会福祉協議会、子育てグループ、教育・福祉関連のNPOなどの当該地域の教育に関わる様々な活動を行っている多様な組織や団体である[40]。

　以上のような多様なメンバーで構成される地域教育協議会の主な機能は、以下の3つとされている[41]。まず第一の機能は、学校・家庭・地域社会間の連絡調整である。「学校・家庭・地域の連携」が叫ばれて久しいが、「連携」を進めるためには、その前提として、メンバー間の情報交換を密にし、お互いをよく知り合うことが重要となる。同じ地域で同じような目的をもって活動していても、意外にお互いの活動を知らないということも多いからである。次に第二の機能は、地域教育活動の活性化である。ここでは、地域の教育に関わる様々な情報の収集・発信（情報誌の発行等）、家庭教育の支援（子育てグループの育成や親学習プログラムの展開等）、地域祭りやイベントの開催、子どもの地域活動への参加の促進など、学校外で取り組まれている様々な教育活動への支援を行うことが目指されている。また第三の機能は、学校教育活動への支援・協力である。子どもの安全を守るための対策や職場体験等の体験学習プログラムへの協力、また校外補導などの非行防止の取り組みへの協力等、学校だけでは十分に担いきれない活動を、多様なメンバーが集う本協議会が支援するのである。先にも述べたように、近年は国の施策として「学校支援地域本部事業」なるものが開始されたが、大阪府ではすでにこのような活動を「地域教育協議会」が地道に担ってきたといえるであろう。

③活動の実際――岬町地域教育協議会の事例

　ここでは、大阪府の最南端に位置する泉南郡岬町の活動に焦点を当てる[42]。本町の南部は和泉山脈で和歌山県と接し、また府内には珍しく自然海岸も残っているという自然環境の豊かなところである。人口は約1万8千人（2011年8月現在）で、全体としては少子高齢化と人口減が進んできているが、住宅地の開発に伴って転入者が増加している地域もある。町内には中学校1校、小学校3校、公立幼稚園1園、公立保育園4園、私立幼稚園2園がある。町内の中学校が1校であるため、協議会の単位となる一つの中学校区が町全

域をカバーしている。

　さて、この岬町において地域教育協議会が設置されたのは2000年のことであった。「育てよう！うちの子、よその子、岬の子」というキャッチフレーズのもと、中学校区内の各学校、幼稚園、保育所の教職員・保護者、教育ボランティア(地域住民)および教育委員会事務局等のメンバーが一堂に会して活動が開始されるに至る。本協議会には、その活動内容に応じていくつかの委員会が組織されているが、ここでは特に地域教育活動の重要な柱となっている家庭教育の支援に関わる「子育て委員会」の取り組みを具体的に取り上げ、この活動が地域住民同士のつながりをどのように生み出しているのかについて考えてみたい。

　岬町の「子育て委員会」は、当初、特に若い保護者を惹きつけるような子育てネットワークづくりを目指していた。有名な講師を招いて講演会を開催したり、子育てについての座談会を企画したりもしたが、予想外に参加者が少なく、保護者よりも教職員の参加のほうが多いということもしばしばであった。どうすれば地域で子育ての輪が広がるのか…委員会で議論を重ねているとき、あるメンバーが、保健センター主催の研修会「みさきマタニティクラス・先輩ママをかこんで」に参加する。6ヶ月の赤ちゃんをもつ母親の「育児書を読んでも知りたいことがのっていないし、具体的な内容に乏しい。先輩ママから聞いたことが一番役に立ちました。…うまくいった話ばかりでなく、失敗談もすごく参考になるんですよ」との言葉が最大のヒントになったという。講師の話を一方的に聞くのではなく、参加者自身の体験や悩みを出し合える場をつくろうということになり、まずは委員会のメンバー同士—保護者、地域住民、保育所や幼稚園、学校の教職員—がそれぞれの子育て体験を交流していく。そしてそれらの体験を脚本化して、子育て劇「命・食・心」をつくり上げた。「脚本づくりから、全員で演じようと、週1回の練習を重ねるうちに、保護者同士、地域の人と保護者、教員と保護者の関係が深まり、この人はこんなことを考えていたのか、こんなふうに子どもとかかわればよいのかということが次第に見えてきた[43]」という。劇で観客に伝えられるのは、子育ての「あるべき姿」ではなく、失敗談も含めた保護者自身の経験である。し

たがって観客も自然とその内容に共感し、自身の子育てを振り返ることができるのである。観客からの「よかったよ」「劇を題材にして子育てについて話し合ったよ」という声に励まされながら、劇団「ワイワイ子育て」(子育て委員会のメンバーによる劇団の名称)は、演劇活動を通してそのネットワークを地道に拡大し続けている。

以上、大阪における「教育コミュニティ」の取り組みを、「新たなコミュニティ」構築の一事例として概観してきた。この大阪の事例から見えてくるのは、子育てや教育の問題を媒介にして、同じ地域に暮らす大人同士が出会い、交流し、共同で一つの物事に取り組むことで、そのつながりを強めているということである。そしてそのつながりが、実際の子育てや学校内外の教育活動をより豊かなものとしているのである。

もちろん、数あるすべての中学校区でこのような活動が活性化しているわけではない。何事でも新たなことに取り組む場合には、大きな負担の伴うことが多い。とりわけ拠点となる学校にかかる負担も大きいため、取り組みの活性化の度合いには、地域によりかなりの温度差があるのも事実である。しかしながら、徐々にではあるが活発な取り組みを展開する地域が増えつつある。「負担がないと言えば嘘になるが、その後の見返りを考えると、この取り組みをやめてしまうのはもったいなすぎる」とは、ある学校の管理職の言である[44]。いろんな苦労や楽しさを共にしながら築き上げてきた、保護者や地域住民とのつながり、そして信頼関係が、学校の教育活動によりよい効果をもたらすということなのであろう。前節の「ソーシャル・キャピタル」論に準拠するなら、人々のつながりによって蓄積されたソーシャル・キャピタルの効果が、家庭や学校、地域社会の教育活動に何らかのプラスの影響をもたらしているであろうことは、各地の取り組みから十分に推察できる(このことを実証的なデータを用いて検証することは、今のところ難しいのだが…)。

4 まとめにかえて

さて、本章では「社会教育分野における課題」ということで、「新たなコミュ

ニティの構築」をテーマとして議論を展開してきた。「無縁社会」といった流行語にも示されているように、近年、日本社会においても、様々な社会問題を引き起こす要因の一つとして、人々の「社会的孤立」がきわめて重大なテーマとなってきている。このような人々の社会的孤立状況を改善することが、社会問題解決の一助になるのだとすれば、本章で議論を進めてきた「新たなコミュニティの構築」は、我々が取り組むべき喫緊の課題であると言える。

　本章のサブタイトルでは「社会教育」という分野に焦点を当てているが、英米や大阪の事例が示唆しているように、「新たなコミュニティの構築」には様々な分野の「協働」が必要である。コミュニティの基盤となる人のつながりを形成するためには、大阪の事例にもあったように、実際に人と人が出会い、コミュニケーションを繰り返しながら、何か一つのことを共同で成し遂げることができるような人々の共通体験が必要である。社会教育にできることがあるとすれば、それは、そのような人々の共通体験を生み出す活動の契機を、家庭や学校をはじめとする「他の分野」と協働して創り出していくことであろう。

注

1　NHK「無縁社会プロジェクト」取材班編『無縁社会―"無縁死"三万二千人の衝撃』、文藝春秋、2010年、2頁。
2　同上、212-213頁。
3　パットナム・R・D（坂本治也・山内富美訳）「ひとりでボウリングをする―アメリカにおけるソーシャル・キャピタルの減退」(Putnam, R. D. Bowling Alone: America's Declining Social Capital, *Journal of Democracy*, 6:1, January 1995, pp.65-78.)、宮川公男・大守隆編『ソーシャル・キャピタル―現代経済社会のガバナンスの基礎』、東洋経済新報社、2004年、55-76頁。
4　同上、64頁。
5　内閣府国民生活局市民活動促進課『ソーシャル・キャピタル―豊かな人間関係と市民活動の好循環を求めて』、2003年．及び 内閣府経済社会総合研究所編『コミュニティ機能再生とソーシャル・キャピタルに関する研究調査報告書』、2005年。
6　パットナム・R・D（河田潤一訳）『哲学する民主主義―伝統と改革の市民的構造』、NTT出版、2001年。
7　同上 及びパットナム・R・D（柴内康文訳）『孤独なボウリング―米国コミュニティ

の崩壊と再生』、柏書房、2006年。
8 山崎亮『コミュニティデザインの時代―自分たちで「まち」をつくる』、中公新書、2012年。
9 広井良典『コミュニティを問いなおす―つながり・都市・日本社会の未来』、ちくま新書、2009年、11頁。
10 同上、60-65頁。
11 金子郁容・玉村雅敏・宮垣元編著『コミュニティ科学―技術と社会のイノベーション』、勁草書房、2009年。
12 同上、p.i(はじめに)。なお原著は、Drucker, P., *Post-Capitalist Society*, Butterworth-Heinemann, 1993, p.44.
13 同上、2頁。
14 同上、6-7頁。
15 同上、127-145頁。
16 植村勝彦『現代コミュニティ心理学―理論と展開』、東京大学出版会、2012年、3-6頁。
17 同上、10頁。
18 同上、6-8頁。
19 同上、目次。
20 志水宏吉「刊行にあたって」、高田一宏編著『コミュニティ教育学への招待』、解放出版社、2007年、1頁。 なお残念ながら、大阪大学人間科学部に開設された「コミュニティ教育学」研究室は、2004年の池田の死去とともにその姿を消した。
21 久冨善之「地域と教育」、日本教育社会学会『教育社会学研究』第50集、1992年、66-86頁。
22 高田一宏「『地域と教育』研究の現状と課題」、高田一宏編著『コミュニティ教育学への招待』、解放出版社、2007年、28頁。
23 同上、28-30頁。
24 池田寛『人権教育の未来―教育コミュニティの形成と学校改革』、解放出版社、2005年、11-12頁。
25 遠藤克弥編著『最新アメリカの生涯学習―その現状と取り組み』、川島書店、1999年、53頁。及び Charles Stewart Mott Foundation, *Looking Back at Five Eras: The Mott Foundation's First 75 Years*, 2002, pp.2-3.
26 Coalition for Community Schools, *Making the Difference: Research and Practice in Community Schools*, 2003, p.3.
27 Ibid, p.2.
28 Ibid, p.22.

29　Ibid, p.7.
30　Cummings, C., Dyson, A., Papps, I., Pearson, D., Raffo, C. and Todd, L. *Evaluation of the Full Service Extended Schools Project: End of First Year Report*, Department for Education and Skills Research Report, 2005, p.146. 及び林嵜和彦「英国の拡張学校―コミュニティサービスと学校教育の統合政策」、高田一宏編著『コミュニティ教育学への招待』、解放出版社、2007年、189-206頁。
31　Ibid. pp.146-147.
32　Carpenter, H., Peters, M., Oseman, D., Papps, I., Dyson, A., Jones, L., Cummings, C., Laing, K. and Todd, L. *Extended Services Evaluation: End of Year One Report*, Department for Education Research Report, 2010, p.8.
33　Cummings, C. et al. *Evaluation of the Full Service Extended Schools Project: End of First Year Report*, Department for Education and Skills Research Report, 2005, p.17.
34　Child Poverty Action Group, *End Child Poverty: Child Poverty Map of the UK, Part1 England*, 2011, p.9.
35　Michelle Stanley氏(Cambridge Education @ Islington, Senior EMAS Consultant)による説明資料(2012年3月5日に入手)より。
36　同上。
37　同上。
38　文部科学省ホームページ、http://www.mext.go.jp
39　大阪府社会教育委員会議『家庭・地域社会の教育力の向上に向けて―教育コミュニティづくりの勧め(提言)』、1999年。
40　大阪府社会教育委員会議『子どもの課題に対処するため、大人に対して取り組む社会教育行政のあり方について(提言)』、2003年。
41　「大阪府・すこやかネットサポートセンター」ウェブサイト、http://sukoyaka.coordinators.jp。
42　高田一宏「『教育コミュニティ』づくりの展開―岬町地域教育協議会の歩み」、部落解放・人権研究所編『部落解放研究』No.160、2004年、76-82頁。及び 大阪府社会教育委員会議『子どもの課題に対処するため、大人に対して取り組む社会教育行政のあり方について(提言)』、2003年、47-48頁。
43　大阪府社会教育委員会議『子どもの課題に対処するため、大人に対して取り組む社会教育行政のあり方について(提言)』、2003年、47頁。
44　すこやかネット普及啓発実行委員会『地域の子どもは地域で育つ―継続は力なり』(映像資料)、2001年。

参考文献

- 植村勝彦(2012)『現代コミュニティ心理学―理論と展開』、東京大学出版会。
- 山崎亮(2012)『コミュニティデザインの時代―自分たちで「まち」をつくる』、中公新書。
- 稲葉陽二(2011)『ソーシャル・キャピタル入門―孤立から絆へ』、中公新書。
- 橘木俊詔(2011)『無縁社会の正体―血縁・地縁・社縁はいかに崩壊したか』、PHP研究所。
- 金子郁容・玉村雅敏・宮垣元編著(2009)『コミュニティ科学―技術と社会のイノベーション』、勁草書房。
- 広井良典(2009)『コミュニティを問いなおす―つながり・都市・日本社会の未来』、ちくま新書。
- 高田一宏編著(2007)『コミュニティ教育学への招待』、解放出版社。
- 立田慶裕・岩槻知也編著(2007)『家庭・学校・社会で育む発達資産―新しい視点の生涯学習』、北大路書房。
- パットナム、R.D.(柴内康文訳)(2006)『孤独なボウリング―米国コミュニティの崩壊と再生』、柏書房。
- 池田寛(2005)『人権教育の未来―教育コミュニティの形成と学校改革』、解放出版社。

第5章　ボランティアの意味と教育課題
―― 学校へのボランティアの導入をめぐって ――

内海　成治

> **本章のねらい**
>
> 　2011（平成23）年から小学校（2012年から中学校）で実施されている新しい指導要領では、「確かな学力」とともに「生きる力」の育成が強調されている。「生きる力」とは、知・徳・体に加えて社会における自分の位置、役割を見とおして、社会に参加しつつ社会を前進させていく力ということができるであろう。キャリア教育という形でこうした力を育成しようとしている学校も多い。京都市のある学校では「生きる力」を「生き抜く力」として自己を見つめる認知力を育成することが教育課程の柱の一つとなっている。
>
> 　しかし、「確かな学力」に向けて教科の時間が増加し、総合的学習の時間は減少した。これまで、「生きる力」については、豊かな心や主体性の確立に向けてさまざまなボランティア活動が総合的学習の時間を中心として取り込まれてきたことを考えると、この面では新たな課題と向き合うことになる。すなわち、ボランティアの質的な向上と総合的学習の時間以外での様々な活動の中での取り組みである。
>
> 　本章では現代の教育におけるボランティアの課題を取り上げるが、教育とボランティアの関係には多くの側面があり、大きな広がりを持っている。そこでここでは、次の2点、すなわち「ボランティアとは何か」という観点と「学校教育のなかでボランティアに取り組むことにはどのような意味があるのか」という点から検討し、今後の学校でのボランティアの課題を明らかにしたい。

1　ボランティアをするとはどういうことか

　次の文章は重松清の短編小説集『青い鳥』(新潮社,2010年)のなかの「ハンカチ」の一節である。「場面かんもく症」[1]になり、教室で話すことのできなくなった少女が卒業式においてあるフレーズを読むことになった場面である。

　「わたくしが読むのは、(中略)二年生の秋に出かけたボランティア実習の思い出だった。〈10月20日と21日の2日間、わたくしたちは街に出て、さまざまなボランティア活動に取り組み、ひとびとが支え合い、助け合う社会の素晴らしさを学びました〉これも川崎君の自殺をきっかけに始まった行事だった。わたくしの班は、学区内でいちばん大きな公園の掃除をした。たいした支え合いではない。助け合いになるのかどうかわからない。地面に落ちたギンナンを踏むと、とても臭い。今でも覚えているのはそれだけだった。」(中略)「どんなに予行演習を繰り返しても、嘘っぽさは消えない。わたくしがもしも、万が一の奇跡でもしも、将来、学校の先生になったら、絶対に生徒にこんなことはさせない。でも、読むと決めてから、忘れていたことを思いだした。公園の掃除をしていたとき、ショッピングカートを杖の代わりにして散歩をしていたおばあさんが、にっこり笑って「ご苦労さまです」と言ってくれたのだ。四十八番のフレーズは絶対に嘘で、きれいごとだけど、あのときのおばあさんの笑顔はほんとうだった、はずだ。」

　ボランティア活動の場面と生徒の思いを痛いほど伝えている。学校ボランティアに限らないが、ボランティア活動には2つの側面が付きまとっている。つまり、ボランティアの持っている善行に対する反発と実際に行うことで得られる学びである。
　アメリカの精神分析学者で哲学者でもあるロバート・コールズ(Robert Coles)は『ボランティアという生き方』(1996)のなかでボランティアを行う人々の心の葛藤を丁寧に描いている[2]。その中にアメリカの青年が名門大学

や医学部への進学や優良企業の就職には履歴書に自分のボランティア活動について記述することが必須の条件になっていることから、深刻な精神的危機に陥る様子が描かれている。

ゲットーの子どもたちに勉強を教えるボランティア活動(これはアメリカではかなり一般的なボランティア活動である)を行っているハーバード大学の学生が、子どもから「これって、何のため」と聞かれてこたえられなくなったと言う話が描かれている。この学生はボランティア活動から得られる喜びには活動そのものから得られる満足感のほかに、将来、よい職業に就く際にボランティアをしたことが有利に働くと言う思いがあることに気づくのである。つまり、落ちこぼれたゲットーの子どもの勉強を見ることで自分自身は社会的ステイタスを昇ろうとしていることになってしまう。こうした葛藤に多くの青年が傷つくのである[3]。これに対してコールズは次のように結論づけている。貧困層の子どもたちの勉強を見ると言う当初の目的からみるとこうした思いが入り込むことは信用詐欺とも言えるであろう。「それでも、こうした野心的で有能な青年男女の多くは、自分の行為を振り返って、やはり奉仕活動自体に価値があるのだと認めていた」[4]。

重松の小説とコールズの研究から感じられるのは、ボランティアをおこなうことはある葛藤を乗り越えなくてはならないということである。これは教育のなかにボランティアを取り入れる際に、考えておかなくてはならない。このことは後に検討することにして、まずボランティアに関するいくつかの基本的事項から論を進めいきたい。

2　ボランティアとは何か

私はボランティアに関するテキストとして大阪大学の教員らとともに『ボランティア学を学ぶ人のために』(1999)を編集した[4]。テキストは4部構成で、「ボランティアに関する基本的諸問題」、「ボランティア活動−国内編」、「ボランティア活動−国際編」そして「海外のボランティア活動」である。他の学問分野では学問領域の定義や方法論が既存のものとしてあるために、テキス

トはその解説と現状の紹介からはじまるが、ボランティアという新しい分野では、「ボランティアとは何か」を問うことが重要である。なぜならば、ボランティアという言葉は80年代後半からようやく日本の国語辞典に採用され始めた新しい言葉だからである。ひとによってボランティアという言葉の意味内容が異なっているため、「ボランティアとは何か」という問いに答えることから始めなくてはならないのである。

答え方はいろいろであるが、やはり、はじめは「個人としてのボランティアの条件」を検討することから始めなくてはならないだろう。人がボランティアをするとはどういうことなのか、何をすればそれはボランティアといいうるのか、つまり、ボランティアの条件設定をする必要がある。もちろん、それぞれの個人が、これがボランティアだと思って行動すればそれがボランティア活動ということもできるであろう。しかし、現代において人々のボランティアの思いを検討することは必要であろう。さもないと共通の場でボランティアを語ることができなくなってしまうからである。

ボランティアの条件を考えると、ひとつは、こうでなくてはいけないという「基本的な条件」、つまり必要条件であり、今ひとつは、こうであるといいという「理想的な条件」、いわゆる十分条件とに分けられるであろう。

(1) ボランティアの条件1——自発性

ボランティアの条件は3つあるとよく言われる。すなわち「自発性」、「非営利性」、「公共性」である。そのなかで最も重要な条件として第一に挙げられるのは「自発性」である。自発性はボランティアという言葉の語源にもなっている。volunteerは17世紀のフランス語のvolontaireから、自発的な(voluntary)と従事する(-eer)が結びついてできた言葉である。ボランティアをあらわす志願者のほかに、軍隊用語として志願兵や義勇兵、あるいは植物学では自生植物の意味で使われている。

自発性とは自らが率先してやるということ、自分の意思で行うことの意味である。しかし、もうすこし丁寧に自発性や自由意志とは何かを考えると、答えは意外に難しい。なぜならば、全く自分の自由意思で行う行動というの

は、厳密に考えると人間にはほとんどないと思われるからである。それゆえ、自由意志によって行動するというのは、自らの責任で状況を認識して、自らの責任で価値を判断して、自分の責任において行動することを考えるべきであろう。要するに状況認識、状況判断、行為の3つをすべて自分の責任において行うということである。

　自ら「認識し、判断し、行為する」というのは、自由な人間の条件として古くからいわれているが、それに「自分の責任」が付いているところがボランティアの条件ということになる。つまり、自立あるいは自律―自ら律する―という条件が入ってくる。しかし、私たちは何かを行う時、まったく自由にさまざまな条件を認識し、判断するということは現実にはあり得ないであろう。実際には、直観的にあるいは衝動的に判断する場合や、友人やマスコミの影響が大きい。

　そこで、ボランティアにおける自発性とはもう少し消極的に考えて、逆に人や状況から押しつけられたり、命じられていないことを意味していると考えるべきであろう。また、この点はボランティア活動を実施する機関・団体やスタッフにとって常に心すべきことである。最終的にボランティア活動を行う際にボランティアの意思が優先されることが、自発性をボランティアの第1条件とする意味だと思われる。つまり、個人の意思に反したボランティア活動があり得るのであり、それはすでにボランティアではないことになる[5]。

(2) ボランティアの条件2――非営利性

　ボランティアの2番目の条件は、「非営利性」あるいは「無償性」といわれるものである。これはボランティアを行うことが、経済的な報酬を目的としないということである。人間の歴史において無償の援助は大きな課題であった。高邁さとか雅量といわれるのは、道徳や倫理においても非常に重要な徳目である。雅量 magnanimity とは、寛大な行為を意味する言葉であるが、アリストテレスからデカルトまで、多くの哲学者が重視した概念である。キリスト教では愛徳 caritas として無償の愛が強調されている。例えば新約聖書の「よきサマリア人の譬え」は、強盗に襲われ傷ついた旅人を、本来助ける立場に

ある人ではなく、見ず知らずの旅人が手厚く助ける話である[5]。これは無償性の「自ら求めることなく」というよりも「人を助ける」という人道主義の表現と言われるが、対価を求めないことが、行為の高潔さを高めているのである。

ただ、このような無償の行為としてのみボランティアを捉えることは、現在考えられているボランティアとはかなり離れてしまう。ボランティアはチャリティといわれる無償の愛や一方的に与える贈与のような一方向のみの行為から、自由だと考えるべきである。なぜなら、ボランティアはその活動を介して人と人、あるいは人と地域・社会が繋がるという相互性を含んでいるからである。

それゆえに、この無償性に関しては議論も多く、特に有償ボランティアやボランティア切符（将来ボランティアを受けられる権利の保証）、交通費等の必要な対価の支給等の際に、問題となってきた。ボランティアの無償性が前面に打ち出されると、必要な対価を求めるボランティアに不必要な心理的打撃を与えるからである。無償性とは、ボランティア活動を経済的な対価を主なる目的としないこと、そして、ボランティアを組織する団体はボランティアを安価な労働力と見なすことはあってはならないのだ、と解すべきであろう。

(3) ボランティアの条件3──公共性

ボランティアの3番目の条件は、「公共性」であるが、これは「社会性」あるいは「公益性」とも言われている。「公共性」とは、他者あるいは社会に何らかの意味で役に立つことである。ボランティア活動は個人の活動であるが、その活動は社会性を持った活動だということである。このように言うと「公共性(public interest)」とはあたかも自明なように思えるが、「公共性」も「自発性」と同様に定義が難しい。なぜならば、公共publicという言葉が、あまりに一般的な言葉であり、また、公共の利益と言ってもそれは私的な利益との違いが明確でないからである。

ボランティアをする人は、自分の活動が公共の利益であるとは思っていないであろう。ボランティアとは個別の課題、支援を必要としている人や状況に対して働きかけるのである。つまりそれぞれの人や状況に対する個別の

（私的な）利益に関係のない人を助けることである。例えば、教師が生徒を助け、あるいは親が子どもを支援するのはボランティアとは言わない。自分と直接的な関係のない人への支援、私的な利害関係のない人への支援がボランティアと呼ばれる。それゆえに、ボランティアには個人の利害を超えた人道humanityという側面が入っていると考えられるのである。

だからといって、「公共性」は個別の課題ではなく、社会的な課題についてのみ対応することを意味しない。ボランティアは個別の課題に対応するのだが、それが社会的な課題に変換されるのである。ボランティアにおける「公共性」とは人道を介することで、私的なものが公的なものに変化していくのである。

ボランティア活動は、公益と私益の境界線上にある。例えば、障がいを持った人を助ける活動が、やがて公益に変化するのである。逆に、ボランティア活動は公益と私益の間にあって、その境界線を変動させる働きがあると言うこともできる。

(4) その他のボランティアの条件

これまでに述べた3つの条件以外のボランティアの条件としては、「創造性(creativity)」や「先駆性」等が言われている。創造性は、ボランティア活動における自己実現や楽しさということに関係している。ボランティアは、生き甲斐ともなり、社会への参加を実感できる場を提供するからである。「ボランティアは楽しい」という側面を、金子郁容(1992)は強調している。金子は、ボランティアの楽しさは、ボランティアがネットワークを構築するからだと言う。自分のこれまでの世界を広げ、さまざまな人とつながるというのである。これは境を越えることと言ってもいいし、ネットワークの構築(ネットワーキング)と言ってもいいであろう。世界が広がり、社会とつながっているという思いは、社会的動物である人間にとって本源的な喜びを感ずることなのである。

「先駆性」とは、社会のさまざまな課題に対して率先して関わることであり、公共性と関連している。ここでは、誰もやっていないことを、誰しも困難だ

と思うことを、率先して行う側面が強調される。

　また、ボランティアは「相互性」が必要だとも言われる。ボランティアが自発的な活動と言いながら、ボランティアを行うためには、そこにボランティアを受け入れるニーズが必要である。ただ、このような現実的な課題としての相互性と同時に、ボランティアを行う中で、それが一方的な関係ではなく、ボランティアをする人と受ける人との互恵的な関係だということを強調している。これは、人を対象とした活動のみならず、自然を対象としたり、物を対象とする活動であっても、人は対象から大きな物を受け取るのである。

　これらの考え方は必要条件というよりも、ボランティアのあるべき方向をしめしているというべきであろう。また、ボランティア活動の側面として「継続性」や「専門性」が重要だと言われる。確かに、ボランティアには遊びと違う一種の責任があり、自発的に関わったとはいえ、勝手にやめることはできない。ボランティアをする側にも、受け入れる側にもスケジュールがあり、都合がある。ボランティアをする人と受ける人の間には責任と信頼がなくてはならない。

　「専門性」の側面は、ボランティア活動が、ケアや指導のように専門的な知識が必要な場合があることを示している。しかし、こうした専門性には、はじめから専門性を生かして関わるボランティアと、ボランティアを行う中で培われる専門性もある。アメリカのYMCAが発行しているボランティアガイドでは、ボランティアをすることで、専門性が高まり、キャリアパスとして有効であることを前面に出しているくらいである。

　このような条件は、いわば理想的な条件、すなわち十分条件と言うべきであり、必要条件としてははじめの3つ（自主性、非営利性、公共性）だと思う。

3　現代のボランティア

　ボランティアの条件を検討したが、本節では現在のボランティアをめぐるいくつかの論点を考えてみたい。はじめにボランティアと近い概念であるチャリティを取り上げ、次に、教育改革論議で学校への導入をめぐって話題

になった奉仕あるいは奉仕的活動を取り上げる。また、これに関連してボランティアと社会についても検討したい。

(1) ボランティアとチャリティ

現在はボランティアに関する本がたくさん出版されている。それらを見ると、ボランティアはチャリティ(慈善)とは違うということが強調されている。では一体、チャリティとボランティアとはどう違うのか。

チャリティとは、他人のための道徳的な行為であるが、道徳的な行為とは、哀れみや同情が施しや親切な行為として表われ、人間としてあるべき徳目(愛、正義、親切、自己犠牲等々)が実現されることである。憐れみや同情は大切な感情であり、施しや親切な行為は価値のあるものであるが、こうした道徳的行為は個人の心の中の思いが非常に重視されている。つまり、道徳的な行為は、個人の徳や愛の行為として価値があり、また、陰徳として、自己を隠して行うことが賞賛される。

しかし、ボランティアは道徳的行為の持つ私的で内的な側面を、社会性のあるものに変えていくことを目指していると考えるべきであろう。あるいは、自らの行為が意識するしないにかかわらず、社会性を持った一つの運動になり得ることがボランティアの特徴である。この点で、ボランティアは道徳的行為を社会のなかの開かれた活動とすること、広く人々が参加できる活動とすることを目指している点で、いわゆるチャリティを乗り越えようとしているのである。

また、近年は前節で述べたようなボランティアにおけるネットワークや自己実現ということが非常に強くいわれている。要するにボランティア活動とは、自分と他者とのつながりにおいて新しい人間関係の在り方を形成し得るのだと、言うことであろう。チャリティにおける哀れみや親切な行為は、親切をする者からされる者に対する一方向の感情であり行為であり、受け取る側はそれを一方的に受け入れる。ボランティアはそうではなく、相互的活動であり、ボランティアをする人とされる人の関係性、両者が一つの場を共有し、ともにその存在を認め合うこと、いいかえれば、共に生きていることを

学ぶこと、そうしたことが生起することを強調しているのである。

　私が大阪大学に勤務した1996年ごろは、阪神淡路大震災で被災した学生や被災者に対する支援活動をした学生がたくさん在学しており、その体験や活動をテーマにして卒業論文を書く学生がいた。そのため何本かの卒業論文や修士論文を読み、また指導のための面談を行った。そこで驚いたこととは、学生たちが異口同音に、自分が何かしてあげたと思ったら、実は自分がしてもらっていた、と言うのである。つまり、ボランティアには相互関係があるということに気付くのである。そして、そのことに驚き、「ボランティアとは何なのか」、「ボランティアをすることはどういうことなのか」等の問いが論文のテーマにしたきっかけになっていた。論文の内容は心理学的なアプローチ、教育学的な問い、社会学的な考察と、いろいろであったが、ボランティアが構築する新しい関係性に着目し、それをいろいろな角度から検討していることが印象的であった。

(2) ボランティアと奉仕

　私がボランティア論を担当していた当時（1996-2008年）、大学の外でボランティアについて話をする機会が多かった。講演やシンポジウムの際に必ず出るのが、「ボランティアとは偽善ではないか」「やりたくないのにやらされる」というボランティアに対する批判的な問いである。ボランティアは何となく怪しいということである。ただ、こういう疑問を呈する人はボランティアと奉仕を混同していること、そして実際にボランティア活動を経験していないことが多い。奉仕あるいは奉仕的活動は、無償の肉体労働という面が強い。ボランティアの自発性を弱め、肉体的に苦痛を伴う活動を強めると奉仕になるのではないかと思う。そこには知的貢献より物理的貢献が強調される。ボランティアと奉仕は似て非なるものと言ってよい。ボランティアは奉仕と異なり、そこに新しい人間関係を形成する創造的な活動であることが特徴である。

　入江幸男(1999)は「ボランティアは仕事と遊びの中間だ」と指摘し、仕事と遊びとボランティアを、自己実現、社会参加、経済的利益の3点から検討し

ている[6]。仕事は、自己実現の場であり、社会への参加のチャンネルであり、経済的利益を得ることで、3つの側面をすべて満たしている。遊びは、自己実現の場であるが、社会参加や経済的利益には資することはない。ボランティアは自己実現とともに社会参加という側面、つまり公共性が伴っている。しかし、経済的利益はない。そこで、「ボランティアというのは仕事と遊びの中間的な要素がある」と指摘している。

(3) ボランティアと社会

現在のボランティアにとって重要な課題として、社会参加が挙げられる。社会参加とは何か。これは、社会のための公的な行為を行うことと考えられている。では公的であるとはどういうことか。ドイツの哲学者ハンナ・アーレントは、ナチスの時代に生きた人で、いくつかの著作が日本語にも訳されている[7]。彼女は特に公的publicということに関して深く研究している。アーレントによれば、公的であるとは「見られること、聞かれること、そして批判されること」だと言う。これは日本に昔からある三猿――「見ざる、聞かざる、言わざる」のちょうど反対であり、「見て、言って、批判される」、それが公的なのだと言う。つまり、私たちがアイデンティティを獲得するのはこうした公的な世界にいることであるという。このようなアイデンティティは公的な共通世界におけるものであり、公的な世界にいるということは、私たちにとって非常に重要である。ボランティアは、見ること、言うこと、他者とかかわることを含んだ活動であり、まさにアーレントの言う公的な活動である。これはボランティアと公共性あるいは社会的公正の観点であるが、これは教育とボランティアを考える際に重要な概念であるので次節で改めて取り上げる。

4 教育とボランティア

これまでボランティアと言う言葉の意味やボランティアと社会の関係を考えてきた。ボランティアに関する議論をするとよく言われた言葉がある。「ボ

ランティアは論ずることではなく何かをすることだ」、「ボランティアとは人のために役立つことすることだ」と。確かにそうであるが、今ではこうしたことを問う人はいないだろう。なぜならば現在では学校でのボランティア活動は極めて当たり前の活動だからである。問われているのはボランティアにはどのような教育的意味があるのか、ということである。

これまでの奉仕に変わってボランティアと言う言葉か使われているのはそこに新しい意味を求めているからでもあろう。「新しい酒は新しい革袋に」というように何か新しいことがあるから、ボランティアと言う言葉を使うのである。ではボランティアと言う革袋に入れる新しい酒とは何であろうか。

すなわち、ボランティアを教育の中に取り入れるのはどのような意味があるのであろうか。この点を考えていきたい。

(1) ボランティア教育の意味

私は2011年3月11日の東日本大震災支援の一環として、陸前高田市やいわき市に当時勤務していたお茶の水女子大学の学生とともに何度か足を運んだ。学習支援や仮設住宅でのコミュニティーカフェの開催などを行った。学生たちは、自分たちの活動は本当に小さいものであるにもかかわらず、被災した人々や原発地区から避難している子どもらから大きなものを受け取ったと、異口同音に言うのである。ボランティア活動が学生たちに大きな学びを与えているのを感じた。

教育とボランティアを考える際に重要なことは、ボランティア活動とは、相手を助けることと同時に自分が相手から受け取るものがあるという点である。教師と子どもの間に生起する教育コミュニケーションにおいては、子どもからのフィードバックが教師の意思決定に大きな影響を与えていることが知られている。人に何かを与えることは、同時に人から与えられるのである。

ボランティアとは自ら率先して行う人道的活動であり、責任を伴うものであり、さらにその人に対する活動から得るものがある活動なのである。ボランティアが人にたいする活動であるという点は重要である。ボランティア活動はする人とされる人が何かを共有するのである。犠牲や奉仕と異なるボラ

ンティアという言葉の新しさはここにあると思う。そしてこの点こそ教育におけるボランティアの意味なのである。

　教育の中にボランティア活動を導入するためには、ボランティアに教育的機能、教育的可能性が含まれていなくてはいけない。少なくとも教育者がボランティアを教育の場に導入する場合には、方法的自覚が必要であろう。

　児島邦宏(1996)はボランティアの教育的意義は、ボランティア活動を通して社会に対して主体性を確立することと交流を通して豊かな心を実践的に学びとってゆくこととしている[9]。現代の教育において主体性の確立と豊かな心の育成が中心的なテーマであり、ボランティアがこのことに役に立つであろうことは誰も反対しないだろう。また同じ本の中で松下倶子(1996)は生涯学習におけるボランティアの役割として、何かをしたいという意思を実現するところに意味があるとしている、学習によって獲得した能力を、人のために提供したいという思いが生涯学習につながると言う。

　問題はボランティア活動をすることで社会に対する主体性がどのように確立するのか、ボランティア活動でなぜ豊かな心が育成されるのか、何かをしたいという自発的意思はどうすれば生まれるのかということである。

　人間は仲間との共存を前提にしている。人間は社会を形成し、社会の中で生まれ、そして死ぬのである。デューイがいうように、教育は生物としてのヒトが社会を形成する人間になるための根源的な活動である。「社会の生命はその存続のために教えたり学んだりすることを必要とするばかりでなく、共に生活するという過程そのものが教育を行うのである[10]。」人間が社会を形成するために教育が必要であり、同時に社会を形成するがゆえに教育が必要なのである。すなわち、教育によって人は自己を確立すると同時に社会性を身につけることを要請されている。

　人の集まりが烏合の衆でなく、秩序ある社会として成立するのは、人々の社会認識、つまり他者認識が存在するからである。他人と自分とは違うけれども自分と同じ人間であり、心が通じあえるという「人を認める心」と言ってよいだろう。このような思いは、社会において人とふれあうことによって育まれる。このひととのふれあいや交流は人間にとって根源的に必要なもので

ある。そして、人は人とのふれあい、つまり社会生活の中から生きる力を得ている。ふれあいという言葉は分かりにくいが、心が通じ合うこと、心の交流と言うこともできる。自分と異なるさまざまな人とふれあうことによって心が豊かになると言っていいだろう。

　現代の社会は効率的で住みやすいが、同時に人間を多様な人々から成り立っている地域社会から切り離して、単一で均一な人々の集まりである学校や職場へと人間を導いた。子どもの生活圏も大家族や地域における多様な人との交わりから小家族と学校や学校類似の教育・スポーツ施設が中心になった。学校、核家族、近代資本主義社会における職場といった近代に発達した組織は狭い社会である。それは地域社会を構成する人々から見れば、ほんの一握りの小さな社会である。そこで交流できる人はわずかであり、また同じ志向性を持った人々である。学校や会社で出会う多くの人は健康な人であり、優れた能力・技能を持った均一な人々である。

　しかし、社会は様々な人々から構成されている。男と女、病人や障がい者、幼子や高齢者がいるのが社会である。社会を構成する様々な人とふれあうこと、そして、そうした人々のことを理解することは、人間の存在の根本原理からいって重要であり、教育の原理の一つである。自己を確立するのは孤独の中でできることではなく、社会の中の様々な人と出会うことによってはじめてできることである。なぜならば、確立すべき自己は社会に参加する自己だからである。

　ボランティアは地域に出ていくことであり、自己の世界を広げることである。そこで出会う人は、自分に与えられた生活圏では出会いにくい人々である。ボランティアをすることで、自分の世界の境界を越えて多様な人々と出会うのである。それゆえにボランティアは教育にとって重要である。それは教育におけるボランティアの方法論的意味である。この意味でボランティアは児童、生徒、学生にとって貴重な学びの場を提供するのである。ボランティアが子どもの主体性を確立し、豊かな心を育成し得る基盤は、この文脈においてである。

　逆に、地域の人々にとって、学校でのボランティアは、子どもとのふれあ

いを通して、自己のこれまでの経験を次世代の子どもたちとわかち合うことのできる機会である。そして、人間としての社会的責任を職場や地域とはことなる形で果たすことのできる貴重な場であると言うことができる。これは社会に対して何かしたいと言う根源的な欲求を満たすものであり、生涯学習の重要なテーマである学びへのモチベーションとなるものであろう。

(2) 教育におけるボランティアと社会的公正

これまで述べてきたボランティアにおける教育の可能性の論議は主に個人の成長を扱ってきた。ボランティアの教育的意味を考える際に忘れてはならないのは、ボランティアが本来持っている社会的公正という視点である。

ボランティアは困難に直面している人々への支援活動であるが、この活動には、人々を困難に直面させる社会的課題への洞察を促すものがある。なぜならば人々の困難には原因があり、それは社会的不正義、政策の不備等に関係しているからである。さもないとボランティアは困難への対処療法以外のなにものでもなく、意味のある活動にならないからである。ボランティアは安上がりの労働や都合のよいお助け活動ではないのである。

90年代の終わりに日本海でのタンカー海難事故で重油が海岸に押し寄せたことがあった。冬の日本海で多くの人々がボランティアとして重油の除去作業に集まった。その際に市の担当者のボランティアが来てくれるので安く上がるという趣旨の発言が新聞に載った。その直後からボランティアは来なくなった。当たり前の話である。ボランティアは重油による被害にあっている漁民や沿岸住民への思いから駆け付けているのである。それを行政が安価な労働力と見るのでは、ボランティアを行うことはできないのである。さらにいえば、ボランティアはこうした海難事故への備えのない行政への批判も含んでいるのである。その意味でこの発言を行った行政担当者は二重の間違いを犯したのである。

ボランティア活動は社会の課題への洞察を超えて、あるべき社会を目指す市民運動としての側面を持っている。つまり、ボランティア活動は社会の変革を目指すエネルギーを秘めているともいえるのである。私たちの社会は決

して平等でも公正でもなく、社会的弱者は、弱者であるがゆえに多くの困難に直面しなくてはならない。そのため、社会的弱者への支援活動は必然的に社会の変革を目指すのである。政治活動も含めてさまざまな変革の方法があるが、他者との繋がりを基盤とするボランティア活動の延長線上にある変革の方法は民主的で個人の自由意思に基づいた活動でなくてはならない。

ボランティアの社会的公正への視点は教育の場において重要である。政治的状況と個人の成長は学校が置かれている地域社会を通して密接につながっている。その意味で教育は個人の成長のみならず社会や政治の状況ともかかわる活動である。地域社会とのふれあいであるボランティアは教育のこうした側面を育成する最も適した教育的方法であると思う。

(3) ボランティア教育と地域サービス学習

日本における学校教育のボランティアは様々な形で行われている。その中で児童生徒が地域社会に出かける活動はボランティア学習といわれることが多い。しかし、アメリカでは教育においてボランティア活動という言葉はほとんど使われない。私が以前ワシントンの大型書店でボランティア研究の本を探した際、そういうコーナーがなかった。書店員に聞いたところボランティアに関してはスモールビジネスのコーナーにあるのではないかとのことであった。このコーナーにはNGOや支援団体がボランティアを運営するための本が置いてあった。アメリカではボランティアとは研究の対象ではないようであった。ボランティアにかわる用語としてソーシャル・サービスsocial serviceが一般的である。日本におけるボランティア学習にあたる言葉としてはソーシャル・サービス・ラーニングsocial service learningあるいはコミュニティー・サービス・ラーニングcommunity service learningが使われている。社会サービス学習あるいは地域サービス学習と訳せるであろう。ただアメリカでの活動は学校のある地域への働きかけが主流であるので地域サービス学習が適切であろう。アメリカにおける地域サービス学習の背景をラヒマ・ワーデ(1997)[11]によって見ていきたい。

ワーデによると90年代に入ってほぼすべての公立小学校(州によって6年制

と8年制がある)では地域サービス学習担当(social service learning coordinator)が配置されている。この担当の役割は地域サービス学習の推進である。ワーデの著作はこうした担当の指針として纏められたのである。

　ワーデはイントロダクションで、なぜ地域サービス学習が必要かを述べている。それによると地域サービス学習の要請される背景は民主社会の危機だと言う。建国以来250年あまり、アメリカ社会はデモクラシーを国是としてきた。デモクラシーには権利rightと責任responsibilityが伴っている。デモクラシー社会での最重要課題は市民の政治的決定への参加participate in decision makingと個の尊厳dignity of individualである。民主社会は開かれた社会、反対する権利や異なった意見が尊重される社会であり、また社会のあらゆるところで生活の質が保障される社会である。アメリカが相対的に小さな社会から構成されている時には、こうしたデモクラシーの原則が生きていた。しかし経済的発展に伴い、経済的パワーとそれに結びついた政治的パワーによってアメリカが支配されるようになった。またデモクラシーを支えていた組織である学校、教会、政府があまりに複雑で巨大なものになり、人々の関心が社会から離れてしまった。社会参加の重要な指標は選挙の投票率である。アメリカの大統領は市民によって直接選ばれる制度であり、市民の政治意識は高かった。しかし、近年は投票率が低下し、人々の政治意識や社会への積極的参加度が低くなっている。また、個の尊厳とは少数意見の尊重であり、多元的な社会を前提として一人一人が大切にされることを意味している。しかし、現在のアメリカでは経済格差の拡大やヒスパニックやアフリカ系アメリカ人の貧困が深刻であり、貧困層やマイノリティーへの配慮が減少している。こうした民主主義の危機への教育的対応が地域サービス学習を必要にさせていると言う。

　ワーデが言うような地域サービス学習における政治的な前提は日本のボランティア学習とは若干異なっている。日本の場合には社会の変化や子どもの生活の変化への対応と言う側面が大きいが、アメリカでは社会の変革や正義の回復という側面が見て取れる。

　ワーデは自分が地域サービス学習を研究するようになった自己の体験を

語っている。それによると彼女は地方都市の高校生の時に地域サービスクラブに入っていた。クラブでの話し合いでこの町にはリサイクルセンターが必要だと言うことになった。その時、クラブ担当の教師が、そういうことなら市に陳情してはどうかと提案した。市が高校生の提案を採択するとは思わないが、自分たちの思いを伝えることは大切だというのである。ワーデらは思いを伝えようと市役所に出かけた。市の担当者はただ聞いているだけで何も言わなかった。しかし、その提案は受け入れられ、やがて市にリサイクルセンターができたのである。その時にワーデは体が震えるほどの感動を覚えたと言う。自分が社会の一員であること、社会を動かすことができること、社会に必要とされていることを感じたからである。すなわち、社会を構成するのは一人ひとりの人間であり、その意思が尊重される社会であることの実感であろう。この体験が、ワーデに地域サービス学習の重要性に気付かせたのである。

　地域サービス学習の定義としては、「教育改革におけるサービス学習同盟」[12]の次の定義が広く知られている。

　「地域サービス学習とは、子どもが適切に組織されたサービス体験に積極的に参加することを通して、学習し成長する方法である。そのサービス体験とは、地域のニーズに合致し、地域と学校が協力し、学習カリキュラムに統合されたものである。体験したことを考え、話し合い、書く時間が用意され、自分の地域における現実の生活状況のなかで新たに獲得した学習スキルや知識を使用する機会が与えられるのである。学級を超えた学習によって学校で学んだことが強められ他の人々を思いやる気持ちの発達を育むことを助けるものである。」[13]

　この定義によると地域サービス学習は教育の方法として位置付けられている。この活動を通して子どもは学習し成長する。地域サービス学習は地域と学校が協力して行うものであるが、同時に、カリキュラムの中に統合されていなくてはいけない。子どもは学校と地域の二つの場で同じテーマについて

学習する機会があたえられる。子どもは体験するだけでなく、その体験を考え、発表し、記録することが求められている。子どもが自ら考え、判断し、行動することが期待されているのである。

　この地域サービス学習の重要な点はカリキュラムに統合されていること、地域のニーズにマッチしていること、その体験を学校の中で討論し、発表する機会を持つということである。これは、地域サービス学習が、ワーデが言うデモクラシーの危機への教育的対応として機能する理由である。

　アメリカにおける地域サービス学習に関連する活動は長い歴史を持っている。20世紀に入ってからでは、ボーイスカウト運動、4Hクラブなどがある。これらは市民からの運動である。しかしワーデはルーズベルト大統領の「市民保護部隊」(civil conservation corps 1933)やジョンソン大統領の「アメリカ市民ボランティア」(volunteers in service to America VISTA 1964)等、政府が率先してボランティア活動のイニシャティブを取ったことが重要であると指摘している。近年でも父親のブッシュ、クリントン政権もボランティア活動促進の法案や特別のセクションを設けている。またオバマ大統領は平和部隊10万人計画等、アメリカ青年の開発途上国でのボランティア活動に積極的である。

　政府が積極的にボランティア活動を推進してきた経緯はあるが、学校におけるボランティアすなわち地域サービス学習の概念は比較的新しく70年代になってからその必要性が言われるようになった。そして本格的に地域サービス学習が行われるようになったのは90年代になってからである。それには、80年代に次々と教育改革に関する報告書が発表され、連邦教育省が地域サービス学習をカリキュラムの中に取り入れるようになったことが大きな理由だと言われている。すなわちアメリカの社会はキリスト教やデモクラシーの影響で自然に学校の中に地域サービス学習が取り入れられ根付いたと思われがちであるが、そうではなく、市民と政府の積極的な関与によって形成され維持されているのである。

5 ボランティア論から見た教育とボランティア

(1) ボランティアにたいする反感への対処

　ボランティアと教育を考える際に今ひとつ考えねばならない問題はボランティアを導入することによる反作用である。ボランティアは、社会的弱者への支援やニーズに対する働きかけであり、いわゆる「正義の味方」的なかっこよさを持っている。それゆえに学校の中にボランティアを取り入れることはさまざまな反応を呼び起こす。これはボランティア活動を義務化した場合によく聞かれる反応である。冒頭に触れた重松清の小説の主人公の言葉の中によくあらわれている。

　では、それをどう克服するのか。これにはハンナ・アーレントが言っているように批判を受けることが必要ではないかと思う[14]。自分の思いを明らかにし、それを批判してもらう。隠れて行うのではなく批判を恐れずに、批判を歓迎することによって、その恥ずかしさは克服できるのではないか。自分の活動を社会に認知してもらうことは、批判も含めた他者とのコミュニケーションの中でしかできないからである。

(2) ボランティアに対する教育的自覚

　これに関連して、学校でボランティア活動を進めるときに、教師が最も注意しなければならない点は、なぜボランティアをするのかという、ボランティアの教育的な意味合いを自覚することである。私はそれを「ボランティアに対する教育的自覚」と呼んでいる(内海他2001)。ボランティア活動はやればいいというものではなくて、なぜやるのか、この活動をすることによって何が起きるのかを自覚することが重要である。そこには、その活動に対する批判も含まれる。金子郁容はその点をブルネラビリティ vulnerability (脆弱性)という言葉で表わしている。つまり自分の弱さを人前に出すということである。そのことによって、相手も自らの弱さから発言してくれる。強さの人間関係だけではない、ボランティア活動をすることによって生まれる弱さの人間関係に彼は着目している。それが新しいネットワークをつくるとも述べて

いる。ボランティアをすること、ボランティアをしたことの気恥かしさを克服するにはこうした社会や他者に対する意識あるいは態度を変容することが必要だろうと思う。

おわりに

　教育とボランティアの関係は簡単なようで非常に複雑である。子どもにとっても教師にとっても、また地域にとってもボランティアは大切だが無自覚に行うことはかえって悪い結果をもたらすことがあるからである。
　しかし、ボランティアを行うことによって得られる力(あえて力と言うが)は、こうした面を克服することを可能にしている。それははじめに触れた重松の小説でもコールズの研究の中にも感じられる。また、多くの学生の意見を聞くなかで感じ、そしてなによりも私自身が震災後の東北支援を行う中で感じたことである。
　こうした力は一体何なのであろうか。ベルグソンは次のように言う。人類愛や世界平和を目指す道徳は、社会への愛の拡大から生れるのではなく、違った源泉を持っている。「最上の創造者というのは、その人の行動自体が充実しているだけでなく、他人の行動をも充実させることができるような人であり、その人の行動自体が高邁であるだけでなく、高邁というかまどに火をつけ燃え上がらせることできるような人」である[15]。
　ベルグソンは高い道徳的行動により人々を鼓舞する英雄が必要であるという。そして地球の中心にある熱いマグマは高い火山の頂上にのみ現れるという。しかし、人と人の関係性を再構築するボランティア活動は地域社会であろうと災害や紛争後の活動であろうと、同じマグマが働いているのではないかと思う。ベルグソンの時代は国と国が大きな戦争を行っていた時代であり、マグマは特殊な状況で出現した。現在の社会は、市民社会の充実と経済的な豊さによって、自分の中にある生命への共感をもっと素直な形で表現できる時代なのだと思う。
　ボランティアには、一人の英雄にしかできなかったことを他者との関係性

の再構築という仕組みを通して、誰にでもできるものとしたと考えることができる。しかし、そのためには学校教育のなかで何らかの経験をすることは重要である。特に教育課程を学校の裁量によって構築し得る時代になった現在において、ボランティアの活用の場は拡大している。ボランティアを意味のある教育的活動とするためには、子どもをボランティアに導く教師や地域の人々がボランティアの教育的意味について深い自覚を持つことが必要だと思われる。

注

1 心的ショックからある場面のみ声が出せなくなる症状。この少女は学校での発言が友人のいじめに繋がっていたことから、学校以外では話すことができるのに教室で声を出すことができなくなってしまった。
2 Robert Coles "The Call of Service-A Witness to Idealism"（池田比佐子訳）、朝日新聞社、1993年
3 Robert Coles、同上書、151頁。
4 Robert Coles、同上書、152頁。
5 内海成治・入江幸男・水野義之編著『ボランティア学を学ぶ人のために』、世界思想社、1999年。
6 入江幸男『哲学者は授業中』ナカニシヤ出版、2004年。
7 入江幸男「ボランティアの思想」、内海成治他編『ボランティアを学ぶ人のために』、世界思想社、1999年。
8 新約聖書{ルカによる福音書}10章25節から37節。
9 ハンナ・アーレント『人間の条件』（志水速雄訳、ちくま学芸文庫）、1994年
10 渡部邦雄ほか編『中学校ボランティア活動事例集』（教育出版）、所収、1996年。
11 ジョン・デューイ『民主主義と教育』（松野安男訳、岩波文庫）、1975年、18頁。
12 Rahima C. Wade ed. Community Service –Learning: A Guide to Including Service in the Public School Curriculum, State University of New York 1997.は公立学校においてカリキュラムの中に地域サービス学習をどのように取り入れるかを、実例を挙げながら解説したものである。本論ではその中のワーデのイントロダクションの所説を中心に概説した。
13 教育改革におけるサービス学習同盟 Alliance for Service –Learning in Education Reform:ASLER。
14 内海成治「教育とボランティア」内海ほか編『ボランティア学を学ぶ人のために』（世界思想社）1999年、85-86頁。

第 5 章　ボランティアの意味と教育課題　145

15　ハンナ・アーレント『暗い時代の人々』1968年(阿部齊訳、ちくま学芸文庫)、2005年。
16　ベルグソン『意識と生命』池辺義教訳、『世界の名著・ベルグソン』中央公論社、1969年、160頁。

参考文献
・長沼豊(2008)『新しいボランティア学習の創造』ミネルヴァ書房。
・西川潤・佐藤幸男編著(2002)『NPO／NGOと国際協力』ミネルヴァ書房。
・内海成治編(2001)『ボランティア学のすすめ』昭和堂。
・内海成治・入江幸男・水野義男編著(1999)『ボランティア学を学ぶ人のために』世界思想社。
・金子郁容(1992)『ボランティア』岩波新書。

第6章　多様な個性を育てる教育の社会的課題
―― 階層とジェンダーにみる格差の克服 ――

森　繁男

本章のねらい

　戦後日本の教育は、教育の機会均等の実現を目標として個々人の尊厳と可能性を尊重し「多様な個性を育てる」ことを重視してきた。とりわけ、1980年代～90年代の学習指導要領では、「個性重視の原則」が柱となり、さらにはこれを発展させて「生きる力」の獲得伸張を求めた。こうした考え方は現行の学習指導要領（平成20年改訂）においても基本的に維持されている。

　しかしながら、いわゆるバブル崩壊後の社会経済的な停滞期を経験したわが国においては「教育の階層格差」という不合理・不公正な問題が発生するに至っている。他方で、1999（平成11）年の男女共同参画社会基本法の施行以降も完全になくなることのない性別役割分業の下で「教育のジェンダー格差」もなお潜在的に存在し続けている。これらの格差は、教育機会のみならず学業成績や学歴の獲得において子ども自身の能力や努力からは相対的に独立した社会・経済・文化的要因が一定の影響を及ぼしている状態を示している。

　本章では、このような要因の中で、家庭の潜在的文化資本である「ハビトゥス」と呼ばれるものや、学習過程において性差が「隠れたカリキュラム」として機能しているという状況を取り上げ、それらが「多様な個性を育てる教育」への社会的障壁となって生じている問題の実態を探る。さらには、それらを克服するための手立てとして、学校と家庭を結ぶ「スクール・ソーシャルワーカー」や地域の中から文化的動機づけを与えようとする「学習支援NPO」の活動、および性差よりも個性を重視する「ジェンダー・フリー教育」についても考察する。

はじめに

　まず、本章で取り上げるべき「多様な個性を育てる教育の社会的障壁」とはどのような性質をもったものであろうか。そもそも個性とは能力、学力、興味、関心、態度、行動、価値観など様々な要素を含んだ概念である。そして「多様な個性」(diversity)とは、一般的にこれらの諸要素がいかなる抑圧や誘導も受けず自由に伸ばされ組み合わされて形成される人格の独自性や多様性を指している。この中で、子どもたちの人生設計に影響するライフ・チャンス（社会的位置づけを得るための機会）の獲得に大きくかかわるのが学校教育を通じて得られる基礎的力量としての「学力」と進路決定に影響する興味・関心である。ところが、近年の調査研究によれば、こうした重要な個性の中身が、子どもに与えられた家庭環境や性別によって制限を受けてしまっているという事実が明らかになってきた。ここには家庭環境の階層的共通性を構成する潜在的文化資本としての「ハビトゥス」と呼ばれるものや、家庭、学校、社会を貫く性差学習の潜在的な教育内容・教育過程である「隠れたカリキュラム」と称されるものが介在しており、こうした子ども個人を超えてその成長・発達に制限をもたらす社会的要因をいかにして乗り超えるのかということが多様な個性を育てる教育の焦眉の課題となっている。

1　学力形成と社会階層——階層格差の克服と学校教育支援

　本節ではまず、子どもが受けた教育の成果に現れる格差を家庭の社会文化的階層との関連でとらえ、これを克服するための「学校教育支援活動」の可能性について検討する。

(1) わが国における「階層格差」の進行

　2001（平成13）年の第一次小泉内閣で顕著に遂行された「新自由主義」（競争原理と自己責任を旨とする政治経済政策）への転換以来、長引く不況にも後押しされて厳しい就職・雇用状況が発生し、働く人々（非農林業雇用者）に占め

る非正規雇用者の割合は増加の一途にある。(**図6-1**)すなわち、1990年には20.0%であったのが2012年には35.1%まで拡大している。この他にも構造的不況のあおりを受けやすい中小零細企業の従業員や個人営業者の収入減も生じている。これらのことが相まって家庭の所得格差を拡大し、子どもの教育格差を生み出していくといわれる。このことは家庭環境を通じて子どもの教育機会、進学機会を能力差以上に不均等化していることを物語るものである。

　教育と社会の関係に焦点づけられた実証的な研究は、これまで、「子どもが生まれ育つ家庭の社会、経済、文化的な環境によって学業達成に差異がみられる」ことを明らかにしてきた。これは通常「学力の階層差」と呼ばれている。ここでいう階層とは、いわゆる「社会階層」(social stratum)のことを指し、マルクス主義がいう「社会階級」(social class)よりも非固定的で移動可能な「暮らし向きの社会的成層」のことである。しかしながら、この社会階層(以下、単に「階層」と略する)は経済状況の悪化にともなって固定性を強め、様々な「格差」(個人の努力でそれを埋める可能性が極めて小さくなった状態下での大きな差異)を拡げてゆくとされている。

　ところで、わが国においてこのような学力の階層差に注意が向けられてきたのは、欧米に比べるとごく最近のことである。まず、いわゆる「ゆとり教育」(1980年度〜2002年度までに施行された学習指導要領にもとづく詰め込み排除のカリキュラム体系のことで、とりわけ1992年度以降、問題解決能力を中心とした「生きる力」の養成をめざす「新学力観」に依拠する教育内容をいう)がその本来の目的達成からほど遠く、結果的に学力低下を招いたとの批判に端を発する。「OECD生徒の学習到達度調査」(いわゆる「PISA調査」：Programme for International Student Assessment, PISA)の結果、わが国の15歳学力が数学的リテラシーや読解力で参加国中の順位を大きく下げたことが判明したのは2003年調査でのことであった。(**図6-2**)その頃は折りしも、わが国の子どもたちは「ゆとり教育」のまっただ中にあり、その失敗が露呈したとの批判を浴びることとなった。ところが、このような学力低下と目されていたものは、実は学力の階層差が大きくなったこと、すなわち学力の階層格差の表れであることが明らかにされたのである[1]。

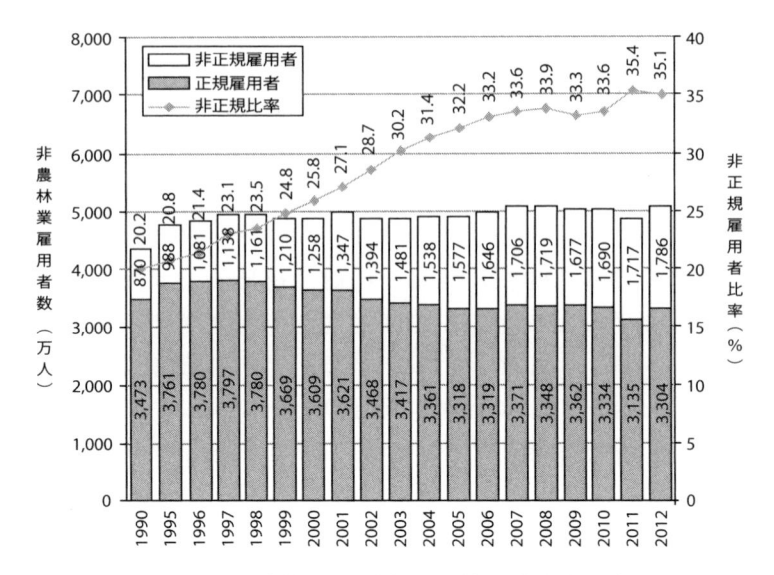

(注) 非農林業雇用者（役員を除く）が対象。1〜3月平均（2001年以前は2月）。非正規雇用者にはパート・アルバイトの他、派遣社員、契約社員、嘱託などが含まれる。2011年は岩手・宮城・福島を除く。
(資料) 労働力調査

図6-1　非正規雇用者率の年次変化

出典）本川　裕『社会実情データ図録』web版、2012年8月、より。

　苅谷剛彦氏らの調査（1989年と2001年の比較）によって、小学校5年生の「算数正答率」「国語正答率」のいずれにおいても階層（ただし、調査方法上の制約により職業や収入に関する情報が得られなかったため、ここではこれらの関数と考えられる「前の日に学校の用意をする」「朝、自分で起きる」などの「基本的生活習慣」の違いで区分されている）の間に差がみられ、かつその差が拡がっていることが発見された。

　しかも、階層差は正答率にとどまらず家庭学習、読書、宿題などの学習行動にまで及んでいる。たとえば、小学校児童における「家庭での学習時間」（平均時間）を見ると、「文化的階層」（ここでは、「小さいとき、家の人に絵本を読んでもらった」「家の人はテレビでニュース番組をみる」などの家庭内の様子から類推さ

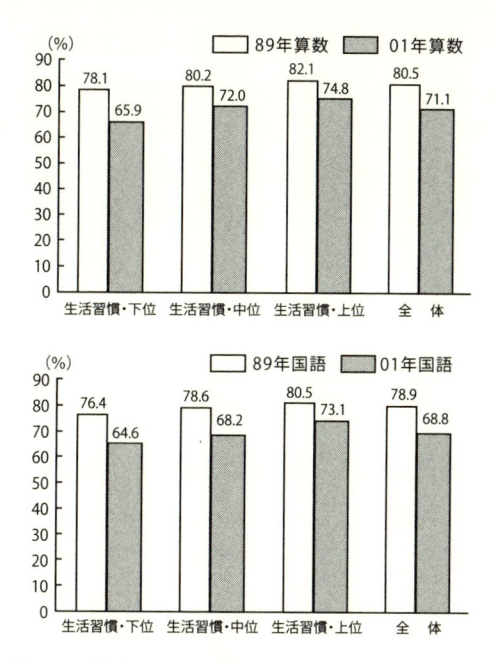

図6-2 基本的生活習慣別・算数／国語正答率

出典）苅谷剛彦・志水宏吉編『学力の社会学』岩波書店、2004年、139頁より。

れている）が上位では51.2分、中位では38.8分、下位では35.3分となっている。というよりも、その結果として正答率に格差が生じていると解すべきであろう。

(2)「社会文化的要因」から「個人的要因」へ

上記のような格差は、さらに「子どもの個性」と解される心理機制すなわち「学習意欲」（aspiration）にまで影響し、学習のスタートラインに社会的影響を持ち込むことにつながるといえる。

20世紀フランスの社会学者ブルデュー（Bourdieu, P.）は、ある特定の社会階層に属する家庭環境が子どもの教育達成に与える有意な影響を「文化資本」

(cultural capital)という概念で説明した[2]。文化資本は家庭の社会経済的地位を反映するものであり、それは三つの形態からなると指摘されている。すなわち、「物質化された形」（文化的なモノ）、「制度化された形」（親の学歴など）、そして「身体化された形」（ハビトゥス）である。この中の「ハビトゥス」(habitus)こそが文化資本の中枢をなすと彼は考える。これは「長期にわたる訓練あるいは学習の結果として、身体的に習得された持続的な性向」のことである。たとえば、子どもが親からしつけや教育を受けるとき、彼ら、彼女らは「学ぶ内容」と同時に「学び方」も身につける。この「学び方」をどのように獲得するかは、そのまま次のしつけや教育の内容を学習する際の動因となって、その成否やレベルに影響する。こうした「学び方」のようなものがハビトゥスと呼ばれるものであって、単に家族の有する文化的な価値、規範にとどまらず、それらを再生産してゆく枠組みと解されている。

　しかもそれは家庭の属する社会階層ごとに特徴をもっていることが実証的に明らかにされている。いわゆる中間階層の家庭は「学校での学び」に最も近いハビトゥスを子どもに与えることができ、それが子どもの学校適応を促進する。つまり学習意欲が自ずと高く保たれ、その結果として学力の階層差が生じることになる。ただし、このような見解はあくまで有意な影響が見出されたという限りのものであって、子ども個人間のあらゆる差異がハビトゥスによって説明できるというものではない。われわれの経験からしても「子どもの性格特徴」が学校適応や学習意欲に関係していることは否定しようがない。しかしながら、「文化資本」の社会的意義は「家庭の階層的特徴が子どもの個人的要因と目されるもの、たとえば学習意欲や学習関心の中に入り込んでいる」という点であって、これによって「子どもの自己責任」（業績：achivement）に帰することできない「社会文化的要因」（属性：attribute）を特定することが可能となる。

　こうした階層の与える学習意欲への影響を国際比較した調査データがある。これは2006年のPISA調査における「理科のテスト結果」と「社会的経済的背景」の関係を説明したものである。そこでは、「理科のテスト結果」を縦軸に、「社会経済的背景の説明率」を横軸にして、各々のOECD平均値を境

目に参加各国の座標を4象限に配置してある。これを見ると日本は「理科のテスト結果が平均以上、社会的経済的背景の説明率が平均以下」（第1象限）に入っており、「理科のテスト結果が平均以下、社会的経済的背景の説明率が平均以上」のアメリカとは対照的な状況であることがわかる。つまり、日本の子どもたち（15歳）の示した理科の成績はOECD諸国の中では比較的良好で、「社会的経済的要因」による大きな格差はみられない。これに関してインタビューを受けた恒吉僚子氏は次のようにコメントしている[3]。

> 日本と他の先進国、とりわけアメリカとでは、同じ「学習に向かおうとしない子ども」の問題を前にしたときに、問いの立て方が対照的であるといえます。日本では「個人の意欲」の問題として論じられ、アメリカでは「社会的公正」の問題として論じられる傾向があります。
> 　アメリカでは学力不振者の問題が、子どもの「個人の意欲」だけの問題として論じられることはあまりありません。社会階層や人種、家庭の経済力や文化資本などの違いによって、子どもが育つ環境はそれぞれ異なります。教育に対する価値観や、与えられる情報の質や量、教育機会等にも、当然階層差が生じます。そのため学習に向かおうとしない子どもの存在については、そうした「階層格差」の反映であるとする捉え方が主流です。
> 　一方日本の場合は、成績の芳しくない子どもがいたときに、その原因を個人の心の持ちようや家庭環境に帰結しがちです。子どもが勉強しないのは、子どもの性格や家庭の個人的な理由に原因があるとされがちなのです。

つまり、日本では社会経済的背景の影響はアメリカほど大きくはないし、また人々は成績の差異を個人の心や家庭事情によって生じるものととらえている、ということである。しかし、これはどうなのであろうか。確かに国際平均からすれば、その影響は平均以下ではある。そのことが我々の意識を経験的に個人へと向けさせているのであろう。しかしながら、先に見た苅谷氏

らの調査結果が示すところによれば、文化的階層の違いが学習意欲に及ぼす影響は明らかである。たとえば、「家の人に言われなくても自分から進んで勉強する」で見れば、小学校でも中学校でも階層が高いほど意欲が高くなっている。すなわち、わが国では社会経済的影響から転移(transition)した社会文化的要因としての「ハビトゥス」に焦点づければ、その影響は無視できないものであるといえるであろう。問題はこれが社会経済的背景ではなく個人のもつ特質や個々の家庭的特徴とのみ認識されているところにある。このことがかえって社会的公正の確保を妨げ、結果的に多様な個性を育てる教育を阻んでいるのである。

(3) スクール・ソーシャルワーカーやNPOの支援効果とその課題

このような状況は実質的な「教育の平等」（機会・結果）を実現しないばかりでなく、子どもの「個性の幅」や「ライフ・チャンス」（社会的地位の獲得機会）を狭めたり、その潜在的能力を伸ばし損なったりすることによって、将来的に各種の社会的損失をもたらすことになる。しかしながら、特定層の家庭の文化資本を社会的に変化させたり学校が特定層の子どもの学習意欲を高めたりすることは容易なことではなく、逆にまた形式的な「教育の平等」への抵触を指摘される可能性もある。こうした状況を打開するためには、過酷な環境にある家庭と家庭環境のハンディキャップを十分に補い得ない学校を媒介しながら学習意欲や学力水準の向上に向けた支援活動を展開してきているスクール・ソーシャルワーカーや学習支援NPOの可能性を探ることが重要になってくる。

スクール・ソーシャルワーカー（School Social Worker : SSW）は、100年前のアメリカにその起源がある。具体的には登校などに課題のある生徒への適切な支援のために、その背景を正しく理解することを目的として学校と家庭を視野に入れた活動を行った「訪問教師」に源流をもつといわれている。わが国の文科省はこのような事業を2008(平成20)年から着手し、そのねらいを次のように述べている。「わが国においては、……中略……学校と保護者との関係の変化や、子どもや家族を支援する医療や福祉制度の複雑化などから、

従来の教育相談や生徒指導上の困難さが高まり、加えて、最近では特別支援教育における子ども理解や児童虐待への対応などより進んだ子ども支援が求められており、不登校やいじめ、暴力行為などの問題行動等への対応の充実は焦眉の課題である。そのような学校について、古くは学校医や学校看護婦にはじまり、1997（平成7）年度からはスクールカウンセラーなど、教師とは異なる専門性を有する人材が学校の役割を応援する形で導入されてきた。そして、2008（平成20）年度からは、文部科学省において、『SSW活用事業』が開始される運びとなった[4]。」ここでいうSSW活用事業とは、全国で141に及ぶ「指定地域」において指定団体を中心に教育委員会、学校、関係機関等を含む「運営協議会」を設置し、問題を抱える児童生徒とその保護者、教職員に対する支援、相談、情報提供を行なうものである。スクール・カウンセラーおよびスクールアドバイザーは児童・生徒、保護者、教職員などの「個人」を対象として理解および支援を行うのであるが、「スクール・ソーシャルワーカー」は、それらの個人によって形成されている環境の理解と諸状況の調整による総合的・包括的な支援を行う専門員である。ただ、目下のところ、その資格要件は社会福祉士や精神保健福祉士のほか、過去に教育や福祉の分野において活動経験がある者など、必ずしも一義的ではなく、その専門性は様々である。そして、その当初の活動目的は、学校への不適応問題を抱える子どもや家庭への支援であったが、それはそのまま、今日にみられる「教育格差問題」の当事者への支援につながっている。すなわち経済状況にとどまらず文化状況に起因する学習意欲や学力水準の不十分さに留まっている子どもたち、およびそうした状況に子どもたちを追いやっている家庭への支援も含む実践を数多く生み出しているのである[5]。

一方、困難な教育環境を有する地域を中心として、この5年ほどの間に全国各地で「学習支援・生活支援NPO」が次々と立ち上げられている。なかでも「『なくそう！子どもの貧困』全国ネットワーク」に連なる多くのNPOは2011（平成23）年から「全国実践交流会」を開催し、地域にあって学校と家庭を繋ぎながら、経済的に困難な家庭の子どもたちに無料または低額で学校教育外の非営利学習支援や居場所づくりの輪を広げてきている[6]。その中から

NPO法人「山科醍醐こどものひろば」の実践例を見てみよう。
　京都市東端に位置する山科醍醐地区は人口約18万人（子ども約4万人）で生活保護率は高く、醍醐地域にあっては約7％である。（京都市平均約2.7％）この地区に「山科醍醐 親と子の劇場」が誕生したのは1980（昭和55）年であった。この組織は最盛期に1000人近い会員を抱える会であったが、1999（平成11）年にNPO法人となり「山科醍醐こどものひろば」と改称し、活動の中心も文化鑑賞活動から子どもの健全育成へと移行した。その後の2010（平成22）年に「こども生活支援センター」を立ち上げ、子どもの貧困対策事業をスタートさせた。その背景にはもちろん教育格差の拡大がある。現在行っている活動内容としては、(1)子どもの発達段階にあわせた事業（子育て支援・異年齢集団活動）(2)子どもの興味関心にあわせた事業（子どもの健全育成活動）(3)個別支援事業（これが子どもの貧困対策事業の土台となる）などが挙げられ、その活動目的は「子どもたちを取り巻く文化環境・社会環境を充実させ、子どもたちの伸びやかで豊かな成長に寄与すること」である。（「定款」第2条。）
　このNPOが実際に行っている子どもの貧困対策事業の特徴は、「学生ボランティアが子どもとかかわる」「マンツーマンの体制をとる」「子どもをエンパワーメント（＝力量形成）し自己肯定感を高める」「集団生活や自己表現が苦手な子を受け入れる」「運営費は行政に依存しないで原則的に市民からの寄付で実施する」「社会に発信してこの活動を広げ、多くの子どもを支える」ところにある。また、「まち」とのつながりを重視して様々な連携活動も試みられている。たとえば、商店街との連携として、空き店舗を利用して食事や入浴したり、サロンに地域の人々を集めることや、小学校との連携策として学校の先生たちがNPOと保護者の間を調整する、説明会等で学校を会場にする、市の事業である「放課後学び教室」へのボランティア支援と夜間延長プログラムの共同開催、学校と学区自治会と地域を巻き込んだ活動、などがある。その他にも青少年活動センターとの連携の事例として、協働プログラムの実施、センターの居場所機能を活用したり、生活保護世帯のための学習支援「やましな中3勉強会」へのボランティア支援やイベント活動の場を提供などがあげられ、地域の自治体との連携事業として地域の子ども向けイベント

へ対象利用者の受け入れ、などが展開されている。

　このような支援活動の中で注目すべきはやはり「やましな中3勉強会」であろう。週1回のペースで夜間に行われる勉強会の主眼は、いわゆる補習塾や進学塾のように勉強を教えることや受験に備えることよりも、大学生のボランティアたちから学ぶことに興味を抱く姿勢を学ばせることにあるという。そして運営者によれば「それは一種の模倣です」というように、「何がわからないのか」「どうしたらわかるのか」「わかればどんな気持ちになるのか」「そこから何がしたくなるのか」というような「学び」にまつわる文化的動機づけを行っているということができよう。これこそがまさしく経済的に困難な家庭環境によって失われてしまった「ハビトゥス」に他ならない。しかもそれを大学生や地域や行政との広範な連携のもとで達成しようとしているのである。ここには「家庭の文化資本」による拘束を脱する可能性が見出せる。事実、結果的に(すぐさま成績向上や進学実績に成果を求めることは容易ではないとしても)「家でも勉強するようになった」「大学進学に興味が出てきた」「ボランティア学生たちにどんどん質問をするようになった」などの「顕著な変化」が見受けられるといい、こうした子どもの変化によって保護者も変わることが確認されている。

　ここまで紹介してきたSSWやNPOの支援活動は、社会経済的格差そのものの克服に拠らずとも家庭と学校の教育的限界を突破して「子どもに与えられてしまった文化的ハンディキャップ」を解消する展望をもたらしてくれるものである。しかしながら、それらの活動は今のところ、いずれも不定形でボランタリーに行われているという宿命を背負っているように思われる。たとえば支援の方法や結果は極めて経験的であり、その評価も難しい。さらに、その活動を推進するための制度的・財政的な支えもまだまだ不十分である。今後の成否は、これらの活動をどこまで定式化してどこまで普遍化し得るか、という点にかかっている。すなわち、積極的なボランティアや協力的な行政に恵まれた地域に限られることなく、支援の必要な子どもたちに等しくその機会が保障されるような状況を取り付けることである。そうしてはじめて「多様な個性を育てる教育」はそのスタートラインを設けることができ、

学校教育が本来の個人の価値を尊重した教育を遂行する条件が整えられる。そのためにはまず、こうした動きそのものがネットワークを形成して繋がり合い、全国に拡がってゆくことが必要であろう。

2　学校教育とジェンダー化——性別に囚われない個性の実現へ

　次に本節では視点を変えて、多様な個性の実現に不可欠の条件である「学校教育における男女平等」の現状を確認し、これを妨げるように機能する「ジェンダー化」の過程を追ってみる。そして多様で主体的な自己形成としてのジェンダー形成に及ぼす「ジェンダー・フリー教育」と、それを踏まえたキャリア教育のあり方について検討する。

(1) 教育における男女平等と「ジェンダー化」

　わが国では1999（平成11）年の「男女共同参画社会基本法」成立以降、教育の分野においても「男女平等教育」の実践が各地で活発に展開されている。しかしながら、従来より指摘されてきた「進学率や専攻分野の性差」は変化しつつあるが未だに解消されてはいない。内閣府の最新調査結果を見てみよう。

　まず、(図6-3)からは高等学校進学率において近年男女差がほぼなくなっていることがわかる。（平成23年度で男子が96.7％、女子が96.2％。）しかし「大学進学率」（学部）ではまだ10ポイントほどの差がある。（平成23年度で男子が56.0％、女子が45.8％。）

　しかも、図6-4を見ると、女性の理学・農学等や工学分野への進学率は男性の半分以下で、昭和60年当時からほとんど変化していないことが明らかである。他方、男性の人文科学や教育分野への進学率はその逆で、これも1985（昭和60）年当時と同レベルである。すなわち、少なくとも大学進学については男女平等教育による性差の解消は見られず、男女共同参画へのライフ・チャンスには依然として偏りがあると推測できよう。

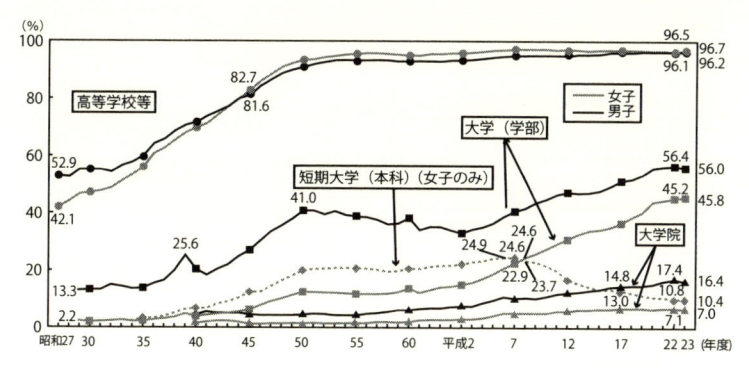

第 6 章　多様な個性を育てる教育の社会的課題　159

(備考) 1. 文部科学省「学校基本調査」より作成。
2. 高等学校等：中学校卒業者及び中等教育学校前期課程修了者のうち、高等学校等の本科・別科、高等専門学校に進学した者の占める比率。ただし、進学者には、高等学校の通信制課程（本科）への進学者を含まない。
3. 大学（学部）、短期大学（本科）：過年度高卒者等を含む。大学学部又は短期大学本科入学者数（過年度高卒者等を含む。）を 3 年前の中学校卒業者及び中等教育学校前期課程修了者数で除した比率。ただし、入学者には、大学又は短期大学の通信制への入学者数を含まない。
4. 大学院：大学学部卒業者のうち、直ちに大学院に進学した者の比率（医学部、歯学部は博士課程への進学者）。ただし、進学者には、大学院の通信制への進学者を含まない。

図6-3　学校種類別進学率の推移（男女別）

出典）内閣府『平成24年版 男女共同参画白書』web版、2012年。

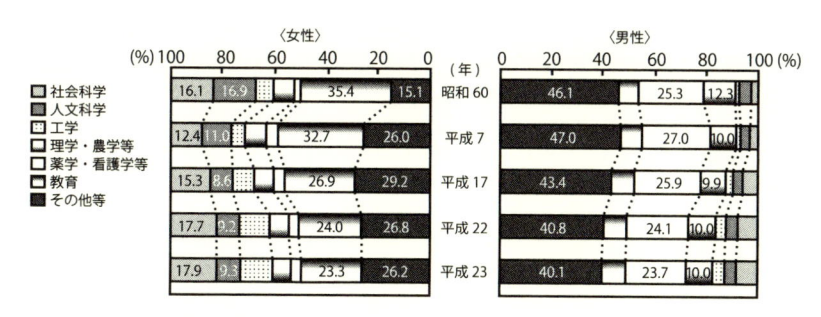

(備考) 1. 文部科学省「学校基本調査」より作成。
2. 理学・農学等は「理学」、「農学」、「医学・歯学」、その他は「家政」、「芸術」、「その他」の合計。

図6-4　専攻分野別に見た学生数率（大学・学部）の推移（男女別）

出典）同上白書。

　そのことを物語る一例が東京都目黒区の「男女平等・共同参画に関する意識調査報告」の中に見られる。

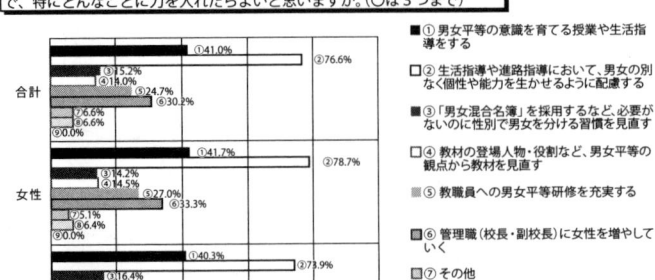

図6-5 男女平等教育の必要措置

出典）東京都目黒区『平成24年度 男女平等・共同参画に関する意識調査報告』23頁。

　この調査は2012（平成24）年時点で目黒区に在住する18歳以上の住民2,000人を対象に行われたものである。図6-5を見ると、その中で「学校における男女平等教育」については男女を問わず70%～80%の人が「生活指導や進路指導において、男女の別なく個性や能力を生かせるように配慮する」ことが必要だとし、約40%の人が「男女平等の意識を育てる授業や生活指導をする」ことを求めている。ただしこれは必ずしも「学校ではそのようになっていない」ということではないが、少なくとも「その必要がある」状態に学校教育が置かれていることを窺わせるものではあろう。

　このような調査結果を見る限り、伝統的な性別役割に影響されたジェンダーへの社会化、すなわち「ジェンダー化」は依然として教育過程の中で進行していると想定せざるを得ない。そこでまず、こうしたジェンダー化について考えてみることにしよう。

　われわれの社会生活のあり方については法律がその大枠を定めてはいるも

のの、そこでどのように生きてゆくかという生活の内実は、多くの場合「文化」によって誘導されている。文化とはある集団や社会に共有されている価値・規範・行動様式のことであるが、「女であること」や「男であること」に関するそれらのことがらはメス・オスといった生物・生理的性差(sex)からは直接には導かれないもので満ち満ちている。たとえば男女を色彩で識別するときに今でもよく用いられる「女＝ピンク」「男＝ブルー」といった指標の類がそれである。これまで多くの文化人類学研究や女性学研究が示してきたのはこのような性別が歴史的・社会的に「つくられてきたものである」という証拠と認識に他ならない。これが「ジェンダー」(gender＝社会・文化的な性)といわれるものである。

　社会的動物としての「人間」はその限りでは無性的・抽象的な定義を受けてはいるが、(A)動物であるならばオス・メスという性別(sex：セックス)をもって存在しているし、(B)社会的であるのならば近代的性別分という今日まで維持されてきた社会構造から完全には自由でない。すなわち、ジェンダーに取り囲まれているのである。したがって、われわれがいかに個人として生きようとしても、そこにはAからBへと向かわせる性別二分法的な「社会化」(socialization＝ある集団や社会に共有されている価値・規範・行動様式を身につけることによってそのメンバーとなってゆく過程)を避けがたい。つまり、これをジェンダー化と呼んでいるのである。

　このようなジェンダー化は、さらに教育過程の中にある「隠れたカリキュラム」(hidden curriculum＝表に出にくい暗黙の教育プログラム)によって、それ自身(＝ジェンダー化自体)が見えにくいものとなってしまう。すなわち、ジェンダー言説(＝自明化されたジェンダー認識)について疑念を差し挟む余地のないような社会化が進行してゆくのである。

　以上のようなジェンダー化を不問の前提として成り立っている社会や文化、そして教育に対する問い直しが男女共同参画や男女平等教育なのであって、いわば制度のみならずわれわれの慣習・意識のあり方やその形成過程を問題にしてきたのである。しかしながらわれわれの日常はいまだに個人とジェンダーの葛藤・錯綜の渦中にある。

(2) ジェンダー・リアリティと「隠れたカリキュラム」

いうなればジェンダー化とは、ヒトをオスとメスとに分類した上で、それぞれをその時代・社会(とりわけ近代社会)において規範化され自明化されている「男」と「女」というジェンダー・ステレオタイプに向けてなされる二分法的社会化なのである。そもそも「個性」には「男らしさ」や「女らしさ」とされる要素(たとえば「強さ」や「やさしさ」など)が入っていることは確かであるが、問題はそれらのパターンが多様ではなく、えてしてステレオタイプ化されてしまうことである。

ここでいう「ジェンダー・ステレオタイプ」(gender stereotype)とは歴史的な経緯に基づいて共有されている男と女の性愛関係・役割関係・権力関係を含んだ「理想的・典型的イメージ」のことである。そしてこのようなステレオタイプは(いわゆるフェミニズムによる説明によれば)前近代から残存してきた家父長制(patriarchy)と近代的な性別分業の共同所産である。

社会化の過程におけるあらゆるレベルで、こうしたジェンダー化は巧妙に生理的性差によって正当化され自明化されながら進行している。心理的レベルの性差、すなわち能力、興味、態度の性差は生理的レベルの性差である染色体、ホルモン、生殖器の差異によって正当化されるものとして自然であると見なされ、第一次的社会化に登場する親、きょうだい、教師、仲間らとの相互作用の中で実体化されてゆく。さらに、社会的レベルの性差である役割や職業への適性は、心理的性差を根拠にした期待や処遇の性差、あるいはしつけや教育の中に潜む「ジェンダーの隠れたカリキュラム」によって主体化という磨きをかけられ、自らの意思と選択によるものであるかのようにして社会構造の中に配分されてゆく、と説明されるのである。

以上のようなプロセスの中で人々のジェンダーに関する現実感覚(ジェンダー・リアリティ)は構成され、確認されてゆく。いわゆる「ジェンダー・フリー教育」とは、こうしたジェンダー・リアリティの自覚的相対化、すなわち「男らしさ」や「女らしさ」に縛られず、「自分らしさ」という主体性や多様性を大切にする方向への意識改革であるが、現状ではそれらについての理解に様々な混乱が生じている。極端なものは「ジェンダー・フリー教育とは人間から

性別をなくしてしまうもの」といった誤解や非難である。しかしそうではなくて、むしろ「ジェンダーの隠れたカリキュラム」への「気付き」をもたらそうとするものである。たとえば、あるガイドブックに次のような趣旨の小学生向けの教材が提示されている[7]。

　　　太平洋上で船の衝突事故がありました。船長以下乗組員は全滅でした。テレビでニュースが報道され、それを見た船長の娘Aさんはショックを受けました。なぜなら、昨夜いっしょに家族三人で食事をして見送ったばかりだからです。
　　　数日後、ある人から「お気の毒に、これからはお母さんと二人で力を合わせてがんばってください」と言われました。
　　　Aさんは「えっ？」と不思議そうな顔をしました。
　　㊀なぜ、Aさんは不思議そうな顔をしたのでしょうか？
　　㊥＿＿＿＿＿＿＿＿＿＿＿＿＿＿＿＿＿＿＿＿＿＿＿＿＿

　答えは「亡くなった船長さんというのは、子どもたちのお母さんだったから」である。しかし多分、ほとんどの小学生たちはまず「子どもが親を支えるのは無理だから」とか「知らない人なのに妙に親しげだから」とか答えるであろう。そこには「船長さん＝男性＝お父さん」といった自明化された認識が邪魔をしている。しかし教師の示唆やクラスでの話し合いを通じていったん「船長さん＝お母さん」という、あり得る事実に気付くことができるならば、「船長さんの力強さや逞しさ」を男性の特徴として考えてしまった自分の固定観念に気付くと同時に、「女性も船長さんになれないことはない」という職業選択の可能性にも気付くことであろう。そしてまた、教師や仲間との振り返りを通じて、自分自身をそうは考えられなかったようにしてしまった「隠れたカリキュラム」にも気付くことができるのである。
　そもそも「隠れたカリキュラム」とは階層と教育や学校組織と進路分化に関する英米の教育社会学研究の中で開発されてきた概念であるが、一般的には柴野昌山氏による次のような定義が多くの場合に採用されている[8]。すなわ

ちそれは「主として学校において、表立っては語られることなく、暗黙の了解のもとで潜在的に教師から生徒へと伝達されるところの規範、価値、信念の体系」である。しかしながら「ジェンダーと教育」の研究領域においては性的不平等の起源を明らかにするために、いわゆる再生産論(不公正な社会構造が教育によって次世代にもまた実現されてしまうとする社会学理論)に依拠するとらえ方が有力である。たとえばイギリスのディーム(Deem, R.)によれば、家族、学校、および資本主義社会の文化と構造は相互に対応し合って女性をして性別という基礎によってふるい分け、男性に対する従属的な地位に追いやっているとされる[9]。

　家族におけるしつけにあっては、これが親の期待や扱いの差、与える洋服やおもちゃ、奨励される遊びの種類の違いとなって現れる。たとえば、女児には男児よりも多く話しかけたり、ブルーの服や自動車のおもちゃは男児に、ピンクの服や人形は女児に与えるなどということはさほどこだわることなく自然に行われている。ディームが重視するのは、このような「差異的処遇」(男女で異なる接し方)が子どもたちによる「性別の自覚」(性自認)に先立って開始されるという事実であり、結果的に能力や興味の分化にまで影響を与えるという点である。将来の進路を合理化する際に用いられる「適性」(男子の数的・空間的能力、論理性、攻撃性、女子の言語的能力、情緒性、やさしさ、など)も実は幼児期のこのような社会化にもとづき、さらに子ども自らが社会に存する性別規範とこれに従うことへの評価を学び続けることによる産物と解される。家族の中でこのような「性差」がつくり出され、さらに学校においてはこれを助長するような社会化過程が進行する。ディームによれば、たとえば教科書に描かれている女性像には家庭の外で働く姿がほとんど見られないこと(＝女性と家庭を適合的に認知させる)、学級の出席簿の最初に男子を並べていること(＝男子の優先性を承認させる)、制服に伝統的な違いがあること(＝女子の活動性を制限する)、理科の実験を男子中心に遂行させること(＝女子の危険処理能力を低く見積もる)、学校の管理職に男性が多いこと(＝リーダーシップを男性的属性と同一視する)、などがあげられている。

　個人主義や普遍主義を基本的価値体系とし、これをフォーマル・カリキュ

ラムの編成原理としている現代教育にあっても、全体社会の社会構造(生産様式・生活様式)によって暗黙のうちに正当化され自明化されるこうした社会化プログラムのことをデイームは「隠れたカリキュラム」と呼んでいるのである。

しかしながらわが国において、全体社会の社会構造はむしろ「男女共同参画」の方に進みつつある。しかるに教師や児童・生徒の意識は、そしてその総体としての学校文化はまだまだ「ジェンダー・バイアス」(社会文化的に自明化されたジェンダー認識の偏り)に色濃く染まっている。そこには「性別にとらわれない多様な個性」を育てる教育という意味での「ジェンダー・フリー教育」の意義がまだまだ問われなければならない。

(3)「ジェンダー・フリー」とキャリア教育

性的不平等の解消をめざす教育的試みはこれまで男女平等教育と呼ばれてきた。これは社会における男女不平等の重要な形成要因が教育機会の不平等にあるとの認識のもとで、主として教育制度・教育内容の平等化を図ることにその関心が向けられてきた。その象徴的言説は家庭科の男女共修であったといってよい。しかし、こうした潮流の到達目標は「平等」であるがために、「何をもって平等とするのか」という議論は尽きない。そこには解くべきより根源的な難問が横たわっていることに気付かざるを得ない。それはわれわれが何ゆえに平等問題にこだわりながら、他方ではその平等問題を解き得ないかという問題なのである。これは「われわれは何に絡めとられているのか」という問いと同値である。そしてその問題に対する解法のヒントが「ジェンダー」であり「隠れたカリキュラム」なのであった。つまり、男女平等教育は男女の不平等を問うことに留まらず男女というカテゴリーを問うことにまで行き着くはずであり、それはそこから多様な個性を育てる教育に進むはずである。その意味からすれば、教育実践としての男女平等教育は男女平等をめざす教育というよりはむしろ男女平等を考える教育でなければならない。それは教師と生徒が「ジェンダー」や「隠れたカリキュラム」を発見し合う教育を含意している。そしてその教育が目標とする状態こそがジェンダーを相対化し

てとらえる視点としての「ジェンダー・フリー」(これは決して「ジェンダーレス：genderless」＝性別をなくすこと、ではない)なのである。

たとえば、イギリスの幼児教育において、遊具の工夫によって興味が性別で偏ることのないようにする実践なども報告されている。以下、そのまま引用しておく[10]。

　　砂・水・粘土の遊びの配慮——男児、女児どちらの興味も引くようにする試み

　　砂遊びと水遊びは、ちょうど子どもの腰の高さになるくらいの箱のなかに砂、または水がいれてあって、それを立ったまま数人で囲んで遊びようになっていた。これらの遊びには、さまざまなおもちゃが用いられる。砂遊びでは、そのなかに、恐竜や流木、貝殻などがいれてある日、カップ、お皿、ティーポットなどがいれれある日、水車やスコップなどがいれてある日などがあるとのことである。水遊びでは水の色を変えるほか、浮くもの沈むもの、水車や大小のカップなどがいれてある日など、用意されるものが幾種類かあるようだった。また、粘土のコーナーは、日によって粘土の色を変えるほか、やはり、カップ、お皿、ティーポットのようなおもちゃが置いてある日、三角や四角の型押しの道具が置いてある日などがあるそうである。

　　イギリスのナースリースクールのカリキュラムでは、砂遊びや水遊びを「科学」として捉えていて、砂や水の性質を知ったり、砂や水のエネルギーの流れに気づいたり、量や重さに関心を持ったりということをねらっている。前掲のMullinらの研究によれば、砂場は男の子に独占されることが多いので、女の子も興味を持って遊んでほしいと思ってさまざまなタイプの遊具をいれているのだと察せられた。見学した日は、砂場に恐竜などがいれてあり男の子が数人で取り囲んでいた。最初このコーナーを見たとき、筆者は、Clarricoatesが、"*Dinosaurs in the Classroom*"(「教室の恐竜たち」)(1978年)という論文で、小学校の低学年の教室で騒がしい男の子の興味を集中させるために、先生が恐竜を学

習テーマに選ぶなど、学習課題が男の子中心になりがちであると報告していたことを思い出し、「おや、男の子だけが。やっぱり恐竜だからかしら」と思った。だが、保健室を一巡して戻ってくると、今度は、女の子たちがサンドボックスを囲んでおり、「恐竜＝男の子」と結びつけたわたしのセクシスト的ステレオタイプが問われる思いだった。しかし、ほかのコーナーでも男の子だけ、女の子だけの同性のグループが見られ、Mullinらの指摘通り、自然に混合のグループになるには、一工夫必要であると感じた。

　ここには教室環境の中に自然な形で幼児の興味・関心を性別にとらわれずに拡げてゆくような配慮が施されている。すなわち、砂や水の性質、エネルギー、量や重さといった「科学」に幼児をいざなうため、砂遊びや水遊びの際に恐竜、流木、貝殻、カップ、お皿、ティーポット、水車、スコップなど、実に様々な「おもちゃ」が用意されている。そこでは、もし仮に男児・女児の間で既におもちゃへの関心が性別分化していたとしても、それがその後の興味関心を水路づけてしまうことなく共に「科学」への接近をもたらすよう工夫されているのである。そうであれば、性別は興味関心を狭める要因にはならない。さらには、逆に「科学」との関連において性別を超えた「おもちゃ」への興味関心の拡がりもみられるのである。こうした実践が「ジェンダー・フリー教育」の出発点となろう。
　教育における「ジェンダー・フリー」の戦略的理念について初めて明確に言明したヒューストン（Houston, B.）は、あり得る言説を三つに整理する[11]。まず一つめは教育の領域における「ジェンダー分割を避けること」。二つめは「ジェンダーを無視すること」。三つめは「ジェンダー・バイアスを除去すること」。彼女はこれらの中で前二者をいずれも結果的に「より巧妙なジェンダー・バイアスを見逃したり強化したりする」のみならず「性的平等の理想を前提にすることでより重要な問いを排除してしまう」という理由によって却下する。すなわち問われるべきは「公教育はジェンダー・バイアスからフリー（ジェンダー・バイアスにとらわれていない状態）であるべきか？」なのである。

こうした姿勢は「ジェンダーの無い状態をつくること」や「有っても認めないこと」とは異なり、「ジェンダーというとらわれに敏感である(gender-sensitive)こと」の意義を「ジェンダー・フリー」の中核に置こうとする姿勢である。これは前述したような「隠れたカリキュラム」研究の成果を教育実践レベルで生かそうとする言説であるといえる。それはまた、多様で主体的な自己形成の一つである「ジェンダー形成」(=「ジェンダーからの自由」とともに「ジェンダーへの自由」も手に入れた自己形成)としてとらえ直すことによって、いわゆる「キャリア教育」の課題ともなろう。

近年わが国で推進されているキャリア教育とは「望ましい職業観・勤労観及び職業に関する知識や技能を身に付けさせるとともに、自己の個性を理解し、主体的に進路を選択する能力・態度を育てる教育」[12]のことであり、若者たちの自立困難な社会的状況を克服して学校教育と職業生活との円滑な接続を目指している。しかも、この教育理念は、これまでのような「成績による振り分け」としての進路指導とは異なり、個性の理解や主体的な進路選択を重視しているところにその特徴がある。

> これまで「進路指導」というと、学業成績によって進路を「選択」することを重視した指導であったり、業者テストで出された偏差値を基にするなどして、中・高等学校の卒業前に集中的に行われる指導だったため、本来の意味からかけ離れた意味で用語が使われて、広く誤解されてきました。「進路指導」は、その誤解を解き、本来の姿を取り戻そうとして、「キャリア教育」という名称でリニューアルしたといえます[13]。

またこのことは男女共同参画の理念とも重なっている。たとえば、『男女共同参画白書』には「多様な選択を可能にする教育・能力開発・学習機会の充実」が謳われ、さらに(これまでジェンダー化の結果として進路形成を制限されてきた「女性」については)「女性が長期的な視点で自らの人生設計(ライフプランニング)を行い、能力を発揮しつつ、主体的に生き方を選択することを支援するための学習機会の提供」をも提言されている[14]。このように(女性のみなら

第6章　多様な個性を育てる教育の社会的課題　169

ず男性にとっても）ジェンダーにとらわれないキャリア形成は、「多様な個性を育てる教育」の一環として、今後の重要な教育課題であるといえよう。

　さらにいうなら、「男性」と「女性」に二分された性役割期待そのものに抑圧を感じる子どもたちや若者たちが存在することにも目を向ける必要がある。体の性と心の性の不一致に悩む、いわゆる「性同一性障害」(gender identity disorder)の当事者たちである。「多様な個性」を「ジェンダーにとらわれない」（ジェンダー・フリー）という側面からとらえようとする場合に、ここまでの視野をもてるかどうかは教育現場でのひとつの大きな試金石であるといえよう。

おわりに

　以上、本章で述べてきたことは、「多様な個性」の実現に制約を与える家庭環境の階層性や性差の社会・文化的操作性の存在を指摘し、そこに見出された「ハビトゥス」や「隠れたカリキュラム」という潜在的な拘束要因を意識化し相対化することから、背負わされたハンディキャップを地域のサポートや学校教育カリキュラムの工夫によって克服してゆこうとする方向性である。ただ、これらの試みは未だ「目に見える成果」を得るに至っているとは言い難い。われわれの社会において、個性と格差のディレンマが解決されるべきであるとするならば、このような教育的課題には十分な注目がなされて然るべきであろう。

注

1　苅谷剛彦「『学力』の階層差は拡大したか」苅谷剛彦・志水宏吉編『学力の社会学－調査が示す学力の変化と学習の課題－』岩波書店、2004年、127-151頁。
2　志水宏吉「教育資本について」『教育文化学年報』第2号、大阪大学大学院人間科学研究科教育文化学研究室、2007年、3-20頁。
3　恒吉僚子(インタビュー)「『学習意欲』の捉え方をめぐる国際比較－今後必要とされる『社会的公正』の観点－」ベネッセ教育研究開発センター『BERD』No.13、2008年7月、8-13頁。
4　文部科学省『スクール・ソーシャルワーカー実践活動事例集』2008年12月、5頁。
5　竹内常一・佐藤洋作編著『教育と福祉の出会うところ－子ども・若者としあわせを

ひらく－』山吹書店、2012年、48-63頁。
6 「なくそう！子どもの貧困」全国ネットワーク「学びサポート×暮らしサポート全国実践交流会 in 京都　プログラム＆資料」、2012年9月。
7 男女平等教育研究会編集・発行『男女平等教育に関する学習ガイドブック〜ジェンダーフリーな教育環境づくりのために〜』9頁、非売品、1999年。
8 柴野昌山「社会化と社会統制」柴野昌山・菊池城司・竹内洋編『教育社会学』有斐閣、1992年。
9 Deem, R., Women and Schooling, R. K. P., 1978.
10 松村和子「イギリスにおける幼児期の男女平等教育」亀田温子・舘かおる編著『学校をジェンダー・フリーに』明石書店、2000年、237-261頁。(ただし、原文中にある「写真対応指示」や「頭注表記」は省略してある)。
11 Houston, B.,"Should Public Education Be Gender Free ？", Stone, L. ed. The Education Feminism Reader, Routledge., 1994.
12 中央教育審議会答申「初等中等教育と高等教育との接続の改善について」1999年12月。
13 13hw編集部「13歳のハローワーク」公式サイト、2012年。
14 内閣府『平成24年版 男女共同参画白書』web版、2012年6月。

参考文献
・竹内常一・佐藤洋作編著(2012)『教育と福祉の出会うところ－子ども・若者としあわせをひらく－』山吹書店。
・佐藤嘉倫・尾嶋史章編(2011)『現代の階層社会[1]－格差と多様性－』東京大学出版会。
・山内乾史・原清治編著(2010)『論集 日本の学力問題－学力研究の最前線－』(下巻)日本図書センター。
・苅谷剛彦・志水宏吉編(2004)『学力の社会学－調査が示す学力の変化と学習の課題－』岩波書店。
・亀田温子・舘かおる編著(2000)『学校をジェンダー・フリーに』明石書店。
・鎌田とし子・矢澤澄子・木本喜美子編(1999)『講座社会学 14－ジェンダー－』東京大学出版会。
・男女平等教育研究会編集・発行(1999)『男女平等教育に関する学習ガイドブック〜ジェンダーフリーな教育環境づくりのために〜』。
・Stone, L. ed.(1994)The Education Feminism Reader, Routledge.
・柴野昌山・菊池城司・竹内洋編(1992)『教育社会学』有斐閣。
・Deem, R.,(1978)Women and Schooling, R. K. P.

第7章　教育の国際化の現状と課題
―― 多文化共生社会への対応 ――

村田翼夫

本章のねらい

　日本の学校では帰国・外国人児童生徒ならびに外国人留学生も増加傾向にある。それとともに、日本人児童生徒と外国人児童生徒の交流機会も増えてきた。また、2001（平成13）年から小学校において外国語活動が必修となり、国際理解教育も重視されている。いわば、学校教育も国際化、グローバル化、多文化化への対応が迫られている。しかし、2008（平成20）年の学習指導要領改訂により総合的な学習時間が減少したことに伴って国際理解教育の授業時間は削減されている。外国人児童生徒に対しては、日本への適応教育が強調され、母文化や母語を尊重せず奪文化化教育となっている。日本人児童生徒の英語以外のアジア言語学習や異文化理解教育は重視されていない。また、開発途上国の貧困や南北格差を学習する開発教育は普及していない。大学では日本人の海外留学者が減少し、外国の大学との国際交流も活発ではない、などの問題がみられる。他方、ヨーロッパ連合（EU）では、エラスムス計画やボローニャ・プロセスにより地域の大学間交流が盛んになっている。今後は、異文化を持つ児童生徒が互いに相手の文化を理解尊重し合いつつ協同の体験活動を行う多文化共生教育の確立、学校や大学における東アジア地域を中心とした国際交流や国際協力の一層の推進が求められる。国際教育交流・協力においては、日本の教育の海外発信、万人のための教育（Education for All : EFA）の確立に向けての協力、ならびに開発途上国が相互に協力し合う「南南教育協力」の重要性についても指摘した。

はじめに

　今日、世界はグローバル化が進み、多文化・多言語を使用する状況が至るところでみられるようになってきている。日本でも、駅、電車、バスの案内、商店街においても英語に限らず中国語や韓国語に接する機会が多い。
　ところが、日本人は均一的な日本語・日本文化の環境の中で生活し、生活様式や価値観等において同質性を保ってきている。互いに連絡し合う時も「以心伝心」、「あうんの呼吸」といわれるように理解できることは細かく表現しなくてもよいという判断から不明確な言い回しを使う傾向がみられる。
　東南アジアへ日本から進出した企業に従事する人々が、タイ人、マレー人、インドネシア人等に接する時に日本人社員と同じようにあいまいな説明をしていたところ、誤解されたり、仕事の手順を間違えられることが多かったという。それでアメリカの企業のように誰でも理解が可能で、プロセスを間違えないようにする明瞭な表現をした解説表を作成して正確な情報伝達を図り状況が改善したということを聞いたことがある。
　最近、アメリカにおけるアジア人留学生の中で、中国人、韓国人、インド人等が増加しているのに対し、日本人留学生は最も減少しているという報告もある。2008(平成20)年の科学技術白書も、日本人学生の海外留学について「内向き志向がみられ、近年は伸び悩んでいる」と分析している。
　これから異文化・異言語の人々と共存共生していかなければならなくなっているのに上述のような日本人の同質的志向、内向き志向のままでは、グローバル化する世界への対応が困難になることは明白であろう。今後進展する多文化社会・多言語社会に適応できるように教育も再検討する必要に迫られている。そういう観点から、グローバル化時代にふさわしい帰国児童生徒の教育、外国人児童生徒の教育、外国語活動・外国語教育、国際理解教育について考察し、多文化共生教育の必要性と課題を指摘した。
　特に外国人児童生徒の教育では、日本の学校教育への適応が主流となっているが、多文化社会への対応上いかなる問題があるか、また、彼らの民族文化や母語に対する配慮をしない場合の問題、および配慮の必要性について検

討した。

　近年、日本では大学の国際化が強く求められている。大学自身が本来的に普遍的な真理探究を行い、世界に門戸を開きつつ教育研究を展開する国際的な性格を有している。また、大学のあり方は初等・中等レベルの教育、地方・地域の教育にも影響を与えることも確かである。本章では、大学における留学生の拡大傾向、とりわけ政府の留学生30万人構想を検討し、その実現に向けての主な課題を検討した。その際、留学生と日本人学生が共に暮らす寮や留学生による日本の学校訪問の意義などにも触れた。これからの大学は、諸外国、あるいはアジア地域との緊密な交流協力が欠かせないであろう。好例としてEUにおけるエラスムス計画とボローニャ・プロセスを取り上げ、同連合における大学間交流を考察した。

　日本の大学は、従来、欧米の大学を近代化推進のモデルとし欧米先進諸国からの情報受信に主力を置いてきた。これからの日本の大学は研究成果のみならず教育経験も世界に発信して行くことが重要であろう。日本の教育経験の発信とその効果に関して教員研修留学生プログラムのケースをみてみた。

　最後に、国際教育協力の現状と課題を明らかにした。まず、世界共通の目標となっている「万人のための教育（EFA）」の動向を検討し、その実現にとって大きな課題は何であるかについて言及した。さらに、新しい傾向として中進国に発展した国々が低開発国に対し各種の教育協力を行っている。それは「南南教育協力」と呼ばれる。東南アジアにおけるその具体的事例を検討した。

　地域における国際教育交流・協力を考える際に、すでに実現しているEUの動向が注目されるが、アジア諸国の中ではアセアン（東南アジア諸国連合）が2015（平成27）年の共同体確立に向けて政治・経済・社会文化の組織作りを行っている。アセアンの教育では、新たにアセアン共通のアイデンティティの普及、アセアン各国の言語や文化の相互理解を深めるプログラムを実践しつつある。そのアセアンに日本、韓国、中国などを含めた東アジア共同体の確立が話題となっている。その実現は容易ではないであろうが、アジア諸国の政治的安定、経済的発展、共通問題の解決などを考えれば必要なことでも

あろう。関係の深い日本は、今後の教育発展を構想する場合に、EUやアセアンの動向も踏まえ、東アジア共同体における共通の教育、教育研究の連携・協力を視野に入れて考察することが重要であろう。

1　学校教育の国際化

(1) 海外・帰国児童生徒の教育

　1960年代に日本が高度経済成長期に入ると企業の海外進出が盛んとなり、それとともに親に伴い海外で生活をする子ども、また海外から帰国する子どもも増え始めた。

　2011(平成23)年4月で義務教育段階の日本人の子ども約6万5千人が海外で生活し、在外教育施設や外国の現地校に就学している。在外教育施設としては、日本人学校や補習授業校がある。日本人学校は、海外に住む日本人の子どもを対象に国内の小中学校と同等の教育を行う機関で、文部科学大臣が認定する全日制の学校である。補習授業校は、土曜日や放課後に国内の小中学校の一部の教科について日本語で授業を行う施設である。国語中心に算数(数学)、理科、社会などを教えている。2011(平成23)年に世界において日本人学校は総数88校、補習授業校は203校設置されている。

　各学校における児童生徒数をみると、2011(平成23)年に日本人学校に18,916人(29.1%)、補習授業校に16,577人(25.5%)、現地校に29,457人(45.4%)が在籍していた。しかし、地域別にみれば、アジア地域では総数26,498人のうち日本人学校に55.5%、現地校に41.1%、補習授業校と現地校に3.4%が在籍していた。他方、北米地域では、総数21,280人のうち日本人学校には0.02%、現地校53.2%、補習授業校と現地校に45.0%が在籍した。ヨーロッパ地域では、それぞれ22.3%、47.2%、30.5%であった[1]。アジア地域では日本人学校へ通う児童生徒が現地校や補習授業校と現地校の児童生徒より多いが、北米地域では、逆に現地校や補習授業校と現地校へ通う児童生徒の方が日本人学校の児童生徒より圧倒的に多くなっているのである。

　日本人学校は、国内の学校と同様な教育を行うことが基本であるが、近年、

海外に設立されている利点を活かし、現地の言語、文化を学んだり現地校と各種の交流をしたりする学校も増えている。また、補習授業校は、日本への帰国後の再適応を図る媒介装置と考えられてきたが、現地や現地校において不適応を起こす児童生徒へ対処することも必要となり、また長期滞在すると現地化して日本人アイデンティティに加え現地のアイデンティティを持つ子どもも現れ、個々人の環境や意識の変化に対応する教育が求められている。

帰国児童生徒に対しては、1960 (昭和35) 年前後には少数の私立学校において学力の回復を目的にした帰国児童生徒の教育が救済策として行われた。しかし積極的な行政施策は実施されなかった。1965 (昭和40) 年に東京学芸大学附属中学校に帰国生徒の特別学級が設置されたのを契機にいくつかの中学校にも同学級が設けられ受入れが本格化した。そこでは学校における帰国生徒の適応を図るとともに適応に関する研究も行なわれた。

1970年代半ばになると帰国児童生徒の受入れ体制が整備されるとともに適応教育ばかりでなく海外で身に付けた外国語能力や生活態度などの特性を伸長することが強調された。適応教育は、海外での体験を軽視し「外国はがし」に結びつく傾向がみられたためである。

1980年代半ば以降、臨時教育審議会の答申に基づき、教育の国際化が叫ばれ、帰国児童生徒の異文化体験を一般の児童生徒も共有することの重要性が注目され、彼らに対する指導方法や教材開発も進展した。そのために、帰国児童生徒と一般の児童生徒を積極的に交流させ、相互理解を深めさせていくことが重視された。帰国児童生徒に日本人の生活態度や行動特性、さらに価値観などを理解させ、逆に一般の児童生徒には帰国児童生徒を通して彼らの生活態度や行動特性、価値観などを学ばせる。いうなれば、帰国児童生徒と一般児童生徒の相互啓発の教育、ならびに多文化教育が強調されるようになった。それとともに帰国児童生徒の教育を通して国際理解教育も行われるようになった[2]。

2010 (平成22) 年度の帰国児童生徒数は、合計が10,589人、小学生5,910人、中学生2,644人、高校生1,963人などとなっている。

(2)外国人児童生徒の教育

外国人児童生徒は、2010(平成22)年度に総数74,214人で、小学生42,748人、中学生22,218人、高校生8,189人、特別支援学校生1,059人となっていた。その中、日本語指導が必要な外国人児童生徒数は、**図7-1**にみる通り、総数は28,511人で、母語別にみれば、ポルトガル語が8,477人、次いで中国語6,154人、フィリピノ語4,350人、スペイン語3,547人、ベトナム語1,151人などであった。1999(平成11)年度には、総数が18,585人であったので、10年で約1万人増加している。彼らのほとんどは、一時滞在のニューカマーであり、日本生まれ日本育ちの永住外国人児童生徒とは異なっている。

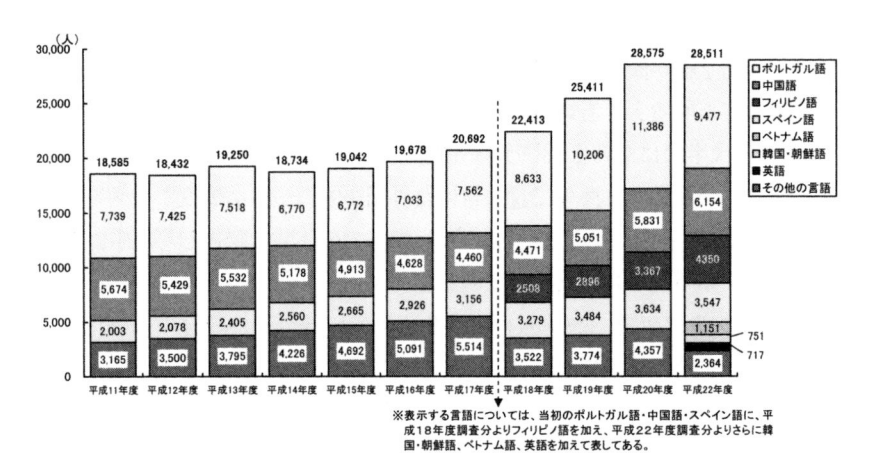

図7-1　日本語指導が必要な外国人児童生徒の母国簿別在籍状況

出典)文部科学省「日本語指導が必要な外国人児童生徒の受入れ状況に関する調査」(2011年公表)、e-StatのHPより引用

　このような外国人児童生徒の教育においても、帰国児童生徒の場合に類似して重点が特別学級から適応教育、特性伸長教育、多文化教育へ移行してきた流れがある。日本では、なかんずく適応教育の考え方が強くみられる。それは、異文化を持つ外国人児童生徒に日本の学校の生活様式や学習方法に適応させ、早く日本人児童生徒と同様に教育を受けることができるようにさせようとする。例えば、ある調査によれば、外国人児童生徒を指導しているか

なり多くの日本人教員は、「できるだけ早く日本の児童生徒と同じような態度や行動がとれるように指導する」と述べている。換言すれば、外国人の有する文化・文化的アイデンティティは保持させないで、日本文化を身につけさせようとする、同化主義的アプローチといえよう。そのために、まず日本語の習得が目ざされ、次いで生活様式(時間厳守、整理整頓、集団規律の順守など)の習得が求められる。このことは奪文化化教育と呼ばれることもある。外国人児童生徒の持つ生活様式や価値観を尊重せず、むしろ剥奪する結果に終わるからである。

　外国人児童生徒に対する母語教育についてみると、実際に行っている学校は少ない。ただし、教育委員会がポルトガル語やスペイン語に堪能な外国人を指導助手として雇って各学校を巡回させ、母語指導に当たらせているケースはみられる。その場合、回数の少ない点が難点である。また、学校教育として「ことばの教室」を開催し、日本語に加えて母語の補充指導を行うケースもある。

　一時滞在の外国人児童生徒は、いずれ母国へ帰ることが予想される。帰国後の生活や教育を考えれば、母語を忘れないようにしておくべきであろう。教員に対するある調査によれば、教員達の中に、「母語保持は家庭で行うべき」、「日本語学習を優先させ、教科指導も日本語で行えるようにした方がよい」という意見とともに、「母語を忘れると、心理的発達や親子のコミュニケーションの障害などが出てくるので母語保持は必要だ」、「母語が発達すれば、日本語能力の発達に役立つ」という意見もみられた[3]。

　カミンズ(Cummins, J.)は、母語(第1言語)と第2言語の関係について相互言語依存説(Language Interdependence Hypothesis)をとなえ、学習言語能力は、母語で習得した場合も第2言語で習得した場合も共有面があって相互的に作用し合うと主張した。いうなれば母語を通して習得した学習言語能力は、第2言語の学習能力を伸ばし、逆に第2言語を介して習得した学習言語は母語にも転移するということである[4]。この説に従えば、「母語が発達すれば、日本語能力の発達に役立つ」ことはあり得るわけである。

　いずれにしても、外国人児童生徒に対する母語教育、ならびに彼らの民族

文化、民族アイデンティティの教育は殆ど実施されていない。いわば奪文化化教育になっている。

(3) 外国語教育

　従来、わが国の外国語教育は、中学校と高等学校において主に英語を学習することになっていたが、2010（平成22）年度から小学校の5・6年生が「外国語活動」として主に英語を学ぶことになった。

　2010（平成22）年度の学習指導要領において「外国語活動」（小学校）、「外国語」（中学校）と規定されているが、その内容は学習指導要領に主として英語と記載されているように、実際はほとんど英語教育に限られている。このことは、今日の世界における多言語化状況を反映していないと言えよう。アジア共同体の確立が政治的目標に挙げられる時代にあって、アジアの言語を全く教育の対象としないというのは、国際理解、異文化理解促進の点からみても不自然な方法と思われる。

　筆者がしばしば教育調査に赴くタイでは、中学校において英語に加えて仏語、独語、高等学校では、英語以外に仏語、独語、中国語、日本語、アラビア語などを選択科目に指定し、実際に中国語や日本語の学習者が増えている。シンガポールでも中学校において仏語、独語、日本語、インドネシアでは、高等学校において仏語、独語、日本語、アラビア語の選択を可能にしている。ベトナムでは、中学校・高等学校とも英語、ロシア語、仏語の中から1言語の学習を選択必修にしている。

　もっとも日本の高等学校においても外国教育多様化の試みはみられる。文部科学省は2002（平成14）年度から2年間にわたり「高等学校における外国語教育多様化推進事業」を行った。同事業に加わったのは、神奈川県6校（中国語）、和歌山県5校（中国語）であった。2006（平成18）年度から新たに鹿児島県（韓国・朝鮮語）、北海道8校（ロシア語）が参加した。この事業の推進に当たり、各国語の教材作成、各国の地理・歴史、料理やスポーツなどを盛り込んだ教材も作成された。

　残念ながら同事業は2年間で廃止になったが、取り組んだ外国語教育を継

続して行っている高校もある。このような画期的事業は、拡大して全国的に実施されること、さらに小中学校においても取り組むことが望まれる。

(4) 国際理解教育
①発展の概要

国際理解教育の発展状況を簡略にみてみると、第1期(1946年～1973年)は、我が国のみならず世界各国において大規模な戦争を2度と起こさないという平和の確立を目標に国際理解教育が模索された。日本では1951(昭和26)年にユネスコに加盟したことがきっかけで、ユネスコ協同学校を核として国際理解教育が推進された。1952(昭和27)年に協同実験活動事業が15ヶ国の33校で始まり、日本からは中学校4校、高等学校2校が参加した。初期は「人権の研究」が多かったが、1960(昭和35)年前後には「他国、多民族の理解研究」が増加した。1960年代後半には、多くの開発途上国が植民地支配から独立した影響もあり、国際協力、資源、環境等のテーマも対象となった。しかし、この事業は実験的色彩が強く日本では広がらなかった。

1970年代になると日本の著しい経済成長とともに国際的地位も向上し、国際的地位も向上し、国際社会において果たすべき役割が増大したという認識から、中央教育審議会は、1974(昭和49)年の答申において「国際社会に生きる日本の育成」を重点施策に掲げた。この基本課題を担う分野として、外国語教育、大学の国際化と並んで国際理解教育が浮上した。特に、海外児童生徒の教育に関し国際理解を深めるという観点から、改善すること、および教師・指導者の海外派遣の増加を課題とした。しかし、開発途上国の貧困、先進国との格差問題などを理解させようとする開発教育はまだ取り上げられなかった。

1985(昭和60)年には臨時教育審議会が第1次答申において日本の国際化という視点に立った教育の改革を打出した。具体的な内容では、留学生の受入れ、外国の高等教育機関との交流、語学教育、海外・帰国児童生徒の教育、および国際理解教育の検討の必要性を指摘した。それを受けて、1989(平成元)年の学習指導要領改訂で「国際教育を深め、わが国の文化と伝統を尊重する

態度の育成を重視すること」と改定した。各地方教育委員会においても、教育指導の重要目標の1つに国際理解教育を掲げることが増加し、その推進校、協力校も多く指定された。担当教員の研修、手引きの作成なども行われ、国際理解教育が全国的に展開されるようになった。

さらに、1990年代になると南北問題がクローズアップされたこともあり、アジア・アフリカの実情を知らせる開発教育に関連する活動も特別活動などで紹介されるようになった。1996(平成8)年の中央教育審議会の答申は、「国際化と教育」(第3章)を掲げ、国際理解教育の充実、外国語教育の改善、海外・帰国児童生徒の教育の改善を検討した。とりわけ外国人児童生徒の教育がはじめて重要事項として取上げられた。同答申の影響から1999(平成11)年の学習指導要領において「総合的な学習の時間」が新設され、その中で国際理解教育が、情報、環境、健康・福祉とともに学習課題の例示に含められた[5]。

②**現状**

多くの小学校で最も多くみられるのは、各教科における取組みである。社会科、特別活動、生活科(小1,2年生)、国語、道徳などで多く扱われている。全体としては、社会科の5,6学年で実践される事例が多い。また、学校全体における取組みもある。児童生徒の表現力、共感性、コミュニケーション能力、異文化理解能力などは、学校生活のいろんな場面を通して児童生徒、教員、あるいは地域住民がお互いに留意しながら獲得していくものである。

今度の新しい学習指導要領(2008(平成20)年小・中学校)では多少時間が削減されたが、総合的な学習の時間において教科の枠組みを越えて各種の活動が行われている。総合単元として取組まれ、また課題となっているのは次の4分野である[6]。

第1は異文化理解分野で、欧米、アジア、南アメリカ、アフリカなど様々な地域、国々の社会・文化の特色を紹介し、日本の社会・文化との相違を理解させる。これからは、文化の複雑化に留意することが重要である。

第2は相互依存関係分野である。最近ではアジアの人々とのかかわりが多く取上げられている。また、韓国、中国、あるいは東南アジア諸国の学校と

姉妹校になり、生徒の交流を行う学校もみられる。人、物、情報等の流れを示すことにより緊密になる相互依存関係を理解させる。

　第3はグローバルイシュー分野である。地球規模で起きている平和、環境、人権、開発、難民などの問題について横断的な学習を促す。特に自分のまわりの具体的な環境や生活とグローバルな問題がいかに関連しているかを理解させるようにする。また、このような問題を知識として学ぶばかりでなく、開発教育でも試みられているように、参加型、体験型学習により経験的に学ぶことが重要である。そのため開発途上国において経験を持つNGOと教員の協同による実践的教材開発やカリキュラム作成も行われている。

　第4は共生分野である。日本人児童生徒ばかりでなく、外国人児童生徒、外国人成人、地域住民等とともに体験的活動、交流活動、ならびにボランティア活動等を通して共に生きることを学ぶことが重要であろう。ユネスコ「21世紀教育国際委員会」の報告書「学習・秘められた宝」(1996年)でも、「共に生きることを学ぶ」(learning to live together)を強調しつつ、他者を発見するとともに共通目標のために共に働き、共に学ぶ共同作業の重要性を説いている。

③具体的実践例

　近年、小学校で実践されている国際理解教育の試みをみてみる。
　a. 韓国・朝鮮の文化や言語の学習
　京都市のS小学校では、主に総合的な学習の時間に全学年を通じて韓国・朝鮮の文化や言語を学んでいる。
　第1～2学年では、生活科や音楽の時間に、韓国・朝鮮の遊びや歌を学びつつその文化に親しませると同時に日本の文化と似ていることに気づかせる。第3学年では、韓国・朝鮮の遊び、音楽に加え、話・物語を聞かせ、日本の文化との類似点と相違点を学ぶ。第5学年では、児童に韓国・朝鮮の様々な文化について調べさせる。また近くにある「朝鮮中高級学校」の生徒と交流させつつ、学習内容や生活の特色を学ばせ、異文化を理解し尊重する態度を養わせる。第6学年では、日本と韓国、朝鮮の歴史的関係を理解させるように

社会科の学習と関係づけながら学習させる。児童達は、学習しつつ自分の考えをまとめる。

　b. ブラジルから来日の友達と学び合う

　この事例は、大阪市小学校教育研究会国際理解教育部の部員が実践してきた学習活動の1つである。高学年で実施された。

　第1に学習目標として、i) 来日したブラジル人や在日ブラジル人が持つ文化を理解し尊重する態度を養う。ii) ブラジル人児童と日本人児童が相互に学び合う関係を作り、互いに民族的、文化的背景を学級・学校の中で表現することにより、互いに民族文化に自信を持ち自尊感情を育てるように指導する。

　第2に学習活動として次のような事を実践する。i) ブラジルがどのような国か調べる、日本人のブラジル移住者の歴史も含める。ii) ブラジル人児童に加えてゲストティーチャーとして招いた保護者や日系ブラジル人から、ブラジルの生活や学校の様子を聞く。iii) ブラジルの遊び、歌、料理作りを一緒に行う。iv) 日本語とポルトガル語で自己紹介やあいさつをし合って表現を習う。その他、学級・学校行事などで共通体験を持つとともに、感想を母語で書かせ、翻訳者に協力してもらう。日本人児童がブラジル人児童の名前や母語や行動特性を尊重する雰囲気があれば、ブラジル人児童は発言し易くなり、異文化理解、国際交流は進展する[7]。

(5) 多文化共生教育の必要性と課題

　最後にこれまで述べた内容の要点をまとめつつ多文化共生教育の必要性と課題について考察する。

① 奪文化化教育の克服

　外国人児童生徒の説明個所において外国人児童生徒が保持する母文化や母語を尊重せず、適応教育を重視しつつ日本の文化や日本語のみを学習させ国民教育を強いるのは、奪文化化教育に他ならないと指摘した。

　わが国の憲法第26条において「すべて国民は、法律の定めるところにより

その能力に応じて、ひとしく教育を受ける権利を有する。」と規定されている。ここで教育を受ける権利を保障されているものは日本国民に限定されていて外国人に関しては言及がない。実際には、世界人権宣言(第26条)や国際人権規約(第13・14条)によっていずれの国の子どもであっても世界共通に教育を受ける権利が認められていることから、外国人児童生徒であっても希望者は、日本の学校で教育を受けることができる。

多くの地域において異文化の子ども達が日本人の子ども達と共住する社会にあって、国民教育に拘泥し続けることは、グローバル化の時代にふさわしい状態ではなくなってきている。今後、社会を構成する多様な人々が等しく教育を受けることができるように、教育を受ける権利も社会構成員の権利として考えていく必要があろう[8]。

②異文化理解教育の促進

帰国児童生徒の教育において、彼らが海外で身につけた異文化・異言語を尊重し一般の児童生徒もそれを学ぶ相互啓発が強調されている。海外の日本人学校で学ぶ児童生徒も、現地の子ども達と交流し異文化を理解する機会を増やしている。外国語活動、外国語教育では、英語が主となっていて、他の外国語がまだほとんど学習されていないので、多言語社会に対応するには、アジアの言語など英語以外の言語の習得も必要ではないかと主張した。そのことが異文化理解の促進につながると思うからである。

外国人児童生徒の教育においても、同化主義的アプローチにより、日本文化の教育が主で彼らの文化や母語に対する配慮がほとんどないことをすでに指摘した。日本では、日本語と母語を考慮したバイリンガル教育は公的には実施されていない。現状では母語を理解し教授能力を持つ教員が養成されていないので組織的に行うことは不可能であろう。ただし、いくつかの市の教育委員会が実施していることから理解できるように母語を教え得る教員を非常勤、あるいは指導助手として雇用することは可能である。また、実数は少ないにしても学校教員で外国人児童生徒の母語を学習して、母語を使用しながら指導に当たっている教員がいることも事実である。そうした工夫が広が

ることを念ずるものである。

③開発教育の普及

開発途上国における人々の貧困や過酷な生活についてオランダやイギリスなどヨーロッパ諸国では、1960-70年代から「貧困のない公正な社会の実現」を目ざしてNGOキャンペーンが行われ、学校での開発教育（Development Education）が展開されてきた。1960年代には「開発＝経済成長」という考え方が一般的であったが、1970年代になると開発は社会的、政治的、文化的側面も含めて考えられるようになった。しかも、開発途上国の生活向上や発展も先進国の人々の理解と協力がなければ困難であると認識されるようになった。

日本では前述のように1990年代から開発教育の考え方が受入れられ、学校教育にも取り入れられているが、ヨーロッパ諸国に比べればまだ不十分である。

1997（平成9）年に日本の開発教育協会は、開発教育の目標として従来掲げていた、①開発途上国の貧困や南北格差の現状を知る、②開発の問題を私たち自身とのかかわりから気付くこと、に加えて③環境破壊などの地球的諸問題と開発の関連を理解させる、④世界の文化の多様性を理解させる、⑤開発を巡る問題を克服するための努力や試みを知り、参加できる能力と態度を養うこと、をあげた[9]。こうしたねらいを持つ開発教育が多くの学校教育において展開されて行くことが必要であろう。

④多文化共生教育の課題

多文化共生教育とは、異文化を有する人々・児童生徒が互いに相手の文化を理解し尊重し合いながら、異文化間の人々の偏見・差別・対立・紛争などを回避するとともに、国際交流や共同の活動・体験を通して互いの権利を認めつつ協力し合って新しい共同体やコミュニティなどの構築を目ざす教育である。そのために配慮しなければならないのは、共同体・コミュニティの各メンバーが自文化中心主義（エスノセントリスム）に陥ることなく、マジョリ

ティの人々がマイノリティの人々に自分達の文化を押し付けるような同化主義アプローチを取らないようにすることである。さらに、同種の共同体、コミュニティでは、マイノリティの人々ばかりでなく、マジョリティの人々も新しい文化(生活様式、価値観、思考など)を受入れるために自己の文化を変え、自己変容する寛容で柔軟な態度が求められよう。

　そうした視点からみても、前述の相互啓発の教育、民族文化(母文化)・母語教育、日本人・外国人児童生徒の交流や共同体験・活動、異文化理解の促進と異文化尊重、開発教育などは重要であり、多文化共生教育の必要性は明らかである。

　これからは異文化を持つ児童生徒や成人が互いに共生して行くにはどうすればよいかについて学ぶ多文化共生教育の実現が大きな課題である。

2　大学の国際化

(1) 留学生の増加

　日本への外国人留学生総数は、2002(平成14)年に117,302人となり、10万人を突破した。2010(平成22)年に141,774人となったが、翌年に多少減少し138,075人となった。彼らの出身地域をみると、93.5%がアジア地域、次いでヨーロッパが3.1%、北米が1.9%と少なかった[10]。

　2008(平成20)年7月に世界に対し人・物・情報の流れを拡大する「グローバル戦略」の一環として、2020(平成32)年までに30万人の留学生受入れを目指す計画が閣僚懇談会において発表された。同計画の策定に当たり、①日本留学の動機付けの強化、②大学等のグローバル化の推進、③日本留学の円滑化、④留学生受入れの環境の改善、⑤留学生の卒業・修了後の日本社会への受入れ推進などが強調された[11]。

　特に次の諸点が注目される。①においては、大学等の留学情報の海外への発信を強化すること。実際に日本の大学に関し、専門分野でいかなるスタッフがいて、いかなる指導が受けられるのかといった具体的情報が得にくい状況がみられる。

②では、留学生を確保するために、日本の大学等の海外拠点の展開と大学同士の共同・連携を推進することが挙げられている。東南アジアのタイ、マレーシア、シンガポールなどをみても、アメリカ、イギリス、オーストラリア等の大学は多くの分校や教育・研究センターを設立して海外拠点としている。しかるに日本の大学で東南アジアのそれらの国に分校やセンターを設立しているケースはほとんどみられない。そうした分校やセンターは、大学間の国際的な活動、共同研究、情報発信、大学間の人的交流や留学生獲得の拠点となり得るものである。今後の海外拠点の確立がのぞまれる。

③において、英語のみによるコースの設定、単位互換・短期留学の促進など、④では、大学における宿舎の整備、国内・国外における日本語教育機関の拡充が提案されている。留学生と日本人学生との交流を考えれば、単に留学生宿舎を増築するのではなく、留学生と日本人学生が同居し生活を共にしながら接触・交流を図ることも工夫されるべきではなかろうか。例えば、民間施設である京都「国際学生の家」では、30人余りの居住者のうち3分の2が外国人留学生、3分の1が日本人学生にしている。そこにおいて、両者の共同生活、特に意見交換、共通の食事(コモン・ミール)、共通行事、仕事分担などを通して、異文化理解や国際的友情が育まれ大きな効果をあげている。

留学生と子ども達との交流では、各地で行われている留学生との交流会(一緒に食事や民族文化を代表する遊び、音楽、舞踊などを楽しむ)に加えて、留学生の学校訪問も注目される。例えば、名古屋大学では、多くの留学生達が、名古屋市の小中学校を訪問し、国際理解教育の時間に出身国の言語・文化をやさしく紹介し異文化理解を図っている。

一方、日本人学生の海外留学者は、2004(平成16)年に82,945人であったが、年々減少し、2009(平成21)年には59,923人となった(図7-2参照)。留学先国は、アメリカ合衆国がトップで24,842人、次いで中国が15,409人、その後は少なくイギリス3,871人、オーストラリア2,701人、台湾2,142人、ドイツ2,140人などとなっている[12]。受入れ留学生は中国、韓国、台湾、ベトナムなどアジア諸国が圧倒的に多いのに対し、送り出しの日本人学生は、アメリカ、イギリス、ドイツ、オーストラリアなど欧米やオセアニアが多い。近年、中国、

台湾などのアジア諸国への留学が多くなっている点も注目される。最近若者が内向きになっていることが原因であるなどという批判も多いが、この背景には、海外留学の対象となる若年人口が減少していることや、リーマンショックによる経済状況の悪化・企業のスリム化で企業派遣の留学生が減少していることなども要因と考えられる。

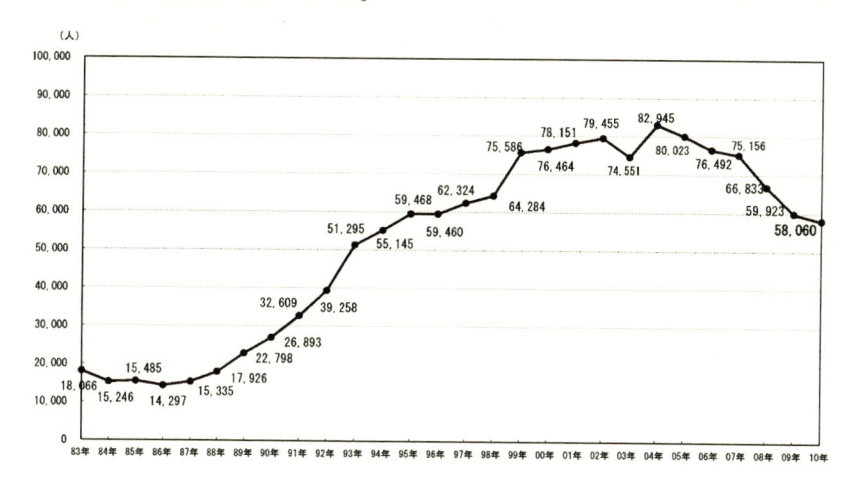

図7-2　海外留学者数の推移

出典）OECD "Education at a Glance"、ユネスコ統計局・ⅠⅠE "Open Door"、中国・台湾教育部。

(2) 大学間交流

ヨーロッパでは、1987年にEU（ヨーロッパ連合）における学生の移動促進を目指して、エラスムス計画(ERASMUS:European Region Action Scheme for the Mobility of University Students)が設立された。同計画は1994年にEUが策定したソクラテス計画、2007年からはEU生涯学習計画に統合された。

同計画の主要目的としては、EUの経済力を強化、加盟国間の統合を促進することに役立てることをあげている。その主な内容では、①EU全体の人的資源を養成確保すること、②世界市場におけるEUの競争力を向上させる、③EU加盟国における大学間の協力を強化する、④EU市民の意識を育てるなどがあげられていた。より具体的には、学生・教官の流動化事業、学部学

生・大学院生対象の共同カリキュラム開発、統合語学教育、集中講座の展開、ヨーロッパ研究モジュール開発など共同事業として実施されてきている。

エラスムス計画への参加者数をみると、1987年の開始当初は参加12カ国で300大学において3,000人の学生、1,000人の教員が交流に参加した。2000年になると、参加国は30ヶ国、大学1,800校以上、100,000人の学生、12,000人の教員の参加に増加した。また、2008年までに250のEUマスターコースが創設され、これに4,200人の学生と1,000人の客員研究者が参加した[13]。

また、1999年にヨーロッパ29カ国の教育関係大臣が集まりボローニャ・プロセスが制定された。その協定においてヨーロッパ教育機関における単位互換制度の導入、比較可能な学位制度の確立、学生・教員・研究者・大学職員の自由な移動、ヨーロッパ的観点を考慮したカリキュラムの作成などが目指された。2007年には46カ国が参加するに至っている[14]。

単位の互換制度、成績管理、学位授与などを共通に行うことになれば、学修評価の共通性も問題になるであろう。2008（平成20）年12月に中央教育審議会が取りまとめた日本における学士課程答申では、「グローバルな知識基盤社会、学習社会における21世紀型市民の育成」を図るとともに、学生の学習評価に関し今後「アセスメント・ポリシー」の確立を課題としてあげた。それは、学修の目的、達成すべき質的水準、および具体的実施方法の明確化を指している[15]。これからの大学は、学位授与の方針、カリキュラム・ポリシーと並んでアセスメント・ポリシーを相互に関連付けながら確立する必要があろう。

このような地域共同体における学生・教官の交流、単位互換制度、共同のカリキュラム開発、共通のアセスメント・ポリシーの確立、共同体メンバー意識の育成などは、大変注目される試みである。これから東アジア共同体の確立を目指すのであれば、是非導入したい共同事業といえよう。日本の文科省もアジア諸国との緊密な交流協力を図るため、2011（平成23）年度、2012（平成24）年度の予算において日本・韓国・中国におけるキャンパス・アジアの設立、アセアン諸国大学との大学間交流形成等を行って学生達の相互交流、

単位の相互認定、成績管理・学位授与を共通に行う協働教育等を企画している[16]。

　大学生の海外交流の例として具体的に見聞したケースを紹介する。2004(平成16)年から日本の愛知教育大学の学生達は、ベトナムのハノイ国家教育大学、タイのコンケン大学、チェンマイ大学の学生達と相互交流を行い、各大学において短期ワークショップを実施していた。1回につき5～10人の学生と引率の教員が相手大学を訪問し、約2週間滞在して訪問国の言語や文化を学習する。同時にホームステイや学校参観を行いつつ訪問大学の学生と共に教育方法、教育運営に関するワークショップを実施していた。愛知教育大学の学生は、ハノイ国家教育大学の付属学校において教育実習を行うケースもみられた。これらのプログラムに対しJapan Student Association(JASSO)が援助していた。こうした外国における交流や教育実習を経験した学生は、将来、教員になった時に国際的な視野、多文化的観点を考慮した教育実践が可能になるのではないかと思われる。

　いうなれば、日本、韓国、中国、ASEAN諸国の諸大学がもっと自由に活発に学生・教員の流動化を図り、共通カリキュラムの策定、成績や学位の共同管理、協働の研究・教育、共通市民アイデンティティの育成等を実践することにより、東アジア共同体の確立に向けて、大学が大きな役割を果たすことが期待される。

(3) 日本の大学からの発信

　日本の大学から日本の文化・芸術や科学技術を留学生教育や出張講義、研究会、共同研究、各種の発表会などを通して外国へ発信されている。

　教育分野では、いかなる事柄が発信され、いかなる影響を与えているのであろうか、その点を具体的なケースとして帰国した教員研修留学生の活動を通してみてみたい。筆者が従事した筑波大学における教員研修留学生のプログラムにおいて研修を受けた留学生達が専門分野の知識と経験を活用して、自国の教育改善、発展に寄与している。

　数学教育を学んだタイ人留学生M氏は、帰国後タイの大学において数学

のオープン・アプローチ、学習者中心アプローチ、ならびに授業研究(Lesson Study)をいかに適用するかの研究を進めるとともに、多くの小、中、高校において実践指導を展開している。そして従来の暗記式教育に革新的な影響を及ぼし、タイにおいて高く評価されている。

　また、同じくタイ人教員研修留学生S氏は、社会教育活動の一つとして移動図書館を研究した。帰国後チエンマイ県においてその導入を試み、同県教育局の了承を得た。その結果いくつもの郡において車に本を乗せた移動図書館が村々を走り農民やその子ども達の読書の促進、知識の向上に役立たせていた。

　学校経営を学習したインドネシア教員研修留学生T氏は、帰国後バンドン地方において日本式PTAの導入を試みた。それは、主に児童生徒の親の学校運営への参加を促進しようとするものであった。学校行事への参加、学校運営に関する意見表明、学校に対する教材、資金等の寄付などを促そうとした。実際には親達の学校への関心が日本の親たちほど強くないため、容易には実行されなかったが、徐々にその意図が浸透しつつあるということであった。

　日本の道徳教育がマレーシアに取入れられていることも特記すべきことである。1970年代後半のことになるが、当時の国立教育研究所においてユネスコと提携してアジア諸国の教育代表による道徳教育に関するワークショップが開催された。それに参加したマレーシア代表が日本の道徳教育の特質を学び、帰国後、マレーシア教育省に報告した。複合民族国家であるマレーシアでは、イスラーム教徒のマレー人児童生徒に対してイスラーム教(国教)が教授されていた。しかし、非イスラーム教徒の中国人、インド人の児童生徒に何を教えるべきか思案されていた。その時、日本の道徳教育は宗教的に中立である特色が評価され、日本型の道徳教育を非イスラーム教徒の児童生徒に教授することにしたのである。そのことは今日も続いている。

3 国際教育協力の現状と課題

(1) 万人のための教育(EFA: Education for All)

　世界には未だに初等教育を受けられない子ども、字の読めない子どもや成人が多くいるため、2015(平成27)年までに世界中のすべての子どもが初等教育を受けられるようにし、人々の識字率を向上させることが計画されている。その動きは、1990年にタイのジョムティエンにおいて「万人のための教育(EFA)世界会議」が開催され、初等教育の普遍化、教育の場における男女格差の是正等が目標とされ、「万人のための教育宣言」および「基礎的な学習ニーズを満たすための行動枠組」が決議されたことに始まった。しかし、その後10年を経過してもその目標達成が困難であることが判明し、2000(平成12)年に改めて「世界教育フォーラム」が開催された。討議の結果、EFA実現に向けた新たな教育目標として「ダカール行動枠組」(Dakar Framework for Action)が採択された。

　その中で、「最も恵まれない子ども達に特に配慮した総合的な就学前(保育・教育の拡大および改善を図ること)」、「女子や困難な環境下にある子ども達、少数民族出身の子ども達に対し特別な配慮を払いつつ、2015(平成27)年までにすべての子ども達が、無償で質の高い義務教育へのアクセスを持ち、修学を完了できるようにすること」、「2015年までに成人(特に女性の)識字率の50％改善を達成すること」、「2015年までに教育における男女の平等を達成すること」等が掲げられた。この目標達成に向けて、各国政府、ユネスコ・ユニセフ・国連開発計画・国連人口基金・世界銀行などの国際機関、各種のNGO/NPO、市民団体などが協力して支援活動を展開している。日本では、文部科学省がユネスコに信託基金を拠出して識字事業やコミュニティ・ラーニングセンター関連事業を補助している。また、日本ユネスコ・アジア文化センター(ACCU)は、識字事業として教材開発、識字専門家のためのセミナー開催や識字教育センターの設置等を行っている。日本ユネスコ協会連盟も識字事業のため世界寺子屋運動を展開している。

　EFAの実現にとってのもう一つの課題は、障がい児に対する教育普及で

あろう。例えば、東南アジア諸国では、多くの国において健常児に対する初等教育、前期中等教育は普及し、ほとんどの子ども達はその教育を受けることができるようになっている。しかし、障がい児の場合、学校教育を受けている児童生徒はきわめて少ない。インドネシアでは、初等教育を受けている障がい児はいまだに3%にとどまっている。障がい児教育を早くから発展させた日本はその経験を活かして世界の障がい児教育の普及に協力すべきであろう。その際、今日課題とされているインクルーシブ教育のあり方に、当然、考慮すべきである。

(2) 南南教育協力の進展

近年、開発途上国(中進国)が新興ドナーとなり後発の途上国に対し、農業、行政管理、金融、貿易、医療保健、教育などの分野において開発協力を活発に展開するようになっている。こうした開発協力は「南南協力」と呼ばれている。従来の南北間の垂直的協力関係に対し、南南間の水平的な協力関係を形成するものとして注目されている。その協力に日本、オーストラリア、カナダなどの先進国が関与するケースも増えている。筆者は、2006(平成18)年～2008(平成20)年間に、東南アジア諸国とアフリカ諸国の教育協力も増加していることを考慮して環インド洋地域教育協力の調査研究をグループで行った。その成果も踏まえて南南協力の主な進展を考察してみる。

近年の東南アジア諸国の経済的、社会的動向を調べてみると、よく発展している国々と今なお停滞状況にある国々があることが理解される。一人当たり国内総生産(GDP)をみても、2010年にシンガポール(43,116米ドル)、ブルネイ(29,674米ドル)、マレーシア(8,423米ドル)、タイ(4,992米ドル)などに対しベトナム(3,134米ドル)、ラオス(2,437米ドル)、カンボジア(2,114米ドル)、ミャンマー(1,250米ドル)などとなっている[17]。シンガポール、マレーシア、タイ、インドネシア、フィリピンはアセアン原加盟国であり、経済的社会的発展が顕著で新興ドナー国とも呼ばれ、近隣の貧しい国々に国際援助を行ってきている。1990年代に新たにアセアンに加盟したカンボジア、ラオス、ミャンマー、ベトナムはCLMVと称され、原加盟国から援助を受ける立場に置

かれている。

　南南協力の方法には、第三国研修、第三国専門家派遣、パートナーシップ・プログラム、三角協力などがある。第三国研修は、開発途上国において他の開発途上国から研修員を受け入れて知識・技術の移転・普及を行うものである。第三国専門家派遣は、ある開発途上国から他の開発途上国へ優れた人材を専門家として派遣し活用する制度である。パートナーシップ・プログラムは、南南協力を実施する国々と先進国が共同で停滞している国の発展に協力を行うものである。その際、先進国がイニシアティブを取り開発途上国の援助機関と協力して援助活動を行う場合に三角協力とも呼ばれる。

　筆者が教育分野における南南協力に関して調査した事例の中で印象深かったものの概略をみてみる。タイでは、教育省が、2000年半ば頃5、6年間にわたりラオス教育行政官(5～10人)に対し約1ヶ月の研修を行った。多くの大学は、主にラオスの留学生に奨学金を提供している。またラオスやカンボジアに近い東北地方の地域総合大学(ラチャパット・スリン、ラチャパット・ブリラム等)において両国の初等・中等教員に対する研修を実施している。初等教員には、理数科教育、視聴覚教育、学習者中心教育、中等教員には、農業・工業の職業科目の研修が多い。

　2005年にラオスの初等・中等教員20人がタイの地域総合大学(ラチャパット・ウドンターニー)で理数科・国語研修を2週間受けるプログラムがJICAの協力を得て実践された。その際、日本の教育方法がモデル視された。筆者は、2007(平成19)年と2009(平成21)年にその効果を評価する調査(教員向け)を行った。ラオス教員はタイ語を理解し、タイ人と同じ仏教(上座部仏教)を信仰していることもあって生活に違和感がなく、同プログラムは概ね好評であった。特に学習者中心教育、視聴覚教育が評価されていた。ただ、休みが少ない、研修期間が短い、宿泊施設がよくないなどの不満も聞かれた[18]。

　また、理数科教員の研修に関して、JICAは1980年代の終わりにフィリピン大学(UP)に理数科教育開発研究所(NISMED: National Institute for Science and Mathematics Education Development)の設立を援助し、フィリピンにおける中等理数科教員の研修を活性化させた。そこでも日本の理数科教育がモ

デルとされていた。その影響を受け、1998（平成10）年にJICAは、アフリカ・ケニヤのナイロビに同様な研修を行う中等理数科教育強化プロジェクト（SMASSE : Strengthening of Mathematics and Science in Secondary Education Project）を発足させた。筆者は、2008（平成20）年に同プロジェクトの調査を行ったが、そこにはウガンダ、タンザニア、ザンビア、ナイジェリア、ガーナなど多くのアフリカ国から現職理数科教員が研修を受けに来ており国際研修センターの様相を帯びていた。同研修を受けた一部の教員が、マレーシアの理数科地域研修センターであるRECSAM（Regional Centre for Education in Science and Mathematics）やフィリピンのNISMEDへ知識・技術向上のため派遣されていた。いうなれば、東南アジア諸国とアフリカ諸国の教育交流・協力が実践されているのである。

　教育分野で行われる南南協力が南南教育協力であるが、そのメリットとしては、①周辺の開発途上国なので、交通費、講師手当、施設設備費等が安価である、②教育の開発段階に大きな差がなく学び易い、③文化や慣習が比較的類似していて研修者にとって生活し易い、④タイ語とラオス語、マレー語とインドネシア語など、教授言語が類似していて理解し易いし、日本に比べれば英語が使いやすいこと、などが挙げられる。

　いずれにしても、開発の進んだ開発途上国が開発の遅れている国、しかも社会文化が比較的類似している国に対し協力援助活動を増加させていること、その中に教育プログラムも含まれていることは注目される。経済的困難を抱えている日本にとってメリットの多い南南教育協力は検討に値する課題である。また、新たな東南アジア諸国間の教育協力や東南アジア諸国とアフリカ諸国の教育交流・協力の促進は、東南アジア地域や環インド洋地域の各国の連携を強める効果をもたらすことが期待される。南南教育協力において、JICAは普遍的に応用のきく理数科教育に力点を置いているが、開発途上国における教育開発の緊要性を考えれば、各国における社会文化の特質に配慮しつつ環境教育、防災教育、保健教育、学校経営等を対象にすることも重要であろう。その際、日本の教育経験をモデルにするだけでなく、東南アジアやアフリカ地域の教育文化の特性も考慮して新しい教育開発モデルを創造し

ていくことも必要と思われる。

(3) アセアンにおける教育協力―東アジア共同体への示唆―

アセアン(ASEAN：東南アジア諸国連合)は1967年に原加盟国5ヶ国(タイ・マレーシア・シンガポール・インドネシア・フィリピン)で成立した。その後、ブルネイ(1984年)、ベトナム(1995年)、ラオス・ミャンマー (1997年)、カンボジア(1999年)が加盟して10ヶ国となった。

アセアン諸国は、政治、経済、社会文化の交流協力の増進と地域の平和・安定を目指して共同体の創設を計画している。2015年に確立しようとしているアセアン共同体は、3つの柱で構成される。第1はアセアン政治安全共同体で民主的・調和的環境と紛争の予防・解決を意図する。第2はアセアン経済共同体で、1つの市場・高度な経済競争地域の構築を目指す。第3がアセアン社会文化共同体で、永続的な団結と統一を達成するために共通のアイデンティティの考案と市民の生活・福祉の向上を図る[19]。

これらの計画の具体化策として2008年12月にアセアン憲章が交付された。その主な内容として、目標(第1条)に地域の平和、安全、安定の維持強化、ならびに民主主義・法の支配の強化と人権・基本的自由の促進をあげている。組織では、アセアン首脳会議が最高政策決定機関である(第7条)こと、紛争解決ができない場合にはアセアン首脳会議に決定が付託される(第26条)とする。教育と関連するのはアイデンティティとシンボルの項目で、共通のアイデンティティの促進(第35条)、共通のモットーとして1つのビジョン、1つの共同の確立(第36条)、アセアンの旗・日・歌の設立普及(第37~40条)を掲げている。

具体的にアセアン諸国では、従来国際理解の教育を重視し、英語、仏語、独語教育に加えて、日本語や中国語を中等教育から学習させる国が増えている。例えば、タイ、マレーシア、インドネシア、ベトナム等である。その中には言うまでもなく人権尊重、国際平和、国際協力、国際組織なども含まれている。最近では、更にアセアン志向の教育が実践されつつある。例えば、アセアン・アイデンティティを養うためにアセアン市民教育を導入し、アセ

アン諸国の社会・経済のみならず周辺国の言語や文化も小学校段階から教育しようとしている。例えばタイでは、2012年度より小・中・高校において隣国のマレー語、ラオス語、カンボジア語、ミャンマー語などを選択外国語として教えてもよいことにした[20]。これは画期的な試みである。

こうしたアセアン諸国における試みは、これからの確立が課題となっている東アジア共同体においても考えられなければならないであろう。東アジア共同体については、すでに1988年～2000年において「アセアン+3」の枠組みの提案が首脳会議でなされた。アセアンに加え日本、韓国、中国が構成国となる計画である。東アジア共同体となると、政治的、経済的、社会文化的にアセアン共同体以上に格差や異質性が存在する上に、日本、韓国、中国において共同体確立に向けての政治的意思が固まっていないので、その実現は容易なことではない。それでもそれら構成国の政治的安定、経済的発展、環境や食品衛生など共通問題の解決などを考慮すれば、その実現が好ましいと考える人も多い[21]。

東アジア共同体設立のことを考えれば、日本の教育も、東アジア共通のアイデンティティ、東アジア諸国の言語(韓国語、中国語、タイ語、インドネシア語など)や文化を教えて行くことも必要であろう。一部の小・中・高校では、韓国語や中国語を総合的学習の時間などに教えるケースも見られるが、きわめて限られたケースである。今後の日本の国際教育は、こうした東アジア共同体へ向けた近未来の動向も洞察して内容、方法を刷新して行かねばならない。

注

1　文部科学省『海外で学ぶ日本の子どもたち-わが国の海外子女教育の現状-』2011年、2-3頁。
2　佐藤郡衛「海外・帰国子女教育-新しい理念の構築に向けて-」天野正治・村田翼夫編著『多文化共生社会の教育』玉川大学出版部、2001年、109-111頁。
3　佐藤郡衛『国際理解教育-多文化共生社会の学校づくり-』明石書店、2006年、198-200頁。

4 坂本光代「カナダにおける外国籍児童生徒の就学への対応」江原裕美編著『国際移動と教育』明石書店、2011年、306-307頁。
5 嶺井明子「国際理解教育―戦後の展開と今日的課題」天野正治・村田翼夫編著『多文化共生社会の教育』玉川大学出版部、2001年、90-96頁。
6 前掲書、佐藤郡衛、2006年、58-60頁。
7 大阪市小学校国際理解教育研究会編『国際理解教育と人権』解放出版社、2003年、134-135頁。
8 太田晴雄「ニューカマーの子どもの学校教育―日本的対応の再考」志水宏吉編著『エスニシティと教育』日本図書センター、2009年、269-270頁。
9 田中治彦編著『開発教育』学文社、2011年、9-10頁。
10 独立行政法人日本学生支援機構(JASSO)「平成22/23年度外国人留学生在籍状況調査結果」2011年、2012年。
11 文部科学省、外務省、法務省、厚生労働省、経済産業省、国土交通省「留学生30万人計画 骨子」2008(平成20)年7月。
12 文部科学省「日本人の海外留学状況」2010年。
13 エラスムス計画、www.mext.go.jp/b_menu/shingi/chukyo/.../2-7.htm
14 舘昭「ボローニャ・プロセスの意義に関する考察―ヨーロッパ高等教育圏形成プロセスの提起するもの」名古屋大学高等教育研究 第10号、2010年、162頁、171頁。
15 中央教育審議会第67回総会における学士課程答申「学士課程教育の構築に向けて」2008年、1-2頁。
16 「キャンパス・アジア」日中韓大学交流の行方、www.asahi.com/edu/univerisity.../TKYO20100400270.htm
17 IMFの1人当たりの名目国内総生産(GDP)、2010年度。
18 村田翼夫「タイにおけるラオス教員の研修プログラム―その調査結果の検討―」京都女子大学『発達教育学研究』第2号、2008年3月、17-20頁 。
19 The Office of ASEAN, Thailand, "The Three Pillars of the ASEAN Community", 2012.
20 Waraiporn Sangnapaboworn, "Structure of Class Hours for Foreign Language in Thailand" 2012. http://www.curriculum51.net/viewpage.php?t_id=95.
21 進藤榮一『東アジア共同体をどうつくるか』ちくま新書、筑摩書房、2007年、254-264頁。

参考文献
・黒柳米司編著(2011)『ASEAN―再活性化への課題―』明石書店。

- 村田翼夫・山口満編著(2010)『バイリンガル・テキスト：現代日本の教育―制度と内容―』東信堂。
- 村田翼夫 (2009)「タイにおけるラオス教員の研修プログラム－その調査結果の検討―」 京都女子大学『発達教育学研究』第2号。
- 志水宏吉編著(2009)『エスニシティと教育』、日本図書センター。
- 文部科学省(2009)『高等学校　学習指導要領　平成21年3月告示』。
- 文部科学省(2008)『小学校学習指導要領解説　総則編』。
  (特に社会編、外国語活動編、総合的な学習の時間編)
- 文部科学省(2008)『中学校　学習指導要領　平成20年3月告示』。
- 文部科学省(2008)『小学校　学習指導要領　平成20年3月告示』。
- 進藤榮一(2007)『東アジア共同体をどう作るか』ちくま新書、筑摩書房。
- Yokuo Murata, (2007) "South-South Cooperation in Education between South-east Asian Countries and Japan",『現代経営情報学部　研究紀要』第4巻第1号(大阪成蹊大学) 。
- 佐藤郡衛・佐藤裕之編(2006)『「共に生きる子ども」を育てる国際理解教育』教育出版。
- 科研費研究成果報告書(2005)『東南アジア諸国の基礎教育に対する国際協力援助方法の比較研究―日本の発信型協力援助方法の構築―』(研究代表者　村田翼夫／佐藤眞理子)。
- 谷口誠著(2004)『東アジア共同体―経済統合のゆくえと日本―』岩波新書。
- 大阪市小学校国際理解教育研究会編(2003)『国際理解教育と人権―互いの人権を尊重し、地球上の人々と共に生きる子どもを育てる―』解放出版社。
- 天野正治・村田翼夫編著(2001)『多文化共生社会の教育』、玉川大学出版部。
- 科研費研究成果報告書(2000)『アジア諸国に対する日本の教育の影響に関する実証的比較研究―教育協力・援助の影響を中心として―』(研究代表者　村田翼夫)。

第8章　カリキュラム改革の現状と課題
――特色あるカリキュラムづくりへの展望――

山口　満

本章のねらい

　日本の中央集権的な教育課程行政は、全国的な教育水準の維持や機会均等の確保などに貢献してきたが、その一方で、画一的なカリキュラムをもたらすことになり、地方や学校の特色を生かした主体的、創造的なカリキュラムの実現にまで至っていない。第1節では、国レベルでのカリキュラム改革の動向を考察した。戦後、ほぼ10年間隔で学習指導要領が改訂され、2008年の改訂では、「確かな学力」と「豊かな心」の育成が重視された。

　第2節と第3節では、それぞれ、自治体・教育委員会および学校における特色あるカリキュラムづくりの事例を紹介する。前者では、東京都品川区の「市民科」と横浜市教育委員会の「横浜版　学習指導要領」、後者では、「教育課程特例校」と「研究開発学校」を取り上げた。

　第4節では、これまでのカリキュラムがペーパープラン・計画に留まっていることを考慮して、計画―実施―評価―改善のサイクル循環が円滑に行われる機能的なカリキュラム観を構築する必要があることを指摘した。また、総合学習の行方について、今後、その教育的な意義が見直され、その拡充が図られる必要があることを中国および韓国のカリキュラム改革の動向も参照して、考察した。

　全体を通して、カリキュラムは一人一人の子どもの成長と発達を支え、促すいわば栄養素として働くことによってはじめて教育的な意味をもつことになるが、そのためには、国、地方、学校が相互に適切な緊張関係を持ちながら、最終的にはそれぞれの学校における創造と工夫による個性的で自律的なカリキュラムづくりに焦点化され、集約される必要があることを明らかにする。国や自治体による新しい理念やねらいも子どもの手元に届くことがないならば、それは絵に描いた餅に終わることになる。

1　国のレベルでのカリキュラム改革の動向

　周知のように、2008(平成20)年3月に、小学校学習指導要領と中学校学習指導要領が改訂された。高等学校については、1年遅れの2009(平成21)年3月に新学習指導要領が公示された。

　小学校については、既に2011(平成23)年4月から、また中学校については、2012(平成24)年4月から全面的に実施されている。高等学校については、2013(平成25)年4月から、年次進行で実施されることになっている。

　ところで、わが国では明治初年、1872(明治5)年の「学制」の頒布以来、学校のカリキュラムに関する事項は、「教則」、「教則綱領」、「教則大綱」、「小学校令施行規則」などの法令によって定められており、国定教科書の制度(1903(明治36)年成立)と相まって、学校で教えるべき教育内容は厳しい国家統制の下に置かれていた。1924(大正13)年に起きた川井訓導事件は、森鷗外の「護持院原の敵討」を修身の授業で補助教材として使用したために同訓導が休職処分を受けたものであり、教育内容に対する厳しい国家統制を象徴する出来事であった[1]。

　第2次世界大戦終結後のいわゆる戦後教育改革の一環として「学習指導要領一般編(試案)」が発表されたのは、1947(昭和22)年3月のことであり、同年4月から新しくスタートする小学校(それまでは国民学校)および中学校の「教科課程、教科内容及びその取扱い」に関する「基準」としての性格をもつものであった。「試案」、「教師自身が自分で研究していくための手びきとして書かれたものである」と明記されていることに表れているように、あくまで教師による主体的なカリキュラム編成をサポートする役割をもつものであり、この学習指導要領の出現によって、戦前におけるカリキュラムの国家統制は180度の転換を図られることになった[2]。

　それ以後、小学校学習指導要領は、1951(昭和26)年、1958(昭和33)年、1968(昭和43)年、1977(昭和52)年、1989(平成元)年、1998(平成10)年、2008(平成20)年というようにほぼ10年間隔で全面的な改訂が行われ、現在に至っている。今回の改訂は戦後7回目の改訂に当たることになる。

中学校学習指導要領も小学校とほぼ同様な経緯で現在に至っている。すなわち、1951年、1958年、1969(昭和44)年、1977年、1989年、1998年、2008年という7回の改訂が行われている。
　高等学校学習指導要領は、1951年、1956(昭和31)年、1960(昭和35)年、1970(昭和45)年、1978(昭和53)年、1989年、1999(平成11)年、2009(平成21)年というように8回の改訂を経て現在に至っている。
　なお、1958(昭和33)年の改訂によって、学習指導要領は文部大臣(2001(平成13)年1月6日以後は文部科学大臣)が公示する「告示」という法令の形式をとることになり、「試案」、「手びき」としての性格を失い、法的拘束力をもつと言われることになった。
　さて、先に指摘したように、今回の学習指導要領の改訂は、わが国におけるカリキュラム改革にとって画期的な意義をもつ1947年3月の学習指導要領の発表以後7回目の全面的な改訂に当たっているが、そのねらいは、端的かつ簡潔に表現するとすれば、「知識基盤社会」あるいは「グローバル化社会」と呼ばれる21世紀の社会に求められる「確かな学力」と「豊かな心」の育成を重視することに置かれており、そのための具体的な改善事項として、(1)国語教育や理数教育を中心に、教科の授業時数を増やすこと、(2)教科内容の量的増大と質的な充実、レベルアップを図ること、(3)小学校段階の外国語活動を実施すること、(4)学習活動における習得・活用・探求と言語活動、体験活動を重視すること、(5)教育内容として日本の伝統や文化を重視すること、(6)道徳教育と教科等の指導との関連を図ること、(7)規範意識の形成と人間関係形成力の育成を重視すること、(8)キャリア教育を重視すること、(9)校種間の連携、接続を図ることなどが取り上げられている[3]。
　全体的な特徴としては、1977(昭和52)年の改訂以後、カリキュラム改革の基調となっている「ゆとり」教育にきっぱりと別れを告げ、世界に共通し、通用する質の高い学力を確実に身に付けさせることができるカリキュラムを設計し、実践することを目指すという方向への転換が図られたとみることができる。
　学習指導要領は各学校で編成され、実施される教育課程の基準であり、各

学校におけるカリキュラムに生かされ、具体化されることによってはじめてその役割を果たすことになる。また、各学校においては、学習指導要領に示すところに従って適切な教育課程を編成しなければならないことが学習指導要領の冒頭に明記されている。

このため、文部科学省は、校種別、教科等別の『学習指導要領解説』を刊行して、各学校における教育課程の編成を援助している。また、同省が編集している月刊雑誌「初等教育資料」、「中等教育資料」などを通して、新学習指導要領に関する情報を提供している。各種の研修会・講習会を開催し、改訂の趣旨の周知徹底に努めている。

新学習指導要領に基づく検定済み教科書が各学校のカリキュラムや授業に与える影響は実に大きいものがある。「本時の学習指導計画」「指導案」や「単元○○の学習指導計画」は教科書の内容に添って作成されることが多いからである。1単位時間の授業や単元を単位とした授業で、何を、どういう順序で学習させるかということを教師が決める上で教科書教材が重要な役割を果たすことになる。新しい教科書の検定・採択は検定→採択→使用開始という流れで行われるが、新学習指導要領の全面実施と同時に使用が開始されている。新しい学習指導要領に基づく新しい教科書は、先に指摘した今回の改訂の基本方針を反映して、一般的に言って、ページ数が増え、取り上げられている知識の量が増え、レベルアップが認められる。指導目標を達成した後に、子どもたちにチャレンジさせる発展的な学習課題が多く盛り込まれているのも、新教科書の特色だと言われている。

「指導要録」の改訂も、新学習指導要領に関して文科省が行っている重要な施策の一つである。2010（平成22）年5月11日付で文科省は学習指導要領の改訂に対応した指導要録の改訂について通知を出している。目標に準拠した評価とともに個人内評価を重視することや「表現」を重視し、パフォーマンス評価を推奨するなど、新学習指導要領の学力観に沿った評価法が採用されている[4]。

2007（平成19）年度から文科省が実施している全国学力・学習状況調査も、新しい学習指導要領が目指す教育の実現に重要な役割を果たすことになる。

これまでは小6と中3を対象に、国語と算数・数学の2教科で行われてきた。いずれの教科も基礎・基本を問う問題Aと思考・表現を問う問題Bとに分かれており、新しい学習指導要領が目指す学力の定着度の検証に役立てることができる。2012（平成24）年度は理科が加わり3教科となり、2013（平成25）年度からは全児童生徒の参加が予定されている。

　新しい学習指導要領の実施に伴って必要になる経費をどのように支援・補助するかということも、国の側での重要な課題になっている。今回の改訂では、中学校の保健体育で、すべての生徒が武道とダンスを履修しなければならないことになった。そのことに伴う武道場の整備について国が支援、補助を行うことが必要である。その他、小学校理科と中学校理科での観察や実験のための実験器具などの購入経費への補助、小学校の外国語活動のために講師に支払われる経費の補助など、国が取り組むべき課題は実に多い。「35人学級」実現の成否に焦点化されている少人数学級の実現を図るための財源を確保することも、新しい学習指導要領への対応によって教師の役割がますます重要になる一方で、いじめ、不登校などへのきめ細かい対応が求められている現状からすれば、国の重要な課題になっている。

　このように、国による学校カリキュラム改革の取り組みは、学校の教育課程の基準としての学習指導要領の改訂を軸にして、教科書の検定、学力テストの実施、指導要録の改訂など、相互に関連する多様な施策として展開されている。こうした国の動きは、自治体の教育委員会によるカリキュラム改革への取り組みや各学校における教育課程の編成やその実施に連動し、大きな影響を与えており、わが国の学校教育は知識基盤社会、グローバル化の時代を迎えて大きく変わろうとしている。

2　自治体・教育委員会による特色あるカリキュラムづくり

(1) 東京都品川区の「市民科」

　都道府県や市区町村の教育委員会では、国による学習指導要領の改訂を受けて、その趣旨を学校現場に周知徹底させ、各学校の教育課程の編成に具現

化するためのさまざまな取り組みが展開されている。教育センターなどにおける研修や講習、指導主事が学校に出向いての助言、これまで作成されていた教育課程編成のための指針やガイドラインの見直しなどである。

　自治体レベルでのカリキュラム改革にみられる新しい傾向として注目されるのは、教育委員会が主導してその自治体の特色を生かした特別なカリキュラムを開発し、実施する試みが各地に出始めていることである。学習指導要領がナショナル・カリキュラムに相当するとすれば、いわばローカル・カリキュラムを開発することによって自治体や地域住民のニーズに応えることができる特色ある学校づくりを進めることが目指されているわけである。こうした動向が教育の地方分権化の流れを加速させ、自治体や地域住民による主体的で自律的な教育改革をより確かなものにしていくことを期待したい。

　以下に2つの事例を紹介する。

　その一つは東京都品川区の全小中学校で2006（平成18）年4月から一斉にスタートし、現在なお続いている「市民科」である。「市民科」は道徳、総合的な学習の時間、特別活動が統合された教科である。したがって同区の小中学校のカリキュラム（教育課程）には道徳、総合的な学習の時間、特別活動は設けられていない。

　「市民科」は2005（平成17）年7月に教育委員会によって発表された「品川区小中一貫教育要領」の中でその目標、学年別の目標と内容が明らかにされた。小中一貫教育の中で、統合教科として創設され、実施されている点にその特色がある。「品川区小中一貫教育要領」に基づいて「市民科　指導の手びき」と「教科書のない学習は定着しない」という教訓を生かして、教科書（1・2年生、3・4年生、5・6・7年生、8・9年生の4冊）が作成されている[5]。道徳、総合的な学習の時間、特別活動には教科書はない。しかし、「市民科」には実にしっかりとした内容の教科書が編集され、使用されている。この点に、「市民科」をあえて「教科」として設定した教育委員会の意図と「市民科」への期待が表れているように思われる。

　「市民科」の構想と実践は、同区が教育改革「プラン21」（2000（平成12）年スタート）の下に進めてきた学校選択制、習熟度別学習、小学校の教科担任制、

小中連携・一貫教育、小学校での英語教育、外部評価制度など総合的な教育改革の一環として位置づけられるものであり、そうしたさまざまな改革との関連で意味づけられ、評価されるものである[6]。自治体や地域レベルでのカリキュラム改革はそうした総合的な地域教育改革との関連で進められることによって、その効果を期待することができることを示唆する事例である。個別の学校では実施することが難しい大型の地域教育改革のプロジェクトの一翼を担う取組として、新しいカリキュラムの開発が進められているところに品川区の実践的研究の特色がある。

品川区は2003(平成15)年7月に構造改革特区の小中一貫教育特区に認定されている(現在は「教育課程特例校制度」)。同区の斬新な発想に基づくカリキュラム改革はこの認定を受けてのことであった。

学習指導要領と「品川区小中一貫教育要領」との関係については、「国が示した大綱的な学習指導要領を基にして、それぞれの自治体が地域にあった地方基準、地方版の学習指導要領を示さなければ、保護者、住民の期待に応える教育改革を行うことができない。・・・そうした意味で品川区は、この教育に関する地方基準というものを具体的に示したということです」、「本書は文部科学省の学習指導要領をベースにして作成したものです」と説明されている[7]。「地方版の学習指導要領」、「地方基準」という表現に、学習指導要領に対するスタンスの取り方が表れているように思われる。

品川区における「地方版の学習指導要領」は、学習指導要領に示されている小中学校の教育活動の枠組が同区の学校での学習指導や生徒指導を効果的に進める上で必ずしも最適な形になっているわけではないという認識が基になっている。いわば学習指導要領を超える教育実践の創造につながる一面をもつ「地方版」が作成され、それに基づく実践が展開されていることに、わが国における学校カリキュラムをめぐる環境が大きく変化してきていることを認めることができる。

(2) 横浜市教育員会の「横浜版　学習指導要領」

自治体レベルでのカリキュラム改革で注目されてよいもう一つの事例は、

横浜市教育委員会が「横浜教育ビジョン　推進プログラム」(2007(平成19)年1月)に基づいて2008(平成20)年から2011(平成23)年にかけて作成し、市立学校のカリキュラム・マネジメントの「サポートツール」として使用されている「横浜版　学習指導要領」である。

「横浜版　学習指導要領」は「横浜版　学習指導要領　総則」、「同　教科等篇」、「同　指導資料」、「同　評価の手引き」、「同　子ども・家庭版、保護者・市民版」などから成っている。「これらにより市立学校のカリキュラム編成・運営・評価・改善を計画的・組織的に支援します」と「総則編」に述べられている[8]。

「横浜版　学習指導要領」には学校教育法施行規則で大枠が定められ、学習指導要領で具体的な内容が示されている小、中学校のカリキュラムの構成要素である各教科、道徳、外国語活動、総合的な学習の時間、特別活動の全てが取り上げられており、市立小中学校の教育活動の全体像が明らかにされている点に第一の特色がある。指導資料や評価法が取り上げられていることも、学校レベルでのカリキュラムの編成にとって都合がよく、「市立学校のカリキュラムの基準」として備えるべき要件が満たされている。ローカルな基準カリキュラム作成のためのスケールの大きい、本格的な取り組みの事例である。

第二に、「横浜版　学習指導要領」は、「最低基準という大綱的性格をもつ国の学習指導要領の内容を踏まえて」他でもない横浜の市立学校が取り組むべき内容と方法を示したものであり、横浜の子どもの実態と市民の願いに応えることを重視した、横浜らしい特色をもったカリキュラムである。「総則編」の第2章では、「市立学校で育てる"横浜の子ども"の姿の明確化」、「"横浜のこども"の姿の具現化」が取り上げられ、それらを実現するためのカリキュラム構成として、例えば総合的な学習の時間を核として道徳、特別活動、外国語活動、教科との関連を重視した学習活動のための「横浜の時間」が設けられている。横浜の歴史や文化を学び、地域を体験する活動を主な内容とする学習の領域である。小学校の全学年で実施される「Yokohama International Communication Activities (横浜コミュニケーション活動・YICA)」も、国際都市

としての発展を目指す横浜市の特色を反映した学校カリキュラムである[9]。

　自治体の教育委員会の主導で開発され、実践されている「市民科」や「横浜版　学習指導要領」がどのような成果を上げることができるのか、その検証はこれからの課題である。その際、大切なことは、区や市を単位としたカリキュラム改革の取り組みの成果がそれぞれの学校レベルにおけるカリキュラムの編成にどのように役に立ったのか、あるいは役に立つための条件とは何かということを検証することである。学校における教師の主体的で創造的なカリキュラムづくりと学校づくりに生かされ、具現化されることによってはじめてローカル・カリキュラムは子どもの手元に届けられ、成長・発達のための栄養となることができるからである。

　1990年代以後の教育における規制緩和と地方分権化の流れの中で芽生えてきたローカル・カリキュラムづくりの動きは、今後、21世紀のカリキュラム改革の基本的な方向を示すものとして、その充実と広がりを図ることが必要である。「市民科」と「横浜版　学習指導要領」の事例にみられように、国のレベルでのナショナル・カリキュラムづくりや学校レベルでのカリキュラムづくりとは異なる課題の発見や改革のための発想を得ることができるからである。ローカル・カリキュラムの充実と広がりがナショナル・カリキュラムの充実と改革につながるとともに、学校レベルでの特色あるカリキュラムづくりを支え、促進させるというシステムを構想し、実践することが目指されてよい。

　このように、カリキュラムを3つの層、すなわち国のレベルでのナショナル・カリキュラム、自治体レベルでのローカル・カリキュラム、そして学校レベルでのカリキュラムから成るものとしてとらえたうえで、相互の有機的な関連と調整を図っていくことをこれからのカリキュラム開発のあるべき姿として描くことができる。ローカル・カリキュラムの重要性が改めてクローズアップされてきている動向に注目することの意義を重ねて指摘しておきたい。

3　学校における特色あるカリキュラムづくり

　カリキュラムは、これを個々の学校レベルでの教育実践のデザインであるという観点からみると、そのデザインの描き方はそれぞれの学校の置かれている地域の特色や子どもの実態、学校の方針や教師の考え方などによって決められ、おのずと学校ごとの個性や特色をもったカリキュラムが編成され、実施されることになる。どのような教育内容をどのように組織し、どのような順序で子どもに提供するのか、学校行事として何を取り上げるのか、どういう単元を設定するのか、領域や教科の相互の関係をどのように図るのか、日課表や時間割をどうつくるのかなど、カリキュラムの編成と実施に当たっては、それぞれの学校での創意と工夫が求められる。教師の専門的な知見や力量が試されることになる。

　しかし、実際には、学校ごとに編成され、実施されるカリキュラム（教育課程）の大枠は学習指導要領によって定められている。教育委員会が示している指針やガイドラインも一定の役割を果たしている。先に紹介した品川区の「教育要領」や「市民科」、「横浜版　学習指導要領」はその例である。

　新しい学習指導要領の実施に伴って、それぞれの学校は従前のカリキュラムを見直し、教育実践の軌道修正を図ることに取り組んでいる。小、中学校に共通する課題としては、①標準授業時数の増加に対応した授業時数の確保、②教科内容の量的な増大とレベルアップに対応した教科内容の重点的な取り扱いや指導法の開発、③活用や探求を重視する学習指導に対応した教育内容構成や学習指導法の開発、④言語活動、体験活動、道徳教育の重視に対応した教科等の指導の工夫（領域、教科の関連づけ、体験学習・活動の指導法の開発）、⑤教育内容と教育方法における小中接続・一貫性などを挙げることができる。総合的な学習の時間が大幅に縮減されたことに対応するための工夫も求められている。

　小学校のカリキュラム編成では外国語活動の内容構成や指導法の開発が緊喫の課題になっている。中学校のカリキュラム編成では、今回の改訂で、選択教科が標準授業時数の枠外に置かれ、各学校の判断で開設することができ

ることになったが、この措置にどう対応するか、各学校の判断が問われている。既にその傾向が現れ始めているが、戦後の中学校カリキュラムの特色であった選択教科制が事実上消滅してしまうことが懸念される。学校体系における中学校の位置付けが、選択教科制を特色とする前期中等教育機関としての性格から、教育内容の共通性を特色とする義務教育のターミナルに変わろうとしているとみることができる。なお、今回の改訂で選択教科を枠外で扱うという措置がとられた理由として、中教審の「答申」(2008(平成20)年1月)では、「必修教科の教育内容や授業時数を増加することで、教育課程の共通性を高める必要がある。なお、選択教科については、標準授業時数の枠外で各学校において開設し得ることとすることが適切である」ということが挙げられている[10]。選択教科の縮減は学力の向上を図るための教科の教育の拡充を図ることと表裏の関係にある。こうした状況の中でのそれぞれの中学校での選択教科の取り扱いが注目される。

　高等学校については、必履修科目の弾力的運営、コミュニケーションを重視した外国語の新しい科目の内容構成や指導法の開発、キャリア教育の視点を重視した総合学習や特別活動の指導計画の作成などが課題として浮かび上がってきている。これらの課題について、それぞれの高校におけるカリキュラム開発力が問われることになる。

　各学校におけるカリキュラム改革・開発は、新しい学習指導要領が投げかけている課題に適切に対応するということを含めて、教育基本法や学校教育法などの法令、地域社会や子どもの実態、子どもの発達段階や特性、学校の実態や特色、学校の方針や教師の考え方など、多面的な事項を視野に入れて展開されている。トータルとしてみれば、同じ校種の学校のカリキュラムでもその内実は多様であり、共通性を含みながらも、学校の数だけカリキュラム(教育課程)が編成され、教師の教育活動と子どもの学習活動を支え、方向づけている。

　さて、学校レベルでのカリキュラム改革・開発研究の動向を明らかにし、行く末を占う上で、文部科学省によって制度化されている「教育課程特例校」と「研究開発学校」をめぐる動きは注目されてよい。前者は学校が地域の実態

に照らしてより効果的な教育を実施するために学習指導要領によらない特別な教育課程の編成と実施を行うことを認める制度であり、2012（平成24）年度には100余の教育委員会等が対象になっている。学校は教育委員会の指導助言の下に所定のテーマについて実践を深め、成果を検証するが、実際に取り上げられている研究テーマは「小学校の中、低学年における外国語活動」が大部分を占めている。小学校教育における外国語活動の拡大（全学年での実施）ということが多くの教育委員会や学校の、多分次期の学習指導要領の改訂を意識した共通の関心事になっている。「外国語活動」以外では「小中一貫のための教育課程と指導方法」を取り上げている教育委員会が多い[11]。教育委員会が管轄下の学校単位での教育課程研究のテーマとして取り上げているものは、小学校についてみると、「外国語活動」と「小中一貫教育」が大きな部分を占めており、自治体レベルでのカリキュラム開発の関心がどういうところに置かれているのか、大変わかりやすい構図になっている。

　研究開発学校は個別の学校を対象にして、新しいカリキュラムや指導方法を開発するために国の基準によらない教育課程の編成と実施を認める制度であり、既に早く1976（昭和51）年からスタートしており、その研究の成果は「生活科」の創設（1989年）、「総合的な学習の時間」の創設（1998年）、「外国語活動」の導入（2008年）などに活用されてきた。教育課程の基準改訂のためのパイロット・スタディとしての役割を果たしてきた。

　2012（平成24）年度には14校が新規もしくは延長で採用されているが、内訳をみると、国立4：公立10、小学校8：中学校1：高校5、テーマ別にみると、「小中連携」、「小学校の情報科」、「新教科・領域の構築」、「小学校第1学年からの外国語活動」、「小学校の人間力活動科」、「小学校の環境科」、「小学校の論理科」、「地域共生科」などが取り上げられている[12]。教科の再編や新設に関わるテーマが多いことが教育課程特例校との違いである。

　生活科の創設や総合的な学習の時間の創設が行われた1980年代の後半から90年代の後半にかけての時期には、当時の文部省研究開発指定校を中心に、例えば「記号科」、「環境科」、「人間科」、「表現科」、「国際科」、「生活文化科」、「生活体験科」、「情報科」など、さまざまな教科再編、カリキュラム

の全体構造の見直しのための開発研究、提言が展開された[13]。実に多くの学校が、「ゆとり」のある教育環境の中で豊かな人間性を育むという理念を実現するためのカリキュラムの在り方を実践的に探求する研究に取り組むことになった。学校教育の現場に、カリキュラム改革のための実践的研究の気運が大きく盛り上がることになった。こうしたカリキュラムの実践的研究の成果がその後に続く総合的な学習の時間の実践の基盤になり、それを支え、多様で、豊かな教育活動を生み出す原動力になった。更に、学校現場から生まれたカリキュラム改革の流れは、今日の教育課程特例校や研究開発学校でのカリキュラム改革への取り組みにつながっている。

　今回の学習指導要領の改訂では、前々回や前回とは異なり、小、中学校における教育内容の共通性が高められることになった。具体的な指導内容についてはそれぞれの学校の裁量に委ねられている総合的な学習の時間の授業時数の縮減が図られる一方で、国語、社会、算数・数学、理科、外国語、体育・保健体育の授業時数が増加することになった。その結果、教育内容における共通性が高められ、それぞれの学校の特色を生かした個性的なカリキュラムを編成する余地が狭められることになった。総合的な学習の時間が縮減され、学校裁量で実施されていた中学校の選択教科が枠外に置かれたことなどが原因で、画一的で没個性的な学校カリキュラムがはびこることが危惧される。新たな教科の創設や教育内容の創造といった発想が生まれる余地が失われたカリキュラム研究は、指導法の開発研究に終始することになり、教育内容研究としての魅力が失われることになる。

　それだけに、それぞれの学校の現実に根ざした特色あるカリキュラムづくりが重視されなければならない。必要があれば学習指導要領の基準によらない思い切ったカリキュラム編成を試みることができる教育課程特例校や研究開発校の制度は、教育委員会が選ぶ自治体の中での中心校や国立大学の附属学校など、ごく限られた学校に適用されているのが現状である。特例校や開発校の数を増やしていくことが学校現場をベースにしたカリキュラム開発研究の活性化をもたらすことになる。そうしたことを含めて、それぞれの学校における創造的で自律的なカリキュラム編成を保障することができる条件を

どのように整えていくのかということがカリキュラム改革とそれを支えるカリキュラム研究の重要な課題になっている。

4　今後の課題と展望

(1)　機能的なカリキュラム観の構築

前節までに明らかにしてきたように、今、わが国の学校教育には、「知識基盤社会」や「グローバル化」が進む中で、世界に通用する「確かな学力」と、自分とは異なる文化や歴史に立脚する人々と共存・共生することができる国際的な感覚と協調性を身に付けた人材の育成が求められている。その一方で、いじめ、不登校、暴力、学級崩壊、体罰など、成熟した社会の病理現象とも言うべきさまざまな問題が生起している厳しい現実がある。こうした課題に応える取り組みを進める上で、それぞれの学校における特色あるカリキュラムをどのように編成し、実施し、評価・改善を図るのかという問題は、きわめて重要な意味をもつことになる。子どもたちに何のために、何を教え、何を学ばせるのかということが、学校における教師の教育活動の内実を決める上での中心的な問題であり、子どもたちの学校生活と学習経験の中身を決めることになるからである。こうした理解の上に立って、この節では、カリキュラム改革の今後の課題として、機能的なカリキュラム観の構築を図る必要性と可能性および総合的な学習の行く方をどのように考えればよいのかという2つの問題を取り上げ、今後の解決の方向について提言を試みる。問題提起として受け止めて頂ければ幸いである。

学校におけるカリキュラム改革・開発研究の一層の充実と飛躍的な発展を図る上でまず第一に考えてみなければならない問題は、端的な言い方をすることが許されるならば、これまでのわが国の学校教育の歩みの中でつくられてきた「カリキュラム」＝「教育課程」＝ペーパー・プランしての「計画」という狭いカリキュラム観を克服して、より広い、柔軟性に富む機能的なカリキュラム概念を構築し、実践することが必要ではないかということである。それは、「教育課程」よりも広い内容をイメージすることができるものであり、単

に「計画」であることに留まらず、実践されることを通して子どもたちの成長と発達のために生きて働く教育内容を指すものである。さらに、実践からのフィードバックが行われ、当初の計画が改善され、より良い実践のデザインがつくられるという機能的な働きをもつものである。ここで、暫定的な定義を試みるとすれば、「カリキュラムとは、子どもたちの成長と発達のために文化の中から選択され、組織された教育内容・学習内容と、それを「計画」し、その「計画」を「実施」し、「評価・改善」する行為の統合・総体」というように表現することができる。以下にこうした提言を行うことの理由、ねらいについて、若干のコメントをしておきたい。

ごく一般的に言って、わが国おける「カリキュラム」の概念は、「教育課程」および「学習指導要領」と切り離し難く結びついており、この言葉から得られるイメージは、多くの場合、「教育課程」および「学習指導要領」の範囲を出るものではない。より具体的に言うと、学校のカリキュラムとは、学習指導要領に基づいて編成される教育課程のことを指しており、国によって定められた基準をそれぞれの学校、地域、子どもの実態に応じて具現化したものであるという中央集権的な教育課程行政を反映した狭いとらえ方が教育界、とりわけ学校現場での常識になってきた。これは、カリキュラムはそれぞれの学校で主体的に編成され、内容的にも子どもたちの学習経験を基軸にして構成されるという、英米で成立し、成熟してきた本来のカリキュラム概念とは対照的であり、日本的な特色をもったカリキュラム観であるとみることができる[14]。

わが国の中央集権的な教育課程行政は、全国的な教育水準の維持や機会均等の確保などに一定の貢献をしてきた。これは重要な点である。それを認めた上で、中央集権的な教育課程行政と表裏一体の関係にある余りにも狭く、窮屈なカリキュラム観は根本的に見直され、修正されることが必要である。

その主な理由は、前節までに強調してきたように、これからの学校教育では、それぞれの学校における創意と工夫を生かした主体的で、創造的なカリキュラムづくりが最大限に尊重されなければならないということに求められる。カリキュラムづくりにおけるそれぞれの学校の個別性と自律性、教師の

専門性と協同が尊重されなければならない。世界に通用し、共通するカリキュラム観を構築し、実践することが学校教育の実践者と研究者の双方に求められている。常識的な言い方になるが、国が示す教育課程の基準は、これまで以上に、教育内容の「大枠」、「大綱」を示した、ごく緩やかな規準として作成され、公示されるという方向が選択されなければならない。

次に、「ペーパー・プラン(計画)」としての「カリキュラム」=「教育課程」という考え方を批判的に克服しなければならない理由について考えてみたい。

「カリキュラム」の訳語であり、同義語として語られてきた「教育課程」とは、実際の授業に先立って作成された教育内容についてのプラン(計画)のことを指しており、それは「○○○小学校教育課程」とか「○○○中学校教育計画」と呼ばれ、冊子として作成されている。この冊子は多くの場合、所管の教育委員会に提出される。教育課程とは、学校の教育計画であるという理解は、戦後のカリキュラム改革以後今日に至るまで、文科省をはじめ、教育関係者の共通のものになっている。ちなみに『小学校学習指導要領解説　総則編』(2008(平成20)年8月)には、「教育課程」の定義として「学校教育の目的や目標を達成するために、教育の内容を児童の心身の発達に応じ、授業時数との関連において総合的に組織した学校の教育計画である」と記述されている[15]。

しかし、既に早く1974(昭和49)年3月に、文部省がOECDの教育研究革新センター(CERI)の協力を得て東京で開催した「カリキュラム開発に関する国際セミナー」において、計画としてのカリキュラムが実際にどう機能したのかという実践からのフイードバックを十分に取り入れたカリキュラム開発を進める必要があることが指摘されていた。東洋氏の提案では、「これからのわが国のカリキュラム改善を考える場合、まず、カリキュラムというものをより機能的にとらえることからはじめなければならない」「実際に機能しているカリキュラムが計画されたカリキュラムに一方的に拘束されるだけでなく、カリキュラムの計画に当たっては実際にどう機能したか、するかという実践からのフィードバックを充分に取り入れなければならない」と述べられている[16]。計画と実践の相互関係、機能的な一体化という観点からカリキュラムをとらえることが大切であるということがポイントである。

このセミナー以後、これからのカリキュラム研究では、①計画としてのカリキュラムが、②実際の教授・学習過程においてどのように生きて働いているのか、③更に結果としてどのような学力を身に付けさせることができたのかという3つの位相（アスペクト）でとらえることが必要であるという考え方がカリキュラム研究者の共通の関心事になり、支持されることになった。①は意図されたカリキュラム（intended curriculum）、②は実施され、機能しているカリキュラム（implemented curriculum）、③は結果として達成されたカリキュラム（attained curriculum）と呼ばれている。

　3つの位相に対応して、カリキュラムに関する教師の活動は、計画（Plan）－実施（Do）－評価（Check）－改善（Action）、すなわち「PDCAのサイクル」と呼ばれる一連の循環的な行為の系列としてとらえることができる。PDCAのサイクルによるカリキュラム開発の考え方と方法を効果的に活用することによって、学校におけるカリキュラムめぐる実践は一段と活発になり、その充実と発展を期待することができる。この意味で、単なるペーパー・プランとしてのカリキュラムという考え方は、生きて働く機能的なカリキュラムという考え方にとって代わられることが自明のことになっているとみることができる。カリキュラムとは教育内容の組織とそれに関わる計画、実施、評価・改善の活動の統合・総体を指す概念であり、子どもの学習や活動に機能的に働くという視点から選択され、組織され、実施され、評価・改善が行われることが大切である。

　カリキュラム開発研究の充実と促進を図るためにこのPDCAのサイクルをどのように実践するかということが学校現場における重要な課題になっている。とりわけこれまでの実践的研究で立ち遅れた状態に置かれていたカリキュラム評価のための組織や方法をどうするのかということが重点的に取り組まれるべき課題として浮かび上がってきている。

(2) 総合学習の行方

　カリキュラム改革には、どのような内容のカリキュラムを開発するのかという問題とそのカリキュラムをどのような方法で開発するのかという問題と

の2つの側面が含まれている。前者は内容的な側面であり、領域・教科の分類、授業時数、領域・教科の指導内容、その学年別配列、領域・教科の相互の関係などが主な問題になる。後者は方法的な側面であり、目標分析的アプローチをとるのか、ゴール・フリーなアプローチをとるのかなど、カリキュラム開発のためのシステムづくりが主要な問題になる。

　両者は当然、密接に関連している。例えば教科目標→教科内容→教材→授業→評価→指導計画の改善という目標分析的なアプローチがとられる場合には、そのカリキュラムは、教師の授業目標に枠づけられた、学習の成果を重視する知識中心のものになりやすい。一方、子どものニーズをできるだけ取り入れ、授業での子どもたちの学習活動の進展に応じて指導内容を柔軟に変えていくというアプローチがとられる場合には、考え方や学び方を重視し、子どもたちの学習活動の姿に即して教育内容を構成するというプロセス・オリエンテッドなカリキュラムづくりが目指されることになる。カリキュラムは子どもたちの学びの後からつくられるという意味で「足跡カリキュラム」と呼ばれることもある。

　前節・前項までは、主に、カリキュラム開発のシステムの開発に関する問題に焦点を当てて、今後の課題の所在について考察を行った。以下では、21世紀10年代以後における学校カリキュラムの内容的な側面、いわば目指されるべきカリキュラム像をどのように描くのかという問題を取り上げる。その際、これからのカリキュラムのあり方に関して特に重要な意味をもつことになると判断される総合学習の今後の行方に焦点を当てて、東アジア諸国における動向も視野に入れて考察する。中国、韓国、台湾においても、1990年代の後半以後、現在に至る間に、教科の枠を超えた総合的な学習活動の教育課程化(curricularization)をどう実現するかということが学校カリキュラム編成上の重要な課題として取り上げられてきており、東アジア諸国に共通な問題になっていることに注目する。

　わが国の学校教育における総合学習は、現在、「総合的な学習の時間」の中で行われている。「総合的な学習の時間」は、1998(平成10)年の学習指導要領の改訂(高校については1999(平成11)年)によって、小学校第3学年から高

等学校第3学年までを通して、必修の学習領域として創設されたものである。それ以後、小・中学校については2002(平成14)年4月から、高校については2003(平成15)年4月から全面的に実施され、現在に至っている。ただし、2000(平成12)年4月から部分的に(できることから)実施されている。

しかし、先にも指摘したように、2008(平成20)年の学習指導要領の改訂(高校は2009(平成21)年)によって、「総合的な学習の時間」に充てられる標準授業時数は、いずれの校種、学年についても、大幅な縮減が図られた。小学校段階では各学年において35単位時間(週1コマ相当)程度縮減され、年間70単位時間(週2コマ相当)となった。中学校についても、第1学年は70-100単位時間(週2-2.9コマ相当)から50単位時間(週1.4コマ相当)に縮減された。第2学年と第3学年は、70-105(2-3)、70-130(2-3.7)から70(2)、70(2)に縮減された。高等学校については、「卒業までに105-210単位時間を標準とし」から「3-6単位」「ただし、特に必要がある場合には、その単位数を2単位とすることができる」と改められた。全体的にみると、約3分の1の縮減である。

「総合的な学習の時間」の大幅な縮減が図られたことの理由について、2008年1月の中教審答申では、(1)小学校では高学年で外国語活動を設けること、(2)中学校では教職員の中に知識・技能の確実な定着のために教科の授業時数の充実を求める声が強いこと、(3)小、中学校のいずれにおいても教科の知識・技能を活用する学習活動は各教科の中でも充実することができることが挙げられている[17]。ここには、外国語活動を新設し、教科指導の充実を図るために、止むを得ず、「総合的な学習の時間」の授業時数を削ることになったという事情が率直に語られている。これは、端的に言えば、「ゆとり」教育から「学力向上」教育への路線の切り替えが行われたことの象徴的な出来事であったとみることができる。

中教審答申が言うように、これまで「総合的な学習の時間」で行われることが期待されていた教科の知識・技能を活用する学習活動を今後は教科指導の中で充実させるということを含めて、授業時数が縮減された「総合的な学習の時間」の授業で、これまでと同様に、あるいはこれまで以上に期待される成果を上げるために、質の高い授業と学習指導をどのように計画し、展開す

るのかということが問われている。教師の創意・工夫が求められている。今後の課題である。

　それとともに、「総合的な学習の時間」の創設、実践を契機にして大きく盛り上がった総合学習への関心と意欲的な取り組みがこの先、その勢いを失って行くのではないかということが危惧される。もしそうだとすれば、これはわが国の学校教育の将来にとって大きな禍根を残すことになる。総合学習の理念と実践には、「知識基盤社会」、「グローバル化時代」に求められる学校改革のための中核となる役割を果たすことが期待されており、仮に一時的な停滞がみられたとしても、21世紀の学校カリキュラムの基本的なスタイルとして普及、定着し、教科の教育とともに、主体的に学ぶ力と総合的な問題解決の能力を身に付けた市民の育成に貢献するものでなければならない。「総合学習」を新しい学校づくりの核と位置付けて、その充実と発展を図ることが中、長期的な展望に立つ学校カリキュラム改革の重要な課題である。

　総合学習はこれからの学校教育にとってなぜ、それほどに重要なのか。ここでは、その理由について、「総合的な学習の時間」が創設された時の中教審の考え方やそれをめぐる教育界の議論を踏まえて、以下のような3点に集約しておきたい。

　第一は、学校を「教えるための学校」から「学びのための学校」へ変えることが必要であるが、「総合的な学習の時間」の導入はその転換をもたらす契機になるということである。

　「子どもを主人公にした学校づくり」、「学びの意味の主体化」、「自ら学び、自ら考える力」というテーマは総合学習の本質に根ざすものであり、21世紀の学校を支えるカリキュラム編成の原理として「総合」が求められるのはこの故である。

　実際、「総合的な学習の時間」の導入は、学校における子どもたちの生活と学びを大きく変えつつある。学校と教室を子ども主体の生き生きとした活動と学習の場に変えつつある。その意義はいくら強調してもし過ぎることはない。

　第二は、社会的な課題を解決する能力や態度を育てるということである。

国際理解、平和、情報、環境、福祉・健康、人権、地域などの社会的な課題をテーマとして取り上げ、教科の枠を超えた横断的・総合的な学習活動を展開することによって、社会的課題を知的に、かつ協働的、実践的に解決することができる21世紀型のローカルかつグローバルに考え、行動する市民の育成を図る教育的な営みが継続的に展開される必要がある。

　実際、「総合的な学習の時間」の導入は、子どもたちに、地域に学び、地域の人々と触れ合う貴重な体験の機会を提供するとともに、ＥＳＤ(「持続可能な開発のための教育」)カリキュラムの実践などを通して子どもたちが人類に共通な課題と向き合う学習活動を広く普及させることになった。東日本大震災の被災を受けて、公教育の中心に「災害・地域貢献・地域共生」というテーマを設定するという考え方に基づいて、地域と深くかかわり、地域に働きかける学習や体験活動から構成される教科「地域共生科」を立ち上げた仙台市立七北田小学校のような実践事例があることにも注目したい[18]。

　第三は、それぞれの学校の創意・工夫による特色あるカリキュラムを編成することができることである。「総合的な学習の時間」は時間枠として設定されており、学習の内容についてはそれぞれの学校における自主的なカリキュラム編成の手に委ねられている。多様性、独自性、創造性、内発性、地域性、体験性などを重視するところに総合学習の基本的な特色がある。この特色を生かした教育活動は今後の学校づくりにおいてますます重要になると考えられる。

　端的に言って、総合学習のねらいと特色は、主体性と課題性および独自性ということに置かれており、このねらいを達成するためのカリキュラムの編成原理として、反分科(反分化)・統合(総合)・社会的テーマ・知の総合化・問題探求解決型学習・地域性・体験性などの必要性が説かれることになる。

　分科(分化)的なカリキュラムのもつ問題点を克服し、統合あるいは総合を原理としたカリキュラムを編成することは、近代の教育の歴史や日本の学校教育の史的展開の中で、重要な課題として意識され、繰り返し取り上げられてきた。そこで明らかにされてきた学問的な知見や実践的な取り組みの成果はこれまで以上に尊重され、今日の総合学習をめぐる問題を検討し、今後の

展望を明らかにすることに十分生かされなければならない。総合学習の教育的な意義について改めて見直してみることが必要であると考えている[19]。

　最後に、最近における中国、韓国でのカリキュラム改革の動向を総合学習の取り上げ方ということに焦点を当てて紹介し、教育問題に関する国際交流を進め、啓発し合うことの意義について指摘しておきたい。

　中国のカリキュラム改革で注目されるのは、2001年から義務教育段階(小学校および初級中学)および高級中学で実施されている「総合実践活動」である。「総合実践活動」は受験中心の「応試教育」から個性と創造性を伸ばす「素質教育」への転換を図る上で中心的な役割を果たすことを期待して創設された学習活動であり、「情報技術教育」、「研究性学習」、「地域奉仕と社会実践」、「労働と技術教育」から構成される。小学校第3学年から週当たり3時間、必修科目として実施されている[20]。

　中国では2011年12月に新しい教育課程基準(「義務教育課程標準(2011年版)」)が公表され、2012年9月の新学期から実施されている。それによると、従来の「素質教育」を更に推進することが目指されており、「総合実践活動」についても、「小学科学」や「地方及び学校が定める課程」とともに、特に言及されておらず、これまでの施策とそれに基づく実践が継続されていると考えられる。

　「総合実践活動」は、2007年10月に北京市内の小中学生1,599人を対象にして実施されたアンケート調査の結果によると、「とても好き」、「好き」と答えた者がそれぞれ41.4％、49.6％であり、両者を合わせると90％を超えている[21]。学ぶことの楽しさを実感させ、画一的で知識伝達中心の従来型の授業を改革することに一定の成果を上げていることを知ることができる。

　しかし、「総合実践活動」の中核ともみることができる「研究性活動」(グループによるテーマ学習)の実践事例を分析した研究の成果によると、例えば教師は補助的というよりは主導的な「立ち位置」にあること、一人一人の自主性と集団での相互作用との統一が難しいことなどが指摘されている[22]。また、受験圧力の下で「総合実践活動」の時間が受験科目の学習に転用されるようなケースもあること、「総合実践活動」の学習が効果的に展開されるために必要

な環境が整備されていないこと、評価方法の開発が簡単ではないこと、「総合教育実践」の導入が重点学校と非重点学校との間の格差を拡げることが危惧されること、教師の指導力の向上に対する要求が高まっていることなどの課題があることなどが指摘されている[23]。

　中国の「総合実践活動」はわが国の「総合的な学習の時間」と教育活動としての特色、性格という観点からみると、そのねらい、教科の枠を超えた総合的な内容、構成主義的な学習指導法など、共通するところが多い。それだけに例えば教科学習との関係のあり方、適切な評価方法の開発など、共通な課題をもっており、相互に情報を交換し、学び合う点も多い。その一方で、「総合実践活動」については、下位の領域が示されており、指導内容が具体的に示されている。「地方及び学校が定める課程」と一括りになっており、授業総数の何％かの部分を地方裁量あるいは学校裁量で自由に使うことができる仕組みの中に組み込まれている。さらに、「素質教育」という高い理念によってしっかりと支えられている。これらの点はわが国におけるこれからの総合学習のあり方を考える上で参照されてよいと思われる。

　次に、韓国における「裁量活動」とその発展形態である「創意的体験活動」を取り上げ、総合学習の教育課程化が行われてきた過程と特質について検討する。

　「裁量活動」は1997年1月に告示された「第7次教育課程」によって、小学校第1学年から高等学校第1年までの「国民共通基本教育課程」として導入されたものであり、授業時数は1-6年生が週2時間以上、中学校1-3年生が週4時間、高校1年生が週6時間となっている。中、高校教育に多くの時間が充てられているところに、中等教育レベルでの改革を重視する国の方針が表れているとみることができる。

　「裁量活動」の内容は、(1)教科裁量活動と(2)創意的裁量活動に分けられており、(2)は更に、①汎教科学習活動と②自己主導的な学習とに分けられている。この内、①の汎教科学習活動については、その内容として、「民主市民教育」、「人性教育(心の教育)」、「環境教育」、「エネルギー教育」、「性教育」、「消費者教育」、「進路教育」、「統一教育」、「韓国文化アイデンティティ

―教育」、「国際理解教育」、「情報化及び情報倫理教育」などが挙げられており、韓国社会が直面している現代的な課題を学習課題として取り上げ、子どもたちの意識や行動の形成に働きかけていく役割を担うことが「裁量活動」に期待されていることを知ることができる。「汎教科」とは「クロス・カリキュラム」、「総合学習」と同義語であるとみることができる。

　「裁量活動」の前身は、1992年9月に告示された「第6次教育課程」で創設された「学校裁量時間」である。「学校裁量時間」はそれぞれの学校が地域の状況に合わせて自律的にカリキュラムを編成することができるようにするために設けられたものであり、小学校3-6学年に週1時間実施することができるとされた。「裁量活動」はその拡充を図ったものであり、教師の自律性と子どものニーズを尊重する姿勢を明示し、かつ、活動性を前面に打ち出すために「学校」の表現を取り除き、「時間」を「活動」に変えたと言われている[24]。こうした経緯を経て1997年の「第7次教育課程」では、「教科」、「裁量活動」、「特別活動」から成る「国民共通基本教育課程」と称される義務教育学校のカリキュラムの枠組がつくられることになった。

　しかるに、2009年12月に韓国教育科学技術部によって「2009年改訂教育課程」が告示され、2011年から新しく「創意的体験活動」がスタートすることになった。「創意的体験活動」は「既存の裁量活動と特別活動を統合し、配慮とシェアーの実践のための『創意的体験活動』を新設する」という方針に基づいて創設されたものであり、授業時数は小学校1-2年生では週4時間、3-6年生では週3時間、中学校では1-3年生で週3時間、高等学校では24単位となっている[25]。

　告示に言われるところの「配慮とシェアーの実践のため」とは、「思いやりと共生の心を育てる教育実践のため」というほどの意味と理解してよい。「2009年改訂教育課程」が「追究する人間像」は「公益人間の理念」に基づいて、グローバル化時代の国際的な感覚をもった「民主的国家の発展と人類共栄の理想の実現に貢献」する人材の育成にあることが謳われている[26]。

　従来の「裁量活動」と「特別活動」を再編、統合して新設された「創意的体験活動」は小学校1-2年生では週4時間以上、3-6年生では週3時間以上、中学

校1-3年生では週3時間以上、高校では3年間で24単位以上の授業が行われる。明らかに2012年度からの学校週五日制の完全実施に対応した授業時数の縮減、統合による合理化が図られている。

「創意的体験活動」の内容は、「自律活動」、「グループ活動」、「ボランティア活動」、「進路活動」の4つから成っている。「自律活動」とは自治活動や行事活動のことを指している。「グループ活動」とはスポーツ活動やサークル活動のことを指している。こうしたことから推察されるように、「創意的体験活動」では従来「特別活動」に位置づけられていたさまざまな体験活動が多くの部分を占めており、「裁量活動」で重視されていた「汎教科学習活動」（テーマ学習・総合学習）が後退したのではないかということが危惧されるが、新しい教育課程に基づく実践はスタートしたばかりであり、今後の成り行きに注目するほかない。

新しい「初・中等学校の教育課程」には、関連教科と創意的体験活動等「教育活動の全般にかけて総合的に扱われるように」すべき「汎教科の学習主題」として、「民主市民教育」、「人性教育」、「環境教育」、「統一教育」、「論述教育」、「韓国文化史」、「漢字教育」、「エコ教育」など、38項目が挙げられている[27]。こうした社会的なテーマをめぐって、関連教科と「創意的体験活動」とが連携、協力し合って子どもの学習活動を立ち上げ、組織し、その展開を図るという構図が基本になっていると考えられるが、実際にはいずれが主となり、いずれが従となるのか、その関連のあり方が注目されるところである。「裁量活動」時代の「汎教科学習活動」のように、はっきりと「裁量活動」に軸足を置いた学習指導を構想し、実践するのか、それとも教科に軸足を置いたテーマ学習を考えるのか、韓国における理論的、実践的研究の成果に期待したい。この問題はわが国の総合学習と教科学習との関連のあり方をめぐる問題の解決にも示唆するところが大きいと思われる。窮屈な時間配分を余儀なくされているカリキュラム編成において、教科と総合の両方をどうすれば両立させることができるのかという問題は、両国に共通する深刻な課題である。

韓国における「裁量活動」および「創意的体験活動」の前身は「学校裁量時間」にあった。このことは韓国における「汎教科学習活動」すなわち総合学習の教

育課程化が中央集権的な教育課程行政による画一的なカリキュラムから地方や学校の特色や自律性を尊重する特色あるカリキュラムづくりへと転換する動向と表裏一体の関係にあることを物語っている。総合学習のもつ地域性、個別性、自律性を大切にしていくことの重要性を改めて確認しておきたい。

第二に、教科のカリキュラムと「裁量活動」や「創意的体験活動」とが相互に歩み寄り、連携し、協働することによって教育の目標を達成することができるということへの示唆が得られていることに注目しておきたい。「汎教科学習活動」における教科学習と教科外学習との相互関連、相互還流的な関係のあり方を明らかにすることが課題である。

第三に、韓国において「裁量活動」と「特別活動」の統合が図られ、新しく「創意的体験活動」が設けられたことの意義と成果、課題について検討する必要があることを指摘しておきたい。限られた教育日数と授業時数の中で豊かな教育活動を盛り込んでいくことが求められている状況は韓国もわが国もかわりはない。これからのカリキュラム改革のあり方について相互に情報を交換し合い、啓発し合うことの意義は大きいものがある。

注
1 中野光著『大正自由教育の研究』黎明書房、1968年、227-242頁。
2 文部省『学習指導要領一般編(試案)』1947年、「序論」。
3 中央教育審議会『幼稚園、小学校、中学校、高等学校及び特別支援学校の学習指導要領等の改善について(答申)』2008年。
4 文部科学省「小学校、中学校、高等学校及び特別支援学校における児童生徒の学習評価及び指導要録の改善等について(通知)」2010年5月11日。
5 品川区教育委員会『品川区小中一貫教育要領』講談社、2005年。
 品川区教育委員会『品川区小中一貫教育　市民科』1・2年生,3・4年生、5・6・7年生、8・9年生』2006年。
 品川区教育委員会『市民科　指導の手引き』2006年。
6 若月英夫編著『学校改革　品川の挑戦』学事出版、2008年。
7 前掲『品川区小中一貫教育要領』6頁。
8 横浜市教育員会『横浜版学習指導要領』ぎょうせい、2009〜2011年。
9 横浜市教育委員会『横浜版学習指導要領　総則編』ぎょうせい、2009年。
 横浜市教育委員会『横浜版学習指導要領　総合的な学習の時間編』ぎょうせい、

2009年。
10 前掲『幼稚園、小学校、中学校、高等学校及び特別支援学校の学習指導要領等の改善について(答申)』37頁。
11 http://www.mext.go.jp/a-menu/shotu/tokureiko/index.htm
12 http://www.mext.go.jp/a-menu/shotu/kenkyu/
13 『教育課程の構成・基準の改革に関する総合的研究―『最終報告』―』(科研費補助金基盤研究(B)(1) 課題研究番号11480045-00 研究代表者　市川博) 2002年。
14 佐藤学著『カリキュラムの批評』世織書房、1996年、25-32頁。
15 文部科学省『小学校学習指導要領解説　総則編』東洋館出版、2008年、8頁。
16 文部省『カリキュラム開発の課題―カリキュラム開発に関する国際セミナー報告書』1975年、162-163頁。
17 前掲『幼稚園、小学校、中学校、高等学校及び特別支援学校の学習指導要領等の改善について(答申)』35,38頁。
18 仙台市立七北田小学校「地域共生科の創設」、http://www2.sendai-c.ed.jp/~nanashou/
19 山口満・谷川彰英編著『趣味を生かした総合的学習』協同出版、1999年、8-27頁。
20 楊・欣「中国の小学校における『研究性学習』の特質と課題」、人間文化研究科年報(奈良女子大学大学院人間文化研究科)第26号所収論文、2011年、309頁。
なお、授業時数については、文教部「九年制義務教育課程設置及比例(2001)」によれば、「総合実践活動」と「地方及び学校が定める課程」を合わせて総授業時数の「16-20%」と定められている。小学校の授業時数は週30時間、初級中学は34時間である。
21 周・媛「中国における『総合的実践活動』の実施過程と効果に関する実証的研究―子どもたちの21世紀型学力を高めるために―」、神戸大学大学院人間発達環境研究科研究紀要2〈2〉所収論文、2009年、57頁。
22 前掲、楊・欣「中国の小学校における『研究性学習』の特質と課題」、人間文化研究科年報(奈良女子大学大学院人間文化研究科)第26号所収論文、2011年、315-317頁。
23 前掲、周・媛「中国における『総合的実践活動』の実施過程と効果に関する実証的研究―子どもたちの21世紀型学力を高めるために―」、55-60頁。
24 『東アジアの学校教育改革―基本資料と解説・論説―』平成17－19年度科研費補助金基礎研究B海外、174020383401、研究代表者　戸北凱惟、2006年、322頁。
25 「韓国教育科学技術部告示　第2009－41号　初・中等学校の教育課程」2009年、5-6頁。
26 同上、5頁。
27 同上、25頁。

参考文献

・文部科学省(2012)『諸外国の教育動向2011年度版』明石書店。
・加藤幸次編(2011)『第二版　教育課程編成論』玉川大学出版部。
・水原克敏著(2010)『学習指導要領は国民形成の設計書』東北大学出版会。
・根津朋実・吉江森男編著(2010)『教育内容・方法』(教職シリーズ3)培風館。
・品川区教育政策研究会編(2009)『検証　教育改革』教育出版。
・田中耕治編(2009)『よくわかる教育課程』ミネルヴァ書房。
・横浜市教育員会(2009-2011)『横浜版学習指導要領』ぎょうせい。
・若月英夫編著(2008)『学校改革　品川の挑戦』学事出版。
・研究代表者　戸北凱惟(2008)『東アジアにおける学校教育改革の共通性と差異の比較に関する総合的調査研究―カリキュラム改革と教師教育改革を中心に―』、平成17-19年度科研費補助金基礎研究B海外、174020383401。
・研究代表者　戸北凱惟(2006)『東アジアの学校教育改革―基本資料と解説・論説―』平成17-19年度科研費補助金基礎研究B海外、174020383401。
・山口満編著(2005)『第二版　現代カリキュラム研究』学文社。
・品川区教育委員会(2005)『品川区小中一貫教育要領』講談社。
・安彦忠彦編(1999)『新版　カリキュラム研究入門』勁草書房。

第9章　道徳教育の現状と課題
―― 慣習的道徳と反省的道徳を共に生かす教育 ――

堤　正史

本章のねらい

　本章の目的は、わが国の道徳教育の現状を押さえた上で、これからのあるべき道徳教育の展望について若干の示唆を与えることにある。

　そこでまず、「不振」といわれる道徳教育の現状において、その不振の原因について考える。こうした考察を通して、不振の大きな原因が、道徳教育についての議論がともすれば政治的イデオロギーの議論に陥っていたことが明らかになる。次に、そうしたイデオロギーに左右されない道徳教育の可能性を検討し、「型」の教育を一応かかる教育の典型として提示する。しかし、道徳教育は型の教育に尽きるものではない。それと共に時には「型を破る」教育、すなわち批判的・創造的な「反省的道徳」のレベルの教育も大切である。そのような教育として改めて「民主主義の教育」を提案したい。

　これからの道徳教育は「あれか－これか」の教育であってはならない。慣習的道徳に基づく「型の教育」も、反省的道徳に基づく「民主主義の教育」も共に生かされるべきである。

　なお、こうした一連の考察との関連において、今とくに話題となっている「宗教教育」についても少し触れておきたい。

1 道徳教育の現状

(1)道徳教育強化の動向

周知のように2006(平成18)年12月に、59年ぶりに「教育基本法」が改正され、これに基づいて2008(平成20)年に「学習指導要領」が改訂(1998年の改訂に続く戦後7回目の改訂)された。そうした中で、道徳教育を特に重視し、これを強化しようとする顕著な動向がある。その理由をいくつか挙げれば次のようになるであろう。

①改正教育基本法では、「教育の目的」として「人格の完成」を目指すことが明示されている(第1条)。こうした人格完成の基盤こそ道徳性である。従って、新学習指導要領が求める教育課程全体の改善のコアとして、道徳教育の充実が図られるべきである。

②改正教育基本法では、「教育の目標」として「豊かな情操と道徳心」、「正義と責任」、「公共の精神」、生命尊重、「伝統と文化」の尊重、「わが国と郷土を愛すること」(愛国心、郷土愛)などが挙げられているが(第2条)、これらは充実した道徳教育なしにはけっして実現できない。

③1998(平成10)年の改訂に続いて新学習指導要領でも「生きる力」が強調されているが、それは「豊かな心」(徳)の育成を根幹にして「確かな学力」(知)と「健やかな体」(体)を育む中で獲得される。すなわち、道徳的価値を基にした人間としての生き方を追求する中で、知識・理解や健康・体力を培っていかねばならない[1]。

確かに従来の指導要領にはなかった道徳の時間の「要」化や「道徳教育推進教師」の設置などは、こうした道徳教育強化の動向を特に裏付けるものとなっていると言えるであろう。

(2)道徳教育は不振か

しかし、道徳教育の強化が声高に言われるということは、翻って考えれば、現在の、あるいは従来の道徳教育が不十分だった、さらに言えば不振だったという反省の裏返しともとれるであろう。たとえば、「道徳の時間」の「要」化

の背景には、道徳の授業時間数が—特に中学校—確保されていないとか、学年の上昇につれて授業内容に興味を示さなくなっているといった調査結果があげられる[2]。しかし、こうした調査結果よりも、「家庭の教育力が低下する中で、躾を含めた道徳教育における学校の役割はますます大きくなっている。にもかかわらず、そうした教育が不徹底なため、耳目を集める犯罪行為に象徴されるように青少年の道徳性は低下の一途を辿っている。それがまた日本国民の道徳的頽廃をもたらしている。」といった匿名的で漠とした、しかし強い世論が「道徳教育の強化」を待望しているようにも思われる。

　だが、本当に道徳教育は不振なのか。また、その結果として青少年、さらには日本国民の道徳性は低下しているのであろうか。

　こうした問いへの否定的な見解がいくつか出されていることは、既によく知られている。たとえば、こうした異議を代表するものとして、広田照幸はおおよそ次のように述べている。

　今日、青少年が「引き起こす問題」（反社会的、反道徳的行為）即「教育問題」と見なす見方、すなわち非行など問題行動の原因は親の躾（家庭教育）や学校教育にあるとする見方が「習慣化」（自明視）している。しかし、このような見方が際だって一般化してくるのは1970年代半ば以降である。この頃から問題を起こした「子供」（当事者）の「心の軌跡」をたどり、「親や教師の教育の過程」が盛んに「検証」されるようになる。すなわち、「問題を起こした子供の「心」は、すべて意図的・無意図的な「教育の失敗」の結果としてそうなったものだ」とされるようになる。しかし、こうした「議論の根底」にはすべてを教育がコントロールできるとする「教育万能神話」が存在している。だが、教育はけっして万能ではない。「子供」には「大人の理解不能・介入不能」な「心の闇」があろうし、問題行動の原因としての「環境」は「教育」に限られない[3]。

　また、「教育の失敗」が原因で「子供」の「問題行動」が深刻化してきた、いわゆる「青少年の凶悪化」がもたらされた、といった一般化している「議論」も、事実を反映しているものとは言い難い。それはメディアが撒き散らかした「虚像」に過ぎない。むしろ統計的事実は逆であって、他の先進諸国と比較してみても、日本の青少年の犯罪率の低さは際だっている[4]。

こうした広田の主張を、我々の問題に引き寄せて敷衍するならば、要するに、道徳教育の不振が原因で子どもの問題行動がもたらされたわけではないし、そもそも子どものモラルが顕著に低下しているとは必ずしも言えない。

むろん、広田に代表される見解が、全面的に首肯されうるもの、正しいものというのでもないであろう。子どもがその一日の大半を過ごす学校での道徳教育の不徹底が、彼らの問題行動のいくつかの、だがきわめて重要な原因の一つだということは否定できないであろうし、礼儀作法、言葉遣い、公共マナーなど多岐にわたる青少年のモラル低下は、いわば大人の「体感」として否めないようにも思う。

しかし、道徳教育強化論の背景を、「道徳教育の不振」にだけ求めることはやはりできないように思う。この点を明確にすることなしに、これからの道徳教育を展望することはできないであろう。そして、次に明らかにするこの「不振」とは別の背景にこそ、実は、道徳教育不振の真の原因を認めることすらできる。

(3) 道徳教育強化論の背景

言うまでもないが、道徳教育の強化が声高に主張されるのは今回が初めてではない。学習指導要領との関連に限ってみても、戦後7回に及ぶ改訂のたびに、「道徳教育の強化」が取り沙汰されたといっても過言ではないであろう。たとえば、直近の1998 (平成10) 年の改訂では、「酒鬼薔薇事件」(神戸市須磨区連続児童殺傷事件)を契機に、「心の教育」の重要性が説かれ、これを実現するために「道徳教育を見直し、よりよいもの」に改善することが目指された(中教審答申)。また、それに先立つ1989 (平成元) 年の改訂は、戦後教育の「全面的」な改革を目論んだ「臨教審」の答申を受けたもので、道徳教育の改革は、改革全体の「非常に大きな柱」とまで言われた[5]。そこでは、情意を基盤とした体験重視の道徳教育、愛国心や伝統の強調、学校長の指導力の重視など、それ以降の改訂内容のほとんどが先取りされている。そもそも道徳教育が教育課程の中に初めて明確に位置づけられ、それ以後の改訂の起点ともなった1958 (昭和33) 年の改訂は、道徳の時間の「特設」との関連からしても、

道徳教育強化のための改訂だったとすら言えよう。

　道徳教育強化の主張は、なにも戦後に限ったことではない。一番古くは、1880 (明治13) 年の「教育令」改正にまで遡ることができる。周知のように教育令の実学重視が批判され、道徳 (修身) 教育を強化するという趣旨で改正がなされた。これ以後、いわゆる勅語体制が固められていく過程でも—戦中教育は別にしても—たびたび道徳教育の強化が言われている。

　これらの道徳教育強化論を、もちろん、一律に論じることはできないだろう。それらはそれぞれ異なった歴史的文脈の中で論じられるべきである。しかしそれでも、強化論の背景として、一貫するものがあるように思う。すなわち、端的に言って、道徳教育の強化は常に一定の政治的イデオロギー (特定の階級利害と政治目的に奉仕する観念形態) を背景にして主張されてきたということである。一定の政治的イデオロギーは、当然、それとは対立するイデオロギーとの間に、激しい軋轢や争いを惹起することになる。戦前の専制的な政治体制では、これに対立するイデオロギーは公式には認められないから、対立は原則的には体制内対立に留まらざるを得ないが、そうした制約が払われた戦後においては、イデオロギー間の軋轢や争いは避けがたい。たとえば、1958年の改訂では道徳教育強化を主導する保守政治のイデオロギーと、社会主義の影響下にあった革新派のイデオロギーとが、文部省 (政府) 対日教組といった構図の中で、激しくぶつかり合った。また、1989年以降の改訂では、経済的な市場原理主義と結びついた新保守主義的イデオロギーが「強化」を主導しているが、これに対して、強化は個人の内面にまで立ち入って (「心の教育」) 一律の道徳観を強いるのではないか、それは「格差社会」といった社会構造の矛盾を糊塗するに過ぎないのではないかといった異論が向けられている。

　だが、強化論の背景に認められる、こうしたイデオロギー対立が、実はあるべき道徳教育そのものについての真摯で冷静な議論を阻み、つまるところ道徳教育の「不振」をもたらしたのではないだろうか。このことについて、さらに次節で考えてみることにしたい。

2　脱イデオロギーの道徳教育

(1) 戦後の道徳教育

　イデオロギー対立こそ、道徳教育不振の見逃せない原因ではないか。貝塚茂樹はこのことを―戦後の道徳教育に限ってであるが―、綿密な歴史的考証を重ねながら例証している。早速彼の述べるところを見ておこう[6]。

　戦後わが国の教育を再建していく中で、「教育勅語と修身科をどのように評価」し、「道徳教育の理念と方法をいかに構築するか」が、連合国軍最高司令官総司令部(GHQ)と文部省の双方にとって喫緊の「大きな課題」であった。これら二つは次のように扱われた。

　《修身科の扱い》　終戦の年の末に占領軍は、「修身科の改訂再開を意図」して、その「停止」を命じた。これに対して日本側でも「公民教育刷新委員会」を中心に、「新たな道徳教育の模索」が進められたが、その「構想」は修身科の改訂再開ではなく、「修身科を公民教育に切り替えることを意図」するものだった。ところが、この公民科構想はそのままでは実現されず、占領軍の民間情報教育局(CIE)の要請もあり、道徳は歴史や地理を含めた「広域総合教科としての社会科」として再開した。しかし、社会科の導入は「道徳教育を担う明確な教科が教育課程からなくなること」を意味していた。つまり、「公民科」として教科としての道徳を再開しようとする構想は「挫折」し、「戦前までの修身教育」の「功罪」を「十分清算する機会を失い」、「戦後のあるべき道徳教育の理念と内容」とに「あいまいさ」を残すことになったのである。このことが、後に大きな禍根を残すことになった。たとえば、1958年に教育課程審議会は、「道徳教育を独立教科にしなければならない」という文部大臣(松永東)の発言を受けて教科的道徳として「道徳の時間」の「特設」を決定するが、これに対していわゆる革新派(日教組)から、修身科復活として、猛烈な反発を受けることになる。道徳は「教育の問題としてその是非を問うことよりも、政治的なイデオロギー論」の渦中におかれる。「道徳の時間」が「今日でも低調である背景には、こうした経緯が強く影響」している。

　《教育勅語の扱い》　教育勅語の扱いについても修身科と同種の問題が認め

られる。
　占領軍は、教育勅語を「天皇制の分身」と捉え、「天皇制を利用する」という意図のもと、「教育勅語それ自体の是非には直接言及」せず、その「神格的な取り扱い方を禁止」していく。これに対して日本側(文部省)は、いわゆる「日本的民主主義」の概念に基づいて「教育勅語それ自体には問題はない」としていた。
　そうした中、教育刷新委員会で活発な議論がなされたものの、「本質的な課題についての十分な論議」は展開されることなく、教育勅語は「過去の事実としてその儘にずっと置く」ということになった。この方針は、占領軍の考えにも配慮しながら、1946(昭和21)年10月の文部次官通牒で確認された。ところが、1948(昭和23)年6月、衆参両院で「教育勅語排除・失効確認決議」が可決され、教育勅語の扱いは、教育基本法の成立とも複雑に絡み合いながら、「流動的なもの」となっていく。
　このような本質的議論の欠如が、教育勅語の扱いにおいても修身と同様の「あいまいさ」を残すことになる。そして、教育勅語の道徳教育上の功罪を清算しないまま、勅語との関連を不問にできない提言、たとえば天野貞祐の『国民実践要領』や「期待される人間像」（1966年中教審答申別記）などが示されたが、それらはいずれも、当然、厳しい政治的イデオロギー論争にさらされた。ここでもなされるべき道徳教育自体についての議論がなされなかった。
　以上簡単に貝塚の主張をたどったが、つまるところ、戦後教育が文字通り再出発するために不可欠であった、「修身」や「教育勅語」といったわが国の道徳教育にとって不可避な問題の清算を怠ったため、道徳教育の本質的議論が政治的イデオロギーの議論にすり代えられ、今日まで道徳教育は低調なままに終始してきたというのである。
　このように見れば、既に繰り返し示唆したように、道徳教育強化論は、道徳教育の成果が上がらないことを「道徳教育の不振」とし、これを理由に道徳教育の強化を主張してきたが、道徳教育の不振の本当の理由はそれがイデオロギー論争に絡め取られてきたことにある。ではそうした政治的イデオロギーを脱却した道徳教育としてどのようなものが考えられるのであろうか。

果たして、そうした教育は可能であろうか。

(2) 「型」の教育

脱イデオロギーの道徳教育として具体的にどのようなものが考えられるか。このことについても、いましばらく貝塚の主張を手がかりとしたい。

貝塚によれば、教育行政の側にも道徳教育の本質的な問題に対して「正面から取り組む姿勢」は見られず、道徳教育を「心の教育」と言い換える「安易な心理主義」への「傾斜」が顕著である。たとえば、1980年代以降、道徳の副読本には「子どもに感動を与えればよい」といった「感動バブル」が認められる。こうした心理主義化は、結局、生きるための「型」の喪失、すなわち狭義には「日常生活の各局面を規定する作法、礼儀」、広義には「思考や行為の一つのあり方」「日常の物事への向き合い方と人との関わり方の形式」といった「生き方の形式」の「軸」の喪失という結果を、子どもたちにもたらすことになった[7]。

この型の教育をさしあたり脱イデオロギーの道徳教育の典型的な一つと見なすことができるだろう。一般に「型」とは、武術や古典芸能などで、修行者や実演者の模範となる伝承された基準・規範のことであり、「型」を学び、体得することで「品性あるふるまい」ができるようになるとも言われる[8]。また、型は「周囲の人間に対する気づかいを重んじるもの」であり、それゆえこれを基礎とする「作法を教わること」は同時に「道徳を身に付けること」だとも解釈されている[9]。詳論は控えざるを得ないが、「型」はその時々の「流行」によってめまぐるしく変化するものではなく、主義主張に左右されない「不易なもの」と、一応、言ってよいであろう。たとえば、革新主義であれ、保守主義であれ礼儀や作法の大切さを否定する者は、まずないであろう。この意味で「型」の教育は、確かに、脱イデオロギーの道徳教育といえる。

こうした「型」の教育の有効性を、別の角度から、支持することもできるであろう。

桐生崇は「道徳教育の体制が弱すぎる」として、今日の道徳教育の課題をいくつか挙げている[10]。

①60万人に上る巨大な教員集団で「質の均等な確保は困難」である。特にベテラン教員が大量に退職し、教員採用の競争倍率が低下している昨今、「集団としてのレベルも下がりがちな構造」になることは避けがたい。
②「道徳」観や、学校での「道徳教育」への「期待」は多様であり、国民の大半が納得するような共通認識は得がたい。
③学校の人的、時間的、財政的制約等に比較して、教育への期待が過剰である。このことは、道徳教育にも当てはまる。道徳教育において、何ができ、できないか明確にする必要がある。

　このような問題を指摘した上で、桐生は次のような提案を行っている。
　1）道徳教育の内容を、TO・DOリストなどで「検証可能」な「①学校という場で、②ごく普通の（平均的な）教員が、③小・中学生（ほぼ）全員が共通で身に付けるべき知識・行動様式」に限定する。
　2）採用の出来不出来の影響を抑止するため、「教員候補者はすべからく必要最小限の能力を有しているシステム」を作る。そうして「基本的な道徳の授業方法の最低限のノウハウ（基礎技術）」をすべての「教員候補者に身に付け」させる。

　「型」の教育を、個人のあるいは特定の団体の主義主張に左右されない道徳教育とすれば、桐生が提案するような、万人に最大公約数的に受け入れられ、一定の訓練を積めば教える側の質的差異にも影響されにくい道徳教育を、こうした「型」教育の一つのバリエーションと見なすこともできるであろう。

　今日の学校が置かれている状況から判断して、「型」教育の意義は、確かに、認められてよいように思う。しかし、はたして「型」の教育だけで道徳教育は十分であろうか。そこに問題はないのか。むろん、桐生のような提案を型の教育に含めることに対して、それは「型」のもつ精神性を認めず、型教育を単なるハウツー的技術論に矮小化してしまうから、これを型教育に含めることはできない、といった反論が当の教育論自身から、即座に出てくるかもしれない。では、そうした問題をクリアすれば道徳教育は「型」教育で十分なのか。そこには依然考えるべき重要な問題がいくつかあるように思う。次節ではこ

のことについて述べたい。しかし、その前に最近わが国でも注目されている「品性教育(Character Education)」について、型教育との関連において、少し触れておきたい。

(3) 品性教育

アメリカにおいて品性教育はけっして新しいものではない。むしろ、「昔からある道徳教育」「意図的に徳を教える教育」と言われるように[11]、それはピューリタン的キリスト教が支持する徳目(価値)、たとえば誠実、正義、勇気、勤勉、思いやり、謙虚さなどの徳目を教え込もうとするもっとも伝統的な徳目主義教育である。こうした品性教育が1980年代後半から再評価されるようになる。その背景はおおよそ次の通りである[12]。

戦前において既に品性教育の効果について懐疑的な研究報告が存在したが、戦後のアメリカにおける価値観の多様化と、それに伴う価値相対主義のめざましい浸透の結果、道徳教育としての品性教育は学校場面から姿を消していった。価値相対主義は伝統的な価値や権威を認めず、たとえば「事実」と「価値」とを区別する論理実証主義に立って、価値判断を個人の主観的な感情の表明に過ぎないと見なす。また、個人の自立と尊厳性の尊重を標榜する「人格主義(パーソナリズム)」教育も、過度に個人の自由や権利を強調した結果、利己主義(ミーイズム)を助長することになった。

1960年代後半になると、価値相対主義教育は「価値明確化」の教育というかたちを取る。そこでは、価値観が多様化した中で、自由で思慮に富んだ価値選択の能力を取得させるためには「自分の価値について明確な自覚を持てるように援助すること」こそ、何よりも重要だとされた。その結果、子どもが明確に意識して選択した行為であれば、常識的には非道徳的行為(たとえばカンニング)すら教師が認めざるを得ないといった事態が生じた。

こうした行き過ぎた価値相対化と、麻薬、飲酒、妊娠、レイプ、窃盗、暴行など1980年代になって、ますます際だってくる子どもの問題行動の深刻化が、ボイヤー、キルパトリック、ライアン、ボーリン、リコーナらを導き手として、品性教育を見直させることになった。リコーナによれば、品性教

育とは「道徳性の知的、情的、行動的な三つの側面を視野に入れて、社会が等しく重要と考える価値項目について、子どもたちの理解を深め、心情を豊かにし、それを実際の行動に移せるように導くこと」とされる。

今日の品性教育は世俗化されており、「宗教の枠にとらわれず、多くの人が共有できる倫理的、文化的なスタンダード」が志向されている[13]。そういう意味では脱イデオロギー化されている。また、一つの徳目とそれに相応しい行為を長期にわたって反復訓練させ「習慣」化させること、すなわち「型」を身に付けさせることが目指されているが、コールバーグの道徳性発達理論なども視野に入れながら、一方的なインドクトリネーションに陥らない配慮も認められる[14]。これを我々は現代における、また将来における「型教育」の優れた一典型と見なすことができるであろう。わが国でも、アメリカが経験したような子どもの問題行動の深刻化に危機感を持つ教育者を中心に、こうした品性教育が、その成果にも刺激されて、移入されようとしている。

3 道徳の二様態と道徳教育

(1)「型」の教育で十分か

ここまで見てきたように、脱イデオロギーの道徳教育として「型教育」が評価されるのには、それなりの必然性がある。これを否定することはできないと思う。しかし、改めて問おう、はたして「型教育」で十分か。

この問いに答えるためには、必要な限りにおいてではあるが、道徳の基本的構造を確認しておく必要があるであろう。その結果明らかになるのは、「型」の教育を十全なものにするには、「型に嵌める」のではなく「型を破る」教育もまた必要だ、ということである。

(2) 慣習的道徳と反省的道徳

道徳は人間の行為に関わる事柄だが、行為には何らかの「目的」がある。それは行為者にとってよいことであるから、目的には何らかの「善さ」が属する。そこで、周知のようにアリストテレスは、この目的を「人間の行為によって

実現されうる善」とし、そうした目的のうち最後に来る終極目的としての善、すなわち「最高善」を「幸福」とした。人は幸福を実現するために行為する。むろん幸福をどう規定するかは容易でないが、これを「我々のすべての欲求―生理的欲求、社会的欲求、文化的欲求―が、その多様性において、その度合において、その持続において満たされる満足な状態」と、一応、言ってよいだろう。とすれば、幸福を達成するために、他者との円滑な関係が求められることは明らかである。道徳はこうした自他の関係を実現するためのものである。そこで、道徳をさしあたり定義するならば、「我々の幸福を実現するための互恵的社会的規範」となるであろう。

　こうした互恵的社会的規範としてまずあげられるのが、礼儀作法や言葉遣い、夫婦や兄弟などの家族関係、男女や長幼、上司―部下、教師―生徒などの社会関係、冠婚葬祭等の社会的儀礼にわたるいわゆる「慣習的道徳」であろう。慣習的道徳は一定の共同体に暮らす人々が永年の生活経験を通して蓄積してきたいわば「生活の知恵」、人間生活をスムーズに進めてくれる潤滑油のようなものである。これを軽視無視すると「村八分」といった憂き目にあうが、これに従うことで無理なく安定した平和な生活が保障される。慣習的道徳には「流行」に左右されない「不易」な性格があり、共同体の結束を保つ上で、強い「保守力」をもつ。型教育としての道徳教育の「型」とはこうして継承されてきた伝統的「慣習的道徳」と言ってよいだろう。

　つとに指摘されていることだが、現在このような慣習的道徳の意義が再評価されている。現代社会は市場原理が支配する厳しい競争社会であり、リバタリアニズム（libertarianism）に代表されるように、個人の自己努力・自己責任が何よりも強調される。そこには社会の活力を生み出すダイナミズムが認められる一方、「格差社会」と言われるような社会の分断化を惹起し、社会的連帯を空洞化させかねない面がある。こうした共同体瓦解の防波堤として「慣習的道徳」が見直されているのである。

　臨教審以来の近年の教育改革をこうした流れの中でとらえることもできるだろう。今なされている教育改革の一つの柱は、教育制度の自由化、弾力化である。それは規制緩和によって、教育界にも競争原理を導入し、競争によ

る淘汰を経て優れた学校、優れた人材を得ようとするものである。もう一つの柱は、いま述べた新自由主義的な教育改革が社会の分断化を助長しかねないという懸念から、教育において伝統や愛国心や郷土愛を見直そうとするものである。道徳教育の強化がこうした「見直し」の重要な一環であることは明らかである。

　伝統的慣習的道徳を重んじる道徳教育強化を、新保守主義的な反動教育と断ずることはたやすいであろう。しかし、これはあまりに短絡的である。礼儀作法といった慣習は大切だし、そうした「型」を身に付けさせる教育(躾)を軽視すべきではない。

　しかし、慣習的道徳には、越えがたい限界があることも明白である。慣習は匿名的自然発生的なものだから、矛盾や不合理を抱えた未整備な面がある。確かに、そうした矛盾や不合理は時と共に和らげられるかもしれない。だが、慣習は一定の地理的、歴史的制約の下にある共同体において育まれ、蓄積されてきたものであるから、そうした地理的、歴史的な制約をけっして免れることはできない。だから、慣習は「どこでも」、「いつでも」通用するものではない。たとえば男女の性役割、いわゆる「男らしさ」「女らしさ」を考えてみよう。宗教的伝統が異なれば、同じ「らしさ」という言葉を用いても、その内容は共同体によって様々である。また、慣習には流行に左右されない不易な面があると言ったが、100年前と現在とでは「らしさ」をめぐる通念は大きく異なっているであろう。その土地にはその土地の、その時代にはその時代の慣習がある。いずれが道徳的に優れているといったものでもない。交通が未発達で、時代の変化が緩慢な場合は取り立てて問題もなかろう。しかし、今日のように社会がグローバル化し、時代がドラスティックに変化しているなかでは、自分が属する共同体の伝統的慣習にナイーブに従うというだけでは不十分である。いったんこれを対自化(客観視、自覚化)し、自らが従っている慣習の意味—たとえば「男らしさ」や「女らしさ」の意味—を考え、地理的・歴史的に異なる他の慣習にも理解を示し、時には自己批判もいとわず、可能な限り誰でもが納得できる、より包括的で合理的な道徳を「創る」努力が必要であろう。このように自覚的に「考え」、「批判し」、「創る」道徳を、慣習的道

徳に対して「反省的道徳」と呼んでよいであろう。

(3) もう一つの道徳教育

茶道や華道、書道などの世界では「師匠」のやり方を「真似」て、何も考えず教えられるままに、まず「型」を習得することが重んじられる。この段階で自己流の考えや所作を加えることは「形無し」として禁じられる。しかし、修練を積んで型を習得すれば、「型に嵌る」ことなく、型を越える「型破り」がむしろ重んじられる。型を身に付けた上で、それを打ち破る者こそ「名人」や「達人」と言われる。この意味で型は破られるためにある[15]。

型の教育としての道徳教育においても、これと同様のことが言えるであろう。子どもたちは大人の模範に学びながら、反復訓練をいとわず、まず「型」(慣習的道徳)を身に付けるべきである。しかし、そうした型を習得すれば、型を墨守するだけでは一人前とは言えない。型が状況や時宜に適わないならば、これを批判し、時には破って、新たな型を創ることも大切である。だから、型教育を十全なものとするには、発達段階に応じて、批判や創造といった反省的道徳が求める力を教育することが重要である。

貝塚が提案するような型の教育には、いま示した反省的道徳への配慮が十分でないように思う。確かに、「品性教育」では、慣習的水準から脱慣習的水準へと道徳的発達段階を導き、道徳の主体化を目指すコールバーグ理論も考慮されている。だが、「徳は時代や文化を超越」し、「地球が丸く、太陽が回る」ことと同じく、「各人の心に左右されない、各人の心の外部に存在するという意味」での「客観的真実」であるとされる[16]。徳は批判を許さない固定したものとして前提されており(道徳的実在論)、コールバーグ流の理論は、こうした徳を押しつけではなく子どもが「自ら」習得したように導く、一つの方法論になっているように思われる。

では、反省的道徳に応じた道徳教育として具体的にどのようなものが考えられるのであろうか。いろいろ考えられるであろうが、私は「民主主義の教育」がそうした教育の重要な一つであると思う。これについては後ほど述べることにしたい(第5節)。

4 宗教教育と道徳——宗教的情操の問題

(1) 道徳感情としての情操

「型」の教育を重視する貝塚は、現在の道徳教育における心理主義を「感動バブル」として批判していた。そうした「感動」は主観的で、公平な道徳判断に資することが少ない、さらに言えば道徳判断を狂わせかねないということであろう。だが、たとえば「没利害の感情」や「共感感情」といった道徳感情が、道徳的営為にとって不可欠な要素であることは否定できない。また、ヒュームの「不動で一般的な観点」とか、スミスの「公平な観察者」といった概念において明らかなように、道徳感情には反省的要素が含まれるから、それは客観的で知的感情でもある。こうした知的な感情が、一般に、「情操(sentiment)」と言われる。

ところで、わが国の道徳教育において重視されている情操として「宗教的情操」を挙げることができるであろう。現行の指導要領にはそうした宗教的情操として「人間の力を超えたものに対する畏敬の念」といった文言が盛られている。しかし、言うまでもないが、道徳教育における宗教的情操への配慮は今に始まったことではない。戦後に限ってみても1946(昭和21)年9月に文部省から出された「新日本建設ノ教育方針」にすでに「国民ノ宗教的情操ヲ涵養」することといった文言が認められるし、指導要領に直接結びつくものとしては、1966(昭和41)年の中教審答申「期待される人間像」において「生命の根源すなわち聖なるものに対する畏敬の念が真の宗教的情操である」といった考え方が示されている。洋の東西を問わず宗教は倫理の母胎であったし、とりわけ科学技術の高度化が人間中心主義を跋扈させ、その結果、深刻な環境破壊や生命軽視の風潮がもたらされたといった反省から、人間の分限をわきまえさせるものとして「宗教」への期待が高まっているということはそれなりに共感できる。しかし、道徳教育にとって宗教ほど微妙な問題はない。そこで、いささか本題から離れることになるが、宗教教育について一言述べておくことも無駄ではないであろう。

(2) 宗教的情操と通宗教的宗教教育

　教育基本法第15条では、「宗教教育に関する寛容の態度、宗教に関する一般的な教養及び宗教の社会生活における地位は、教育上尊重されなければならない」とされる一方、「国及び地方公共団体が設置する学校は、特定の宗教のための宗教教育その他宗教活動をしてはならない」とされる。宗教教育は大切だが、公教育（私立学校を除く）では特定の宗教に立脚する宗教教育は許されないというわけである。この二つの整合性をいかに確保するかは、改正前の教育基本法（第9条）から持ち越されてきた難問であろう。そうした中で宗教的情操は、あらゆる宗教が共有できる通宗教的感情とされ、これを公教育に生かすことは許されるといった見解が、一応のコンセンサスと見なされよう。たとえば、海谷則之は次のように述べている。「世間には特定の宗教と関わらない、普遍的な宗教的情操というものはありえないと主張する人がいるが、それはその宗派（教団）の自己中心的な論理であろう。むしろ全人類と地球を愛し真に人間教育の立場に立つならば、自然により普遍的な宗教的情操が希求されてくるであろう。」[17] 指導要領に「畏敬の念」といった言葉が盛られたのもこうした認識によると言ってよい。

　しかし、本当に厳密な意味で「普遍的な宗教的情操」といったものが存在するのだろうか。現実には、やはり、難しいように思う。たとえば、普遍的宗教的情操を認める先の海谷すら、仏教（浄土真宗）の立場から、「畏敬の念」という言葉は、一神教や天皇主義国家神道に馴染む言葉であり、「本来・・・仏教徒には馴染みにくいものであることを認識しておく必要がある」と述べ、「生きとし生けるものを大切にする「恭敬の心」が重視されるべき」だとしている[18]。

　通宗教的感情としての宗教的情操とは何か、この問題一つを考えても、決着済みとは言えず、いかに宗教教育が公教育において難しいかが分かる。

(3) 倫理と宗教

　しかし、宗教教育を難しくしているより根本的な問題は、宗教と倫理との関係にある。倫理が互恵的社会的規範と定義されるとき、そうした規範はこ

の世でのあるべき人と人との関係に関するものである。この意味で倫理は世俗内(此岸)の事柄だと言ってよかろう。これに対して、宗教にとってこの世を超える超世俗性や脱世間性(彼岸性)は不可欠な要素である。問題はこの「超」や「脱」の意味である。たとえば「隣人愛」や「慈悲」といった宗教的動機に基づいて、悲惨なこの世を、宗教的理想に向かって、改善しようとする宗教的奉仕活動がある。これに対して宗教テロのように、同じく宗教的理想に向かってではあるが、この世を直接否定し、破壊する活動もある。前者は倫理的にも賞賛されるが、後者は倫理的に断罪される。しかし、非倫理的であるからといって後者を宗教的でないとは断言できないであろう。そもそも、宗教的な事柄について倫理的か非倫理的かの線引きは容易でない。

　倫理と宗教の関係をめぐって、仏教(浄土真宗)では「真俗二諦」ということが議論されてきた。真諦とは宗教的真理のことであり、俗諦とは倫理的道徳的真理のことである。両者の関係について、清澤満之は「道徳はその実行の難しいことを示すことによって真諦に案内するものである」と述べ、宗教的真理がいわゆる「倫理的実存」の挫折を媒介にしていることを明らかにした[19]。要するに、真諦はあくまで否定を介してしか俗諦に接続しないということである[20]。宗教が倫理を超えた上で、これを支えるということはあるが、宗教的真理が世俗的原理に背くこともあり得る。

　いま述べたような倫理と宗教の根本的な関係を踏まえれば、単純に宗教教育「即」道徳教育とは言えないだろう。少なくともこの「即」には、道徳の否定的媒介という事柄が含まれる[21]。

(4) 課題としての宗教教育

　通宗教的といわれる宗教的情操を明確にすることは容易でないし、倫理と宗教との間には微妙な問題がある。こうしたことを了解した上で、公教育の場に宗教教育を導入するとなれば、それなりの覚悟と準備が必要であろう。

　現場においてまず問題になるのは、誰が宗教教育に当たるかということであろう。信仰の有無を前提することはむろんできないが、まったく宗教に関心を持たない教員が宗教的な事柄について教えることができるであろうか。

少なくとも宗教についてのそれなりの理解を持つことが教員には求められる。そのためには、宗教がまったくと言ってよいほど度外視されている、教員養成課程を早急に見直す必要があろう。

　では、困難だから宗教教育は断念すべきか。決してそのようなことはない。「対宗教安全教育」や「宗教寛容教育」とリンクさせながら、発達段階に応じて、宗教的知識教育を行うことはできる[22]。それすらなされていないのが現状である。

　世界がグローバル化し多文化共生が求められる今日、宗教寛容教育は特に重要であろう。これに関連して江原武一は「開放的でいろいろな解釈や理解が可能な世界観や人生哲学の探究を含んだ教育的な宗教教育」の必要性を示唆し、その前提として「生命の保護や自由な言論、宗教の自由な実践といった人間の基本的権利の承認」を身に付けさせる民主主義の教育の不可欠性を説いている[23]。次に私は民主主義の教育としての道徳教育について述べるが、それは宗教教育にとっても重要であろう。

5　民主主義と道徳教育

(1) 脱イデオロギーの道徳教育は可能か

　先に我々は道徳教育不振の背景としてイデオロギー対立を挙げ、そうしたイデオロギーに左右されない脱イデオロギーの道徳教育として型の教育を提示し、それとの関連においていまわが国でも着目されている品性教育を取り上げた。しかし、改めて問おう。はたして型の教育を脱イデオロギーの教育形態と言い切ることができるか。

　村井実は、明治以来の政教一体の教育のあり方こそ日本の教育の混乱の元凶であり、この「政教一体による政治と教育の悪循環」を断たねばならないという[24]。確かにこれが理想であろう。だが、現実問題として政治と（公）教育を切り離すことはできない。どのような教育形態を支持するにせよ、それは一定の政治的立場と主張によらざるを得ない。この意味でイデオロギー性は不可避とも言える。型の教育も例外ではない。品性教育を含め型の教育は、

明らかに保守主義と親和的である。貝塚やリコーナの主張は穏当で頷く点も多い。しかし、型の教育を支持する主張の中には、イデオロギーむき出しの極論も含まれる。たとえば、品性教育に傾倒する加藤十八は、品性教育と戦前の修身教育とを「良い教育」として重ね合わせている[25]。また、杉原誠四郎は、道徳教育は「習慣化」と「押し付け」の「技術」だから「道徳的に破綻した教師であっても、道徳教育はなしうる」と言っている[26]。

　どのような道徳教育の主張もイデオロギー性を免れないとすれば、いったい何が重要なのだろう。端的に言えば、イデオロギー性が独善的で排他的なイデオロギーに凝り固まらないようにすることである。言い換えれば、自己批判も含めイデオロギー性を不断に批判することである。これが民主主義に不可欠の要件である。

(2) イデオロギー批判と民主主義

　17世紀に端を発し、今日に至る民主主義を一義的に定義することは容易でない。だが、どのような定義を行うにせよ、民主主義は、人権を実現するために、今のところ人類が手に入れたもっとも有効な権力機構だということに異論はないであろう。

　ロックの自然権論や身体権原論(労働権原論)に典型的に示されるように、生命、自由、財産といった人権は、各人に例外なく認められる生得的で不可譲な固有の権利である。彼によれば理性の法にして道徳法である「自然法」に従うかぎり、いわゆる「自然状態」においても人は他者の権利の尊重を要請される。が、円滑に相互の人権を確保するには、各人は自然状態において持っている自然権を放棄して一つの共同体を形成し(社会契約)、多数決が示すその意志に従うことを求められる。こうして自然権の執行権を有するのが政治社会であり、それが支持する「多数者の意志」が政治権力である。ここで指摘されねばならないのは、全成員の意志でないかぎり、多数者の意志は党派性、イデオロギー性を免れないということである。だが、政治権力に委ねられたのは自然権の執行権であるから、実体的人権(元来すべての人が持っている権利自体)を擁護することは権力の責務である。多数者以外の人の権利要求も認

められなければならないのである。だから「民主主義なる言葉の意味の簡潔な尺度とは、異議を申立て、疑義を唱え、政治的対立を維持する権利に他ならない。」と言われる[27]。人権において排除される人があってはならない、これが常に民主主義の課題である。

我々がイデオロギー批判というのは、このように「異議を申立て、疑義を唱え」るということを含む。しかし、それだけではない。すでに示唆したように、権力を握る者のイデオロギーを批判するだけでなく、自らの立場の独善性や排他性をも絶えず批判し、民主主義の課題(万人の人権の実現)に応えようとしているかを問い返すことである。

先に反省的道徳について述べた際、我々は型の道徳教育に一定の意義を認めるものの、これを十全なものとするには、時には自らが従う型(慣習的道徳)を批判し、破って、新しい型を作る「批判や創造の道徳的能力」を教育することも大切であると言った。こうした反省的道徳が求める道徳教育と、民主主義が求めるイデオロギー批判とは重なるであろう。万人の人権の実現は民主主義の目的(課題)であるが、それは各人の幸福のための互恵的社会的規範である倫理の目的でもあろうから、両者が重なることは当然と言えば当然である。この意味で河野哲也が主張するように、「自由と平等という人間にとってきわめて重大な道徳的価値を志向する点において、民主主義はすぐれて道徳的」であり、「現代社会で求められている道徳教育とは・・・よき社会を構築する権利と義務を持つ主権者を育成する教育」であると言えよう[28]。

(3)私事化社会における道徳教育

社会のいわゆる私事化(privatization)が進行する中で、身近なことにしか関心を示さない子どもたちが増えているだけに、道徳教育としての民主主義の教育はとりわけ大切である。

周知のように私事化とは、狭義には、世俗化と政教分離が進展する中で、宗教が決定的に公共領域から切り離され、私的領域に限定されるようになった現象を指すが、広義には、社会的・公的事象に対し、私生活上の事柄とそれへの関心を優先させる傾向、あるいはそのような生活態度、生活スタイ

を指す。むろんここで問題にすべきは、後者の意味での私事化現象である。

　私事化が教育現場において深刻な影響を及ぼしていることはつとに指摘されてきた。たとえば、森田洋司は「いじめ」の背景に私事化があることを明らかにして、おおよそ次のように述べている。

　現代のいじめ行動の特徴は「面白い」とか「スカッとする」という動機にあり、この動機をストレートに発散させてしまうところにある。それは私事化が進展する中で、「欲求に素直に」生きるライフスタイルが行き過ぎたものとなり、この行き過ぎが、子どもたちも巻き込みながら、自分さえ楽しければそれでよいという風潮を蔓延させ、歯止めのない衝動の満足に走らせた結果と見ることができる。また、いじめ被害の多さは、学級内のいじめっ子の数よりも傍観者の人数により高い相関関係を示すが、こうした傍観者意識の増幅も、自分の世界や自己への関心が高まるあまりに、他者や社会的なものへの無関心を強める私事化型社会の進展がもたらしたものである[29]。

　ところで、私事化は「いじめ」といった現象にとどまらず、倫理道徳の根幹を揺るがすことがらと見ることができるであろう。それは「私」が「公」を浸食すると同時に、「公」が匿名的に「私」に容易に侵入してくる事象でもある。こうした私事化の特徴は「携帯電話」「私語」「地べた坐り」「車内化粧」といった最近の若者の行動─もちろん若者だけではないが、少なくとも旧世代に比べれば若者に顕著な行動様式─を見れば明らかである。

　たとえば、携帯電話の使用が電車内などにおいて特にひんしゅくをかうのは、平然と私的な内容を話しているといった場面であろう。これが問題視されるのは、一定の条件さえクリアすれば誰でも共有できる公的空間─ここでは電車の車両空間─に、何の断りもなく「私」が入り込み、「公」を「私有化」してしまっている点にある。教室という公的空間での私語の頻発や、公道での地べた坐り、車内化粧といった先に挙げた一連の行動様式も同様に解釈できよう。

　こうした公私の区別のなし崩し的曖昧化は、ある日突然ダイレクトメールが送られて来るといった個人情報の流失に認められるように、同時に「私」が当人の知らない間に─誰でも使用できる情報という仕方で─「公」に晒され

るという深刻な事態と表裏をなしている。このように見れば、私事化は、そこにおいて優先されるべき「私を大切にし、自分らしさを味わいたい」という価値の実現を、結局のところ阻むという自己矛盾に陥りかねない。この意味で行き過ぎた私事化は「公」はもちろん「私」もダメにしてしまうのである。

　倫理道徳が成立するためには、社会のすべての成員において対称的に共有される公的空間の承認が不可欠だろう。たとえば、カントは「格率」といった私的な行動原則の普遍化可能性—格率が道徳法則となりうる可能性—こそ道徳成立の第一要件だとしたが、そうした要件の充足には、言うところの公的空間が前提されていることは明らかである。また民主主義も、いや、特定の人間の権力の横暴—独裁者に顕著な社会の一切の私有化—を許さず、少数者にも配慮して、万人の人権の実現を理想とする民主主義こそ、こうした公的空間を前提している。このような点から判断しても、道徳教育と民主主義の教育とは直接関係していると言えよう。

　しかし、「公的」とはどういうことか、もう少し立ち入って見ておく必要があろう。こうした問題を考えるとき、公的を「私的」と対比して論じるアーレントの次の主張は非常に示唆深い。

　「もともと「欠如している」privativeという観念を含む「私的」"private"という用語が、意味をもつのは公的領域のこの多数性にかんしてである。完全に私的な生活を送るということは、なによりもまず、真に人間的な生活に不可欠な物が「奪われている」deprivedということを意味する。すなわち、他人によって見られ聞かれることから生じるリアリティを奪われていること・・・を意味する。私生活に欠けているのは他人である。逆に、他人の眼から見る限り、私生活者は眼に見えず、したがって存在しないかのようである。私生活者がなすことはすべて、他人にとっては意味も重要性もない。そして私生活者に重大なことも、他人には関心がない。」[30]

　我々は誰しも最高善としての幸福—これを功利主義的にのみ限定する必要はまったくない—の実現を求めているが、その絶対的な不可欠要件は「自己肯定感」、すなわち「今、ここに私は存在してよいのだ」という実感であろう。いじめや不登校といった深刻な教育の病理、自殺といった社会の病理に面し

ている者は何よりもこうした自己肯定感を喪失した者と見ることができる。ところで、自己が自己を肯定するというこの自己肯定感は、「自己によって」のみ成立する自己完結的なものではない。自己が「他者によって」肯定される、すなわち他者による私の現存在(今ここにいる私)の承認なしにはけっして得られない。「シカト」といったいじめの用語が、自己肯定が他者による肯定なしには成立しないというこうした事態を端的に表している。アーレントが「私的な生活を送るということは、他人によって見られ聞かれることから生じるリアリティを奪われていることを意味する」とか「私生活に欠けているのは他人である」と言うのも、このことを指していると見なされよう。だから、ここからすれば「公的」とは、社会の成員が誰ひとりとして排除されず、ともかくも「見られ」「聞かれる」(他者の存在の肯定)という関係の上に成立する。むろん、そこにおいて自他の関係の相互性が不可欠であることは言うまでもない。「民主主義なる言葉の意味の簡潔な尺度とは、異議を申立て、疑義を唱え、政治的対立を維持する権利に他ならない。」と言われ、「デモクラシーの原理は端的にいえば誰からもその発言権(voice)を奪われないことにある。」[31]とも言われるが、それは何よりも自他相互が「見合い」「聞き合う」行為の上に成立するこのような「公的」空間を前提している。

　しかし、アーレントによれば、功利主義的思考が過度に浸潤した現代社会において、こうした「公的」ということはますます成立しがたくなっている[32]。なぜなら功利主義は有用性を基準に対象を価値付けていくが、こうした価値判断が安直に人間に適用されるとき、多くの人がアーレントの言う意味での「私的」生活を強いられ、「公的」空間から排除されかねないからである。

　「公的」ということを困難にしている功利主義的自他関係を、「価値愛の優位」という観点から理解することもできるであろう。価値愛とは自己にとって価値がある、その意味で有用なものの所有を求める利己愛であるが、功利主義は元来こうした価値愛の上に成立している。もちろん自他の相互肯定は価値愛においても重要ではあるが、利己愛が優先する限りそうした相互関係は壊れやすい。そもそも、価値愛・利己愛において、自己にとって有用か否かに関わらず他者の存在が端的に肯定されているとは言い難い。他者の存在

は―「役立つ」という一点で―抽象的にしか認められず、結局は自己の存在に還元されてしまう。

「公的」ということが成立するためには、価値の有無、有用不用に関わらず互いに他者の存在をともかくも肯定するいわゆる「存在愛」に基づく自他関係が不可欠である。そうした自他関係は、実のところ、倫理という営みの基盤でもある。自己は他者によってその存在を端的に肯定される経験を通して、自己の存在を肯定することができるのであり、そうした自己のみが他者の存在を端的に肯定できる。倫理とは幸福を実現するための互恵的社会的規範だと言ったが、それは単に功利的なものではなく「存在愛」に基づく自他相互の関係に支えられていなければならない。

民主主義が「公的空間」を前提にするなら、それは同時にいま述べたような「存在愛」に基づく「倫理」を前提にするとも言えるであろう。この意味でも、繰り返すが、民主主義の教育は道徳教育に直接関係しているのである。

(4)「公民科」構想の再評価

では、このような道徳教育をどのように進めていくか。こうした具体的問題にここで立ち入ることは控えざるをえないが、戦後の道徳教育として「公民科」構想から何らかの示唆を得ることができよう。

戦後、周知のように、修身科の授業が停止される中、「公民教育刷新委員会」が設置され、新しい道徳教育のあり方に関して二つの答申が出された。そこでは次のように言われた。「道徳ハ元来社会ニ於ケル個人ノ道徳ナルガ故ニ、「修身」ハ公民的知識ト結合シテハジメテ其ノ具体的内容ヲ得、ソノ徳目モ現実社会ニ於テ実践サルベキモノトナル。従ツテ修身ハ「公民」ト一本タルベキモノデアリ、両者ヲ統合シテ「公民」科ガ確立サルベキデアル。」(「答申第一号」1945年12月22日)いま我々は、ここまで述べてきたこととの関連において、この答申を再評価すべきだと思う。

当時どのような理由から、道徳教育と公民教育の統合が目論まれたのであろうか。このことを理解するために、答申及関連するいくつかの文書を見てみると、おおよそ次のようなことを読み取ることができよう。①道徳教育

を単に個人の心がけの問題としてではなくより広い社会的文脈の中で推進する必要がある、②子どもの主体性や自発性を無視した上意下達式の教育は改めるべきである、③そうした教育が子どもたちに独断的な思考や行為を強いることになったがこれも改めるべきである。これらを、さらに、我々の言葉に置き換えるならば、戦前の道徳教育—修身科と公民科を含む広い意味での道徳教育—はもっぱら「型」の「押し付け」に終始し、しかもその型が偏狭なイデオロギーに貫かれていたため子どもたちを独断的思考・行為に陥らせたということになろう。公民科構想が、道徳教育を「民主主義の教育」として展開させ、これを通して批判的創造的な道徳の能力を育もうとしていたということは明らかである。

　ここでは詳論できないが、これからの道徳教育を展望する上で、戦後の道徳教育の原点に立ち返り、歴史に学ぶことも必要であろう。

6　これからの道徳教育

(1) 二つの道徳教育

　道徳教育には二つの在り方が認められる。
①慣習的道徳をベースとする「型」の道徳教育、それは流行に対して不易な面が強くイデオロギーに左右されることがあまりない。
②しかし、型の教育も厳密な意味で「脱」イデオロギーの教育とは言い難い。型の道徳教育を十全なものとするには、反省的道徳の場に立って、「型を破る」こともできる、批判し創造する道徳的能力を育てる教育も必要である。そうした教育の典型として「民主主義の教育」を挙げることができる。

　道徳教育のこれら二つの様態は、わが国では現在を含め対立的に捉えられることがたびたびであった。①からすると、②は結局のところ個人主義、道徳的相対主義に陥り、礼儀作法といった良識を欠き、自己の権利しか主張ない子どもを育てる、②からすると、①は既存の型の一方的押し付けに終始し、子どもの自発性・主体性を削ぎ、権威や権力に忍従的で、自分たちの手で「よりよい社会をつくる」という意欲と力量に乏しい子どもを育てる、と言うよ

うに。

　しかし、これからの道徳教育は「あれか－これか」であってはならないと思う。そうした二者択一は不毛であり、その必要もない。道徳教育にとって、①も②も共に大切である。問題はこれらをどのように統合的に教育の現場におろしてくるかである。常識的には、まず「型」を身に付けさせ、次に「型」を破る批判力・創造力を育てるということになろうが、そうした方向を具体化するには改めて道徳性の発達と関連づけて―コールバーグ流に言えば型の教育が慣習的水準で、型を破る教育が脱慣習的水準ということになろうが―議論を深めねばならない。そうした議論に基づいた教育体制や教材研究も欠かせない。さいわい①にせよ②にせよ、我々にはそれなりの研究と実践の蓄積もある。繰り返そう、これからの道徳教育は「あれか－これか」であってはならないし、その必要もない。

　「我々がすべての場合において賞賛されるべきものは中間性であり、両端は賞賛されるべきものでもなければ、正しいものでもなく、むしろ、非難されるべきものである」、「何であれ中間をうるのは骨が折れる」が（アリストテレス『ニコマコス倫理学』）。

(2) だれが道徳教育を行うか―教員養成の問題―

　最後に、教員養成の問題について一言触れておきたい。
　いかにすばらしい道徳教育のプログラムを考案しても、これを実践に移す教員の能力や資質が不十分であれば画餅に終わることは明らかである。その点、わが国の教員養成の問題は深刻であろう。「道徳教育の時間」が義務化されている小中の教員養成において、道徳教育関連の必修科目は「道徳教育研究」の2単位のみである。高校に至ってはそうした科目すらない。道徳教育と密接につながり、その重要性が説かれている宗教教育についてはいずれの校種においても履修が義務づけられている科目は存在しない。由々しき事態である。
　ここではもはや立ち入れないが、道徳教育における教員養成課程の見直しは喫緊の課題である。改善に際しては、諸外国の養成課程に学ぶことも大切

であろう。たとえば、隣国である韓国ではおおよそ次のようになっている。

　韓国において、いわゆる道徳の授業は日本の高校一年まで必修である(小学校1、2年生は基本的生活習慣教育)。中学校、高等学校では道徳教育の担当者は、講師資格(教員免許)取得に際し、道徳・倫理関連の科目(道徳・倫理教育論、倫理学概論、韓国倫理思想、民主主義論、国家安保論、市民教育論など)を7科目程度履修する必要がある。また、学級担任が道徳教育を担う小学校教員の養成課程でも「現代社会と倫理」「初等道徳教育論」「初等道徳教育と授業研究」など10単位が必修である(ソウル教育大学の講義科目による)。また、倫理教育の副専攻(深化課程)が設けられ、かなり充実したカリキュラムが編成されている[33]。

　むろん韓国の道徳教育にも多くの問題点がある。たとえば、日本同様、宗教教育については手つかずになっている。また、日本以上の受験競争、学歴志向の中で道徳は「暗記科目」として軽く扱われているのが実情のようである。しかし、わが国の現状を変えるには積極的に目を外に向け、これまでの枠組みにとらわれないことが求められるであろう。

注

1　安彦忠彦監修、押谷由夫・小寺正一編著『小学校　学習指導要領の解説と展開　道徳編』教育出版、2008年、6頁。
2　平成15年の「道徳教育推進状況調査」(文科省)によると、「道徳の時間」の確保は小学校82％、中学校59.1％となっている。また、当該時間への無関心生徒は中学2年からは過半数を越える。
3　広田照幸『教育には何ができないか―教育神話の解体と再生の試み』春秋社、2003年、200-235頁。
4　同上書、175-180頁。
5　『道徳教育』(No.344、臨時増刊号)明治図書、1989年、5頁。
6　貝塚茂樹『戦後教育は変われるか―「思考停止」からの脱却をめざして―』学術出版会、2008年、85-123頁。
7　同上書、142-143頁。
8　武光誠『「型」と日本人』PHP研究所、2008年、4頁。
9　同上書、53頁。
10　加藤尚武・草原克豪編著『「徳」の教育論』芙蓉書房出版、2009年、131-156頁。

11 リコーナ、水野修次郎監訳・編集『人格の教育』北樹出版、2001年、15頁。
12 同上書、146-160頁。岩佐信道による解説「アメリカにおける道徳教育の変遷」。
13 青木多寿子編『もう一つの教育』ナカニシヤ出版、2011年、5頁。
14 リコーナ、三浦正訳『心の教育論』慶応大学出版会、1997年。
15 武光誠、前掲書、47-49頁。
16 リコーナ『人格の教育』、17頁。
17 海谷則之『宗教教育学研究』法蔵館、2011年、65頁。
18 同上書、310頁。
19 暁鳥敏・西村見暁編『清澤満之全集　第6巻』法蔵館、1954年、220頁。
20 遊亀教授『親鸞と倫理』(法蔵館、1949年)を参照。
21 堤正史「道徳教育と宗教―浄土真宗の立場から―」『真宗研究第48輯』(真宗連合学会、2004年)、178-189頁。
22 菅原伸郎『宗教をどう教えるか』朝日新聞社、1999年。
23 江原武一「世界の教育現場で宗教はどのように教えられているか―価値教育の充実が共通のテーマである―」『中央公論』、2003年9月号／杉原誠四郎・大崎素史・貝塚茂樹共著『日本の宗教教育と宗教文化』(文化書房博文社、2004年)資料編に含む。
24 村井実『近代日本の教育と政治』東洋館出版社、2000年。
25 加藤十八『アメリカの事例に学ぶ学力低下からの脱却―キャラクターエデュケーションが学力を再生した』学事出版、2004年、160頁以下。
26 杉原誠四郎『日本の道徳教育は韓国に学べ―道徳教育教科化への指針』文化書房博文社、2007年、27頁。
27 ダニエル・ベル、岡田直之訳『イデオロギーの終焉―1950年代における政治思想の涸渇について―』東京創元社、1969年、10頁。「日本版への序文―イデオロギーと民主主義」による。
28 河野哲也『道徳を問いなおす―リベラリズムと教育のゆくえ』筑摩書房、2011年、47頁。
29 森田洋司・清水賢二共著『新訂版　いじめ―教室の病い―』金子書房、1994年、31-33頁。
30 ハンナ・アーレント、清水速雄訳『人間の条件』筑摩書房、1994年、87-88頁。公私をめぐるアーレントの解釈および、公共性と民主主義については次の著作を参照した。齋藤純一『公共性』岩波書店、2000年。
31 齋藤純一、前掲書、9頁。
32 同上書、18-19頁参照。
33 韓国の道徳教育については追手門学院大学経営学部准教授朴修賢氏の教示に負う。

参考文献

- 青木多寿子編(2011)『もう一つの教育』ナカニシヤ出版。
- 海谷則之(2011)『宗教教育学研究』法蔵館。
- 河野哲也(2011)『道徳を問いなおす―リベラリズムと教育のゆくえ』筑摩書房。
- 宗教教育研究会編(2010)『宗教教育を考える教育』教文館。
- 加藤尚武・草原克豪編(2009)『徳の教育論』芙蓉書房出版。
- 貝塚茂樹(2008)『戦後教育は変われるか―「思考停止」からの脱却を目指して―』学術出版会。
- 武光誠(2008)『「型」と日本人』PHP研究所。
- 貝塚茂樹(2006)『戦後教育の中の道徳・宗教』文化書房博文社。
- 貝塚茂樹ほか編(2003-2004)『戦後道徳教育文献資料集』全Ⅲ期／全36巻・別冊3 日本図書センター。
- 徳永正直・堤正史・宮島秀光・林康成・榊原志保共著(2003)『道徳教育論―対話による対話への道徳教育』ナカニシヤ出版。
- 広田照幸(2003)『教育には何ができないか―教育神話の解体と再生の試み』春秋社。
- 貝塚茂樹(2001)『戦後教育改革と道徳教育問題』日本図書センター。
- リコーナ、水野修次郎監訳・編集(2001)『人格の教育』北樹出版。
- 村井実(2000)『近代日本の教育と政治』東洋館出版社。
- 菅原伸郎(1999)『宗教をどう教えるか』朝日新聞社。
- リコーナ、三浦正訳(1997)『心の教育論』慶応大学出版会。

第10章　災害と理科教育
―放射線の人体影響を考える―

内海博司

本章のねらい

　本章は、大学の教育学部の教員や学生及び小中高の教員を対象と考えている。近年、学校の児童生徒の理科離れ、成人の科学リテラシーの低下が問題となっている。2011年3月に東日本大震災に見舞われ「放射線」教育の重要性が認識されたが、学校では戦後30年間もその教育が行われていなかった。このような問題状況を踏まえつつ、わが国の理科教育ならびに科学教育の在り方を検討する。

　その主な内容として、第1節、第4〜7節では、まず、1.原子力の問題は典型的なトランス・サイエンス(超領域科学)の問題であること、2.人間は放射線を実際以上に怖いと感じること(リスク認知)、3.低線量被ばくの健康影響に関するデータには限界があることを述べる。また、4.日本の理科教育のカリキュラムでは、科学的な考え方、科学的な方法論を十分に習得できず、科学的リテラシーの欠如に陥り、子どもや成人に似非科学を蔓延させている現状を語る。そこで外国の理科教育の取組などを紹介して、冷静で合理的に考えられる日本人を育てるために必要な、科学リテラシーを身につけさせる理科教育への変革を提案する。第2、3節では、原発事故後のマスコミや行政にみられる放射線に関する基礎的な知識の欠如の例(「放射能汚染」といった誤った用語の使用等)を指摘し、この事故を契機に作られた「放射線などに関する副読本」と現行の理科教科書とにギャップが存在することを述べる。本来「科学」であるべき理科が、物理・化学、生物・地学に分けられることによって抜け落ちた科学知識を知り、理科に分散して記載された知識をどのように有機的に繋げて、個別の理科ではなく「科学」として教えるかについて言及する。

1　東日本大震災が理科教育に問うもの

　2011(平成23)年3月11日の東日本大震災は、巨大地震と大津波に加え、東京電力福島第一原子力発電所事故(福島原発事故)が発生し、人類が経験したこともない複合災害であった。また、この地震は最大震度7.0、規模はマグニチュード9.0 Mw(モーメント・マグニチュード、Moment Magnitude)と非常に破壊力のある地震であったことが明らかになった[1]。更に、この福島原発事故も国際原子力事象評価尺度(INES: International Nuclear Event Scale)でチェルノブイリと同じレベル7と最大級の事象と評価された。そこで放射線被ばくによる福島住民の健康影響は、チェルノブイリの住民と同様な厳しい健康影響があるかもしれないと危惧されている。但し「レベル7」だという結論は、大気汚染の広がりや周辺住民の生活への深刻な影響が「長期化」するという定義からである。福島原発事故で、これまでに放出された放射性物質の総量は、チェルノブイリ事故の約10％と発表されている。また、チェルノブイリでは全てが土壌汚染となったが、福島では大部分の放射性物質が太平洋側に流され土壌汚染は少ない。

　阪神・淡路大震災、東日本大震災などの震災を教育に生かせるのだろうか。そもそも教育の本質は自分(ヒト)を知り、周り(人間関係・自然・環境)を知り、生き抜く力を養うことだと考える。日本が地震大国であることを知り防災教育を行うことは大切である[2]。今回の原発事故を契機に、防災教育ばかりでなく、理科教育に原子力や放射線についての科学的知識を取り入れ、それらを身につけさせるべきであると痛切に感じている[3]。

(1) 理科教育改革について

　本章の目的は、「若者の理科離れ」、「分数の計算も出来ない大学生」という事態に陥っている我が国の「理科(科学)教育」に物申すことである。しかし、災害が起きた後、お粗末な日本政府の対応やマスコミの対応、自称放射線の専門家という人達の言動に呆れると共に、地震や原子力などの問題は科学的知識だけでは解決できない問題であることを指摘し、何故日本が対応できな

かったか、将来の理科教育に対して、この震災をどう生かせば良いかを提言したいと考えていた。しかし、『現代理科教育改革の特色とその具現化—世界の科学教育改革を視野に入れて』[4]という本には、本原稿に入れるべき内容が網羅され、諸外国の科学教育改革と日本との比較や、日本への示唆も書かれていた。今さら教育の専門家でない門外漢が書く必要がないように思われたが、この本が書かれたのは福島原発事故前であること、この事故で社会的混乱を招いている「放射線」や「人体影響」という問題について、理科教育という立場から、何が書き足らないのかを考え、放射線生物学を専門とする科学者の立場から本章をまとめることに意味があると考えた。放射線生物学は、そもそも物理学・化学・生物学・医学との学際領域の学問である。しかし原子力が加わると、理学系の科学のみならず人文・社会学や政治・経済学も交差するトランス・サイエンスとなる。

(2) トランス・サイエンス

　我が国はエネルギーの大半を海外に依存し、電力を用いるエネルギー自給率4％は先進国の中では最も低い。21世紀は中国、インドを筆頭にアジア諸国の経済発展と共に、エネルギー需要が急増しており、化石燃料の消費による地球温暖化など、エネルギー問題は地球環境と深く関わっている。未来の子供達や地球に生息するあらゆる生き物が共存できるような地球を維持するには何をなすべきかが問われている。

　生き物は環境に適応して進化してきたのに対して、ヒトは環境を住み易いようにつくり続けてきた異端児である。それ故に現在および将来の地球環境の維持には大きな責任がある。「持続可能なヒトの社会」だけを考えるのではなく、地球は有限の資源で成り立つ宇宙船（宇宙船地球号、Spaceship Earth）という認識に立って、産業、経済、科学、技術、ライフスタイルなどについての新しい考えや流れを、教育の現場に持ち込む必要がある。このような考え方は教養書や専門書にも扱われ、多くの科学者や一般の人達にも正しいと思われている。そして科学・技術は、人類が手に入れた、人類にとって合理的で優れた問題解決法の一つであることは間違いないであろう。

今回の東日本大震災で露呈した地震予知、原子力や放射線影響の問題、地球温暖化などの環境問題は、科学的データの蓄積も少なく不確実性も大きいにも関わらず、人類が早急に取り組まざるを得ない難題である。これらは政治的・経済的利害関係や倫理的問題とも深く関わっていて、一見科学で答えが出せそうで出せていない。このような問題を1972年代から指摘していたのは、米国の核物理学者アルヴィン・ワインバーグ(Alvin M. Weinberg、1915-2006)である。彼は近代科学が発展するにつれて科学と政治の領域がだんだんと区別し難くなり、この両者が交わる領域を「科学に問うことができるが科学だけでは答えることができない問題群[5]」と名付け「トランス・サイエンス(超領域科学、trans-science)」「科学を超える問題群(trans-scientific questions)」という概念を提唱し警告してきた。このような問題に立ち向かう教育をどうするかが今問われている。問題解決法の一つとして「コンセンサス会議[6]」なる実験的な対話型コミュニケーションが始められている。

(3) 要素還元主義とトランス・サイエンス

現代科学は、分析的手法で物質構造においては分子、原子、電子、原子核と、生命においては個体、組織、細胞、DNA情報と階層構造となっていることを明らかにしてきた。このような分析的手法を用いる「要素還元主義」の科学は、物理学や分子生物学で大成功を収めた。科学は「普遍性」を目指して進歩したものであり、科学者は自然が多様で複雑に見えても何らかの統一原理や首尾一貫した法則があると考えている。しかし、「要素還元主義」の科学や、既に要素還元主義を抜け出し非線形物理学や非平衡物理学などに発展している近代物理学にしても、まだまだ明確な判断を下せない不得意な分野も多い。気候変動、環境問題、生態系の問題、原子力や宇宙開発などの巨大科学、そして放射線の人体影響など、多くの学問分野の複合領域であるばかりか、特に政治や経済などが関わってくる分野である。

これらの分野の問題を「要素還元主義」の考え方で理解しょうとすると、逆に誤解・誤用・悪用によって、疑似科学に陥る危険性も多い。要素に分解しても分からないことをもって、「科学的根拠なし」と断定したり、相反する要

素をあげて「どちらとも言えない」と不可知論に持ち込んだり、本人に理解できないことをもって、挙げ句には「科学は信用できない」と決めつけることが起きている[7]。福島原発事故はまさに「トランス・サイエンス」の問題であり、政府行政機関やマスコミ報道によって「放射線・放射能に対する恐怖」を引き起こしている。このような問題の解決には、その分野の科学・技術の専門家だけに任せては解決できないことを認識しなければならない。

　3.11の福島原発事故を踏まえて科学哲学者、戸田山和久氏が書いた『「科学的思考」のレッスン―学校で教えてくれないサイエンス』の中で、「トランス・サイエンス」の問題を、3種類に分類しているのでとても分かり易い[8]。

　　1. 知識の不確実性や解答の現実的不可能性のせいで解決できない。
　　2. 対象がそもそも不確実な性質をもつために解決できない。
　　3. 価値判断とのかかわりが避けがたいために解決できない。

　これらの全て福島原発事故に対してあてはまるであろう。

(4) 福島原発事故の解決に向けて

　これまで「原子力や放射線のことを扱うにも、まず原発についての賛否の立場を明らかにしなくてはいけない雰囲気がある」という現場の教師達の発言があるように、政争の具となりやすい原発については教育現場でも避ける傾向があった。現在、福島原発問題や原子力を今後どうするかは、待ったなしの判断が要求されている。しかし、グレーの部分がある現象を白か黒かの二者択一の政治問題にすべきではない。その際、科学者は経済的、社会的、倫理的考慮も当然はいり込むことを前提とした正確な科学的情報を資料として判断に供すべきであろう。一般市民は当事者として、単に責任を追及して責任者に土下座させることではなく、これらの資料をもとに事故原因を追及して、二度と同じような事故を起こさないために何を実現すべきか、自分は何ができるかを考えて、解決に向かって努力する必要がある。

　事故後、4つの福島原発事故調査報告書(民間事故調、東電事故調、国会事故調、政府事故調)が出たが、結局、国の責務についての規則等に問題があるとされ、政治家の責任や東電の責任などは追及されているが、科学的専門家でない保

安員や政治家だけが記者会見に出て、専門的知識を持つ科学者(原子力安全委員会、放射線審議会などの委員)が準備されているにも拘わらず、出さなかったことによる混乱を招いたことに対する言及がない。外国の例を見習い日本の政治においても、科学的判断をした科学者を前面に出すべきであるし、学者集団としては、彼らをサポートする体制も確立すべきであろう。

　福島原発事故による放射線影響について、既に流言によって引き起こされる数々の被害が起きている。この問題を解決してゆくためには、放射線や放射能の人体影響の知識を社会全体で共有しなければならない。過去の「放射線」教育では、広島・長崎の原子爆弾(原爆)や原発などについて「社会科」で触れるだけであった。今後は、放射線を使う機器が医療や空港、工場などで使われ、人間生活と切り離せない存在になっているだけに「放射線とは何か」、「放射線の人体影響」などについての基礎知識を原発の賛否と関係なく「理科」で教育しておく必要がある。

　それには原子、分子を「粒子」として理解する知識だけでなく、可視光線などの電磁波と一緒に放射線の物理・化学の基礎知識や、生き物が自分に受けた損傷を修復する能力を持つなどの生物学の最新知識も学ぶ必要がある。

(5) 大人の科学技術に対する知識と子供の学力

　2002(平成14)年1月25日の朝日新聞の朝刊の第1面に「大人が深刻『理科離れ』」という見出しで「大人の学力」の国際比較の記事が出た。大人の科学技術リテラシーは、先進14ヶ国中12位である。科学技術への関心も、科学技術の内容を理解しているという自覚も非常に低い[9]。経済協力開発機構による別の調査によると、日本の15歳の科学知識レベルは31ヶ国中2位と高い[10]。米国の中高生のレベルはそれほど高くないのに、大人になるとトップレベルである。米国の大学の科学技術教育が充実しているからという記事であった。

　先進国の中で日本だけが、「子供の学力」と「大人の科学への関心の高さ」が相関していない。日本の大人の「科学リテラシーの欠如」は、理数系教育を軽視する日本社会の仕組みや大学入試制度に一因があると考えられる。マスコ

ミは、国際比較で子供の学力の低下を話題によくするが、本当は「子供の学力はそれほど落ちていないが、勉強嫌いの程度は世界一」という一番深刻な問題を余り話題にしない。多分子供達は大学受験のために仕方なく理科を暗記するので思考力は身につかず、受験が終われば暗記した事を忘れてしまうということかも知れない。

「ゆとり教育」が、理科教育の内容量と時間数を大幅に減少させ、小中学校の教科書からはみ出た内容を高校の授業に移行させたが、高校の理科（物理、化学、生物、地学等）は必修ではない。学生数の減少で出来るだけ多くの学生を獲得したい大学は、理系受験科目を減らし、入学のハードルを低くして、ますます理数系科目の教育の軽視に拍車をかけたと思われる。国際比較に使用された10問中一番出来が悪かったのは、「電子と原子の大小」や「レーザーと音波の関係」であるが、残念ながら義務教育である理科教育ばかりでなく高校や大学でもあまり教えられていなかった。

このような事実が発覚し、日本では「ゆとり教育」の反省と、30年間も「放射線」教育がされてこなかったことを反省して、2011（平成23）年の4月から、「放射線」を「環境とエネルギー」で取り上げる予定であった。しかし、20日前に起きた福島原発事故により「環境とエネルギー」だけでなく「理科」教育の中で、これら「放射線」の基礎概念を系統だって教える必要に迫られている。

2 新学習指導要領と放射線

2008（平成20）年2月に出された新学習指導要領によると、2012（平成24）年の新しい教科書から1998（平成10）年に削られた内容の多くは戻すことになっている[11]。「水圧と浮力、濃度、電力、力の合成と分解、仕事と仕事率、電子、イオン、原子の成り立ち、シダ植物とコケ植物、節足動物と軟体動物、進化、日本の天気、大気の大循環、遺伝の規則性、DNA、月の満ち欠け」などである。特に、「電子」「イオン」、「原子の成り立ち」、「進化」、「遺伝の規則性」、「DNA」は、「放射線や放射線の人体影響」を理解するには必須の基礎的知識・概念である。

福島原発事故後、政府やマスコミは「放射性物質による汚染」に対して「放射能汚染」と誤った用語を使い続けている。「放射能」とは「放射線を出す能力」である。「放射線」とは電磁波の電離放射線を指す場合が多いが、エネルギーの低い紫外線や可視光線などの非電離放射線を含む「電磁波」である。更に放射線と物質との相互作用を理解するには、原子・分子の基礎知識が必要となる。具体的には次のような事項が挙げられる。

(1) 電磁波

電磁波(放射線)とは、粒子(光子)と波の性質を持ち、エネルギーの高い(波長が短い)順に、γ線、X線、紫外線、可視光線、赤外線、マイクロ波、電波、低周波に分類されている。特に生命に大きな損傷を与える電磁波は、電離放射線のγ線とX線、そして非電離放射線の紫外線である。更に電磁波と物質との相互作用は、この電磁波の粒子性(光子)と関係し、光子の数ではなく、光子のエネルギーに依存している。

① 電離放射線

原子を構成している陽子はプラスに帯電し、核の周りを回っている電子がマイナスに帯電して、その電子の数と陽子の数は同数なので、一般に原子は電気的に中性である。γ線やX線の光子はエネルギーが高く(波長が短い)、生命を担う生体高分子DNAや水分子を構成する原子の電子(マイナスに帯電)にエネルギーを与え、自由電子として飛び出させる(電離作用)。マイナスに荷電した電子を失うと、結果としてプラスに荷電した原子となる。この電離によって反応性が高くなった原子や自由電子は、高分子であるDNA鎖を切断したり、DNA塩基を損傷する。このように放射線は、直接DNA分子に作用して傷をつける(直接作用：損傷の約30%を占める)ほかに、生命体の70%以上を構成する水分子にエネルギーを与え、反応性の高い活性酸素分子種(ヒドロキシラジカルなど)を生成する。生じたラジカルが間接的にDNA分子を傷つける(間接作用：損傷の約70%を占める)。γ線やX線など電磁波は、がん治療、X線写真、コンピュータ断層撮影(CT、Computed Tomography)、殺菌、

高分子の重合、非破壊検査など多方面に利用され、文明社会を維持する人類にとってなくてはならない存在である。電磁波には入れていないが、がん治療などに使われている粒子線(陽子線、中性子線、α線、重粒子線(炭素、ネオンなど)など)も電離放射線である。(**図10-1**)

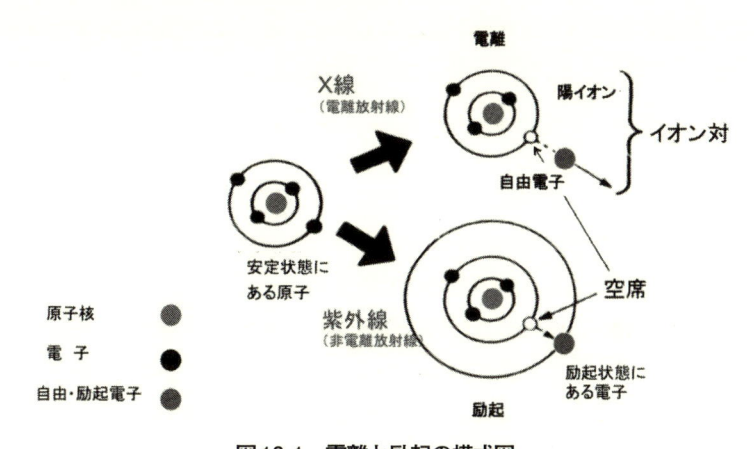

図10-1　電離と励起の模式図
電離や励起した電子や原子は生命にとって有害である。

②紫外線、可視光線、赤外線

　エネルギーの低い紫外線の光子も原子の電子にエネルギーを与えるが、電子を飛び出させるほどのエネルギーを持たず、エネルギー順位の高い外殻軌道に電子を移動させるだけである(励起状態)。この励起された電子を持つ原子は、高い反応性を持ちDNAの塩基間に新しい結合(ピリミジン2量体)を作り、結果としてDNAを傷つけることになる。紫外線よりエネルギーの低い電磁波は、電離を起こさないので非電離放射線とよんでいる。このような電離や励起という物理現象は、放射線照射を受けて10^{-15}秒という早さで起きる。この電離放射線と非電離放射線の紫外線は、生き物のDNA分子の結合を変化させて、突然変異、染色体異常、発がん、老化などを起こす原因の1つと考えられている。

　これら放射線の危険性を強調し過ぎた教育の「つけ」が、福島原発事故でま

わってきたと思われる。数年前から政府が使い出した「安全・安心な社会」という標語が、地方行政でも使われだし、一人歩きしている。この世の全ての事柄には光と影があり、安全(技術の問題)・安心(心の問題)な世界はこの世に存在しないことを、なぜ教えないのであろうか。自動車の運転も慣れてもう大丈夫と安心していると事故を起こすものである。また福島原発事故を契機に、彼が「○○なこと」を言ったので「○○な事態」になったという「言霊信仰」を止めて、最悪の事態のことを想定して議論し、検討することが慣習になればと祈っている。

　太陽光に含まれる紫外線は、皮膚がんや皮膚の老化などを引き起こすとして夏になると紫外線情報がでるようになった。更に光化学スモッグやオゾン層の破壊などというニュースのお陰で紫外線は身近な存在になった。この紫外線は人体に悪いことをするだけでなく、ビタミンDを合成する働きがあり、長い冬の間太陽を見ない北欧の人達が日光浴をするのはその為である。ヒトは紫外線を見ることが出来ないが、紫外線を見ることができるミツバチなどは種・雌雄の同定や花の蜜を探すのに役立てている。

　更にエネルギーの低い電磁波は可視光線である。この光は、理科の物理で凸レンズや鏡を使っての反射・屈折、虹などで、生物では物を視る、日周期の乱れを直す、日長の変化を感じてさえずり始めるウグイスや、光合成などで触れられている一番親しみ易い電磁波である。更にエネルギーが低くなるとヒトは再び見ることができない赤外線領域となるが、マムシやガラガラヘビなどはこの赤外線を探知して獲物を捕っている。しかし、ヒトでも太陽光の暖かさや焼き肉に使う炭の話などで実感することができるし、光通信やレーザー光線に利用されている身近な電磁波である。

③電波とよばれるマイクロ波、ラジオ周波(電波)、超低周波

　それよりエネルギーが低い電磁波は電波で、衛星通信や携帯電話に使用されている周波数領域である。電子レンジに使われているのは、マイクロ波である。スイッチを入れると水の振動数と同じ2,450メガヘルツのマイクロ波が出て、食品中の水分子を共鳴させて、水分子の運動エネルギーを増加させ

食品を温めている。この2,450メガヘルツの電波とは毎秒24億5千万回振動していることである。この電子レンジの原理を説明すれば、「熱」という物が単独に存在しないこと、「分子や原子の運動」そのものであることを理解することができる。

　それよりエネルギーが低くなると、一般テレビやFMラジオ、業務用無線、アマチュア無線、AMラジオなどのラジオ周波(電波)とよばれている。また最近オール電化で広まった電磁調理器に使われている電磁波で、ガスや火も使わず、電磁誘導による過熱、つまり誘導過熱(IH: Induction Heating)ということで、IH調理器として親しまれるようになった。　それよりエネルギーが低い領域は超低周波である。

④放射線防護の原則

　γ線やX線の性質をこのような一連の電磁波として学べば、放射線影響を軽減させる防護の3原則、放射線源から「距離を取る」、「遮蔽をする」、「作業時間を短くする」という意義は理解しやすい。皮膚ガンや老化を促進する太陽紫外線を浴びないようにするには、日傘や帽子、日焼け止めクリームを塗ることなどは紫外線を遮蔽することであり、長時間太陽に肌をさらさないことは、時間を短くすることである。但し、「太陽紫外線」の場合、距離を取るに関しては、太陽から地球まで届いた距離を考えると、少しくらい距離を離しても、その軽減効果は期待できない。しかし「可視光線」の明るさについて考えると、距離の二乗分の一で、その明るさが減弱することは実感できる。このように他の電磁波を例にすれば、放射線(γ線やX線)の生体影響を軽減する防護の一番大切な基礎知識を容易に学ぶことができる。

(2)放射線などに関する副読本

　文部科学省は、新指導要領に従って新しく追加した内容について、それらを教える立場にある教師の教育を充実させなければならない。福島原発事故を受けて、文部科学省は急遽「放射線などに関する副読本作成委員会」を組織して、「放射線を考えてみよう」という小学生とその教師用、「知ることから

始めよう放射線のいろいろ」という中学生とその教師用、「知っておきたい放射線のこと」という高校生とその教師用の副読本を発行した(2011.10)[12]。

　この副読本は、新指導要領と異なり「放射線」が電磁波の一種であること、放射線の性質や放射線の生物への影響なども取り扱われ、理解し易い解説書となっている。また教師用「副読本」はより詳しい内容となっていて、既に「副読本」は小学校で1時間、中学校で2時間教えることになっている。しかし真面目に取り組もうとする現場の教師からも、これらの副読本は、それほど高い評価を受けていないのが現状である。その理由は、今まで放射線についての知識を持たなかった教師が急に教える立場になるのに、カリキュラムが準備されていないという問題である。

　放射線の理解を困難にしているのは、放射線が見えず実感できないからであろう。そこで放射線の測定の原理、測定方法や「霧箱の作り方、見せ方」などの印刷物だけでなく、ガイガーカウンターや「霧箱」などを教材として配布し、実際に500g入りの特級試薬の塩化カリウム(KCl)を測定してガイガーカウンターの音を聞き、霧箱で放射線を見て、放射線を実感してもらい、同時に教えるコツも伝授すべきである。放射線の測定や、放射線を見ることを通じて、教える教師も教えられる児童・生徒も一緒に「楽しみながら」放射線の存在の認識と放射線に関する知識を身につけることが期待されている。

　一方、この「副読本」には「放射線は低線量でも危ない」ということが書かれていないと批判する人達もいる。更に、原発事故が起きた地元の福島大学の学者有志が、その批判に同調した「放射線と被ばくの問題を考えるための副読本」を作成した[13]。企画・執筆には、残念ながら放射線生物学や放射線医学の専門家は含まれていない。そのような人達が陥る盲点は、ピアレビュー(査読)を経ていない情報や出版物から自説に合うものを引用して、結論を出すことがある。低線量や低線量率の放射線の影響は、その専門領域の学者でも意見が分かれているだけに、その科学的な論拠を知るには原著論文まで遡って、その論文を精査し、データの信頼度を確かめて引用することが大切である。

3　放射線を理解するのに必要な理科とは

　この放射線に関する「副読本」をもとに教え、教わるのに必要な基礎知識・概念については、中学理科の教科書に十分な記述がないので補足する必要がある。特に理解を困難にしているのは、本来連携して学ぶべき基礎知識・概念が物理、化学、生物、地学に分散的に記述されていることである。そこで、ところどころに散りばめられた知識・概念を拾い集め、どのような知識を補足して、再構築すれば、大きな知識・概念として学べるかを検討した。

(1) 中学理科の第1分野「物理・化学」
①イオンと電離
　中学理科の第1分野は「物理・化学」である。原子が原子核と電子でできており、酸素や水素は、同一原子がそれぞれ二つ結合したH_2やO_2と表す分子（単体）として存在する。水H_2Oは酸素原子1個と水素原子2個が結合した分子（化合物）である。原子、分子の理解には、水とアルコールを混ぜると、体積は1足す1が2にならない事実を実験した後、1升のお米と1升の大豆を混ぜると2升にはならない観察から、水やアルコールが大きさの異なる分子からできていることを推測できると考える。食塩が水に溶けて、イオンになることや、化合物ができることを教えるには、原子や分子の構造、原子核と電子の理解も必要になる。しかも、水に溶けると「イオン」になる食塩を$NaCl$と表記するが、分子とはよばない。$NaCl$は食塩の「組成式」である。このイオンは原子や原子の集団（原子団）が電子を得たり失ったりすることにより、電荷を持ったものである。当然「電気」を学ぶにも、原子核と電子の基礎知識・概念がなければ理解できない。既に述べたように「熱」を理解するにも、原子や分子の知識・概念が必要になる。

②同位元素と放射性同位元素（放射性物質）
　物質を分割していくと「分子」が、それを更に分割していくと、それ以上分割できない最小単位の「原子」を、自然界の物質の基礎として小中学校で教え

ていた。しかし原子を更に分割すると、原子核と電子という世界があり、この原子核も分割できて陽子と中性子(質量は陽子と同じだが電気的に中性)から成り立つことを教えざるをえない。そうすれば、元素を陽子の数の順に並べた「周期表」が説明可能となる。

　この周期表を教える時に、周期表の同じ位置に入る元素という意味の「同位元素(同位体)」も一緒に教えれば、「放射性同位元素」にたどり着く。同位元素とは、同じ数の陽子数を持つが、「中性子」の数が異なる元素である。中性子の数が多く核が安定しない同位元素も存在する。この不安定な原子核は、ある確率頻度でエネルギーを放出して(崩壊して)別の元素になる。そのような同位元素を「放射性同位元素(放射性物質)」とよぶ。この時に原子核から放出される放射線の種類(γ線やβ線、時にはヘリウムの原子核(α線))は、放射性同位元素の種類によって異なり、そのエネルギーも異なる。1秒間に1つの原子核が崩壊してエネルギーを放出することを1ベクレル(Bq)としている。

③放射性同位元素カリウム40

　生き物は水で出来ていると言っても過言ではない。ヒトは体重にして50〜80％が水で出来ている。また、その体は約60兆個を超える細胞で出来ているが、水の約3分の2はこの細胞内にあり、残りの3分の1は細胞と細胞の間にある細胞間液と血漿(血液から血球や血小板を除いた液体成分)に存在する。当然、生命が海で生まれた名残として、ヒトの細胞外液(体液や血漿)は、ナトリウムイオン濃度が145mMで、カリウムイオン濃度が5mMと地球の太古の海水に近い濃度のイオンで満たされている。しかし細胞内のカリウムイオン濃度は140mM、ナトリウムイオン濃度は5〜15mMと逆転している。この生命に必要不可欠な原子番号19のカリウム元素には3種類の同位体が存在する。安定な原子核はカリウム39とカリウム41である。3種類目のカリウム40は、全体の約1万分の1(0.0117％)存在し、その核は不安定でβ線やγ線を放出して、カルシウム40やアルゴン40に崩壊する。その半減期は12億8千万年というから驚きである。これは最初の生命の誕生が約40億年前といわれているので、我々の先祖にあたる生命体は、現在の8倍以上

も強いカリウム40の放射線によって強い被ばくを受けていたことになる。

　日常生活で浴びている自然放射線は、世界平均で1年間に2.4ミリシーベルト（mSv）（約0.27μSv/h）である。その内訳は、大地より0.46、食物より0.24、宇宙より0.38、空気中に存在するラドンより1.3mSvである。日本の自然放射線は、世界平均より低く1年間に約2.09mSv（約0.24μSv/h）である。この大地や食物の放射線は、トリウム系列、ウラン系列、カリウム40などの放射性物質に由来する。

　生物に必須の元素のカリウムは、白米1kg中には約33ベクレルほど、海水1リットルあたり約12.1ベクレル含まれている。体重60kgの成人男子でカリウム40による被ばくは約4,000ベクレルである。これによる年間の内部被ばく線量は0.17mSvとなる。体内で1個のカリウム40が崩壊すると約250個の細胞を貫通するので、毎秒75万個の細胞が被ばくしていることになる。我々は動物や植物を食べているので、当然それらに含まれるカリウム40は体内に取り込まれ尿などに排出されるが常に平衡状態になっている。

④放射性同位元素セシウム

　原爆や原発事故で放出されて問題になっている人工放射性セシウムは、周期表では、カリウムと同じアルカリ金属で、体内でも陽イオンとしてカリウムと同様な挙動をとる。そればかりか放出される放射線も良く似ている。放射性セシウムはセシウム137とセシウム134の2種類があるが、今回の事故では約1:1の比率で放出された。この両者の半減期は異なり、セシウム134が約2年で、セシウム137が約30年である。更に、セシウムで汚染された地表から1mの位置での空間線量への寄与は、放出されるγ線のエネルギーの違いで、セシウム134が約73%、セシウム137が約27%である。そこで空間線量は、2年で約63%、4年経つと約45%と減少することになる。福島で放射線が危ないということも大切であるが、このような情報も含めて丁寧に説明することが大切である。放射性同位元素の由来が「自然」でも「人工」でも、放射線を出すことに違いはなく、自然由来だから安心、人工だから危険ということはない。後で詳しく述べるが、人体影響の程度は、放射線の種類

と浴び方と量などで決まる。

　放射性物質の半減期というと、一般には「物理的半減期」（放射性核種の原子の半数が壊変するのに要する時間）を指すが、体内に取り込まれるとずっと物理的半減期で居座っている訳ではない。生体の中で代謝・排出されて半減する時間（「生物的半減期」とよぶ）も考慮に入れる必要がある。セシウムの場合、小児では約8日ほどだが、歳を取るにつれ排出が遅れ、大人は100日ほどでやっと半減する。

(2)中学理科の第2分野「生物・地学（地球・宇宙）」
①光合成と呼吸とエネルギー

　植物における光合成では、空気中の炭酸ガスと水と光のエネルギーからブドウ糖が合成される。動植物における酸素（有気）呼吸では糖が分解されて、炭酸ガスと水と熱エネルギーと生物が利用できるエネルギー（ATP）が作られる逆反応である。この光合成と呼吸の理解においては、エネルギーの概念も同時に理解することが大切である。物理の熱エネルギーや運動エネルギーも、化学で用いる熱エネルギーも、生物の光合成や呼吸に出てくるエネルギーも、全てエネルギーという同じ概念である。このように化学や物理や、生物を理解する共通の基礎知識として「エネルギー」を教える必要がある。

②宇宙・地球・生命の進化、酸素抵抗性

　放射線と生命との関わりを考える場合、生命が誕生する35億年よりも、はるか昔の137億年前の宇宙の始まり（ビッグバン）に思いをはせる必要がある。ビッグバンの最初の数分で、水素の原子核が75％、ヘリウムの原子核が25％生まれた。それらが1億年かけてゆっくりと集まり、最初の太陽（核融合）が誕生して、暗黒の宇宙を明るく照らした。核融合という錬金術師である太陽が水素を使い果たして、大爆発（超新星）した60億年前には、現在見られる全ての元素が生み出された。爆発した太陽のかけら（核融合の死の灰）が再び集合して、銀河系の太陽、地球や月が生まれたのは、今から45億年前である。当然、放射性物質のウラン（半減期約45億年）や放射性カリウムな

どは半減期が長いため、現在は約半分のウラン238、約十分の一のカリウム40が大地に残存している[14]。

　我々の先祖である原始生命体は、地球誕生の10億年後に海で誕生したとされている。初期地球には反応性に富む分子状酸素はなく、生命体は酸化還元反応のエネルギーを利用する鉄細菌や硫黄細菌が全盛であった。その後、光と水から光合成をして、酸素を出すシアノバクテリアが現われ、この地球での生命体は酸素にさらされることになる。この酸素は生体に毒として作用する活性酸素などのラジカルを生成する。この酸素に起因するラジカルに抵抗性を持たない生命体は「いのち」を落とした。スーパーオキサシドジスムターゼ（SOD）、グルタチオンペルオキシターゼなどのラジカルを分解する酵素や、グルタチオンやセレン含有アミノ酸などの抗酸化物質を獲得して酸素抵抗性になった「したたかな生命体」だけが生き残ったと考えられている。

③オゾン層とバンアレン帯と放射線抵抗性

　しかも、この酸素毒（活性酸素）に対する抵抗性機構は、電離放射線が水と反応してつくる活性酸素種の毒性も消去し、放射線傷害を軽減している。そればかりか分子状酸素は、大気圏にオゾン層を形成し、降り注いでいた太陽紫外線を遮蔽して生命を保護する役目を果たしてきた。更に、酸素を必要としない（無気）呼吸（発酵など）の場合、ブドウ糖から2個のATP※生命特有のエネルギー※を取り出せるだけであるが、酸素呼吸では19倍の38個のATPを生産できるので、活動性に富んだ生命体を誕生させた。同じ頃、宇宙放射線が降り注いでいた地球に、地球ダイナモ[15]のスイッチが入り地球磁場が形成された結果、地球の周りに「バンアレン帯」が形成され、宇宙線を遮断して、宇宙線の脅威を軽減した。これらのお陰で、放射線（電離放射線や紫外線）や酸素に対する抵抗性（修復機構、抵抗機構）や免疫機構を獲得した生命体は海から陸へと進出し、更なる進化を遂げて、地球を我が物顔にばっこするヒトへと進化してきた。（図10-2）

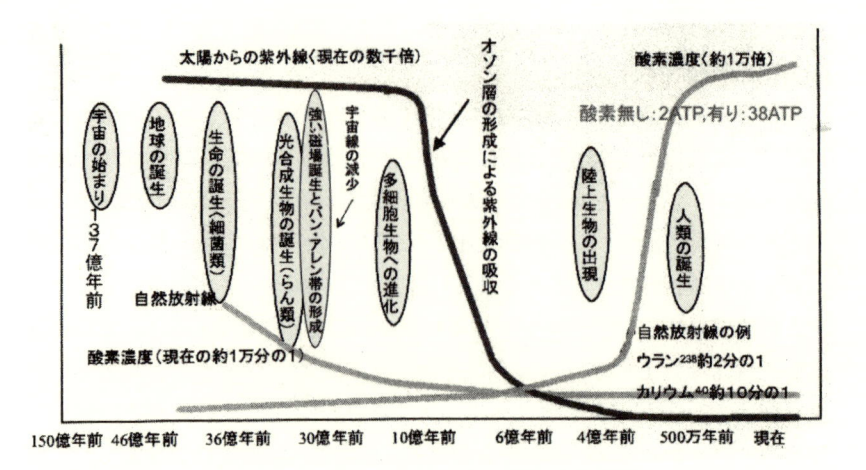

図10-2 宇宙、地球と生命の進化の模式図
放射線と酸素は生命にとって2大毒物である。

　考古学で年代測定に使われる放射性同位元素である炭素14は、この宇宙線（2次宇宙線の中性子）が大気中の窒素14と反応して常に合成されている。この炭素14が光合成で植物に取り込まれ植物が生きている限り新陳代謝で大気と平衡状態であるが、植物が切り倒される（死ぬ）と取り込まれた炭素14は崩壊するだけになる（半減期は5,730年）。そこで全体の炭素14と安定同位元素の炭素12の比率を測定して、いつの年代に切り倒されたかを同定している。当然、食物連鎖でヒトの体にも、常に約2,500ベクレルの炭素14が存在している。この炭素の他に、カリウム40（4,000Bq）、ルビジウム87（500Bq）、鉛210、ポロニウム210（20Bq）、セシウム137（20-60Bq）、トリチウム（50Bq）などで、体重60kgの日本人は、常に約7,000ベクレルの内部被ばくを受けていることになる。

4　放射線の人体影響

（1）放射線の影響は放射線の種類と浴び方と量で異なる

　高エネルギーの電磁波である放射線を生命体が浴びると、細胞核にある遺

伝を司る生体高分子DNAを構成する原子が、この電離や励起という興奮した状態の原子に変化する。その原子は、非常に反応性に富むためDNA分子内の化学結合を切断したり、異なった新結合を作ったりする。このような物理化学的なDNA分子の変化が放射線によるDNA損傷の本質である。一方、生命体は長い生物進化の過程で、切断されたDNAを再結合し、新結合を解除するなどのDNA修復能や、放射線に耐える機能を獲得してきた。

　放射線をうけたヒトの年齢、うけた線量の大小、全身か局所にうけたのか、また、同一の吸収線量であっても(高線量率で)一度にあたったのか、ゆっくりと時間をかけて(低線量率で)あたったのか、どのような放射線種(α線かγ線かβ線かなど)があたったのかによって放射線の人体影響は異なってくる。ある線量(しきい線量)を超えると何らかの症状(白血球の減少、下痢など)が現れるような急性障害(確定的影響)と、放射線を受けてからある程度の時間が経ってから現れる白血病やがんなどは、晩発障害(確率的影響)である。高線量放射線が危険であることは、一度に1シーベルト(Sv)[6]以上の被ばくをうけると、白血球減少、不妊、脱毛、下痢などの急性障害の確定的影響が発症することである。ヒトでは4 Svの被ばくで治療が行わなければ60日間に半数が死に至るなど、急性障害の深刻さについては議論の余地はない。

　しかし、マウスなどの実験動物で報告されている次世代に現れる遺伝的影響は、ヒトでは原爆被ばく二世と被ばくしていない二世の間では有意差はなく、遺伝的影響は見つかっていない。またマスコミなどが胎児被ばくは危ないと強調しているが、胎児被ばくも小児と同じ程度かそれよりも影響が低いことが報告されている。チェルノブイリ事故では、障害がないと考える線量(100mSv以下)であり、中絶を許していないキリスト教圏にも拘わらず1万人を超える胎児が堕胎された。世界においても放射線の人体影響についての正しい知識を共有していないことを暴露した悲しい出来事であった。

(2) 浴び方(線量率)と量(線量)

　原爆と異なり、今回の福島原発事故のような放射線の浴び方(線量率)と量(線量)での生物への影響はどうであろうか。高線量率で短時間に放射線を照

射したときに得られる生物影響に比べて、線量率を下げて時間をかけて照射すると、損傷は時間と共に修復され、その結果、総線量が同じでも生物影響は減弱する。これを線量率効果とよんでいるが、一般の人達にはあまり知られていない。同じ生物影響を得るのに必要な線量の逆比を線量・線量率効果係数(DDREF: Dose and Dose-Rate Effectiveness Factor))とよんでいる。現在、国際放射線防護委員会(ICRP: International Commission on Radiological Protection)は低線量の放射線被ばくのリスクを推定する場合、放射線による確率的影響は、線量と効果が比例する「しきい値なし直線仮説(LNT：Liner No-Threshold model)」を放射線防護の目的に採用し、DDREFとして2(線量の逆比だから低線量率の生物効果は高線量率の半分という意味)を用いている。多くの数値があるにも関わらず、この数値の根拠はラッセルら(W.L.Russel & E.M.Kelly)の10年以上の年数と300万匹を超すマウスを用いた実験に由来している。しかし残念ながら、マウスとヒトとは放射線に対する感受性(弱さ)も異なり、これだけ大規模なマウス実験でさえ100 mSv以下の影響についての影響は見いだせていない。更に0.01 mGy/min[17](600μSv/h)の線量率は、福島原発事故で問題になっている線量率からすれば随分と高く、このマウスの実験を適用するのは不適当と思われる。ヒトのデータがないからと言って、低線量・低線量率の放射線リスクについて、LNT仮説を適用し、低線量・低線量率として2を用いる科学的妥当性は殆どないと考える。

　放射線の浴び方として、体内に取り込まれた放射性物質による「内部被ばく」と体外の放射線による「外部被ばく」のどちらが危険かという議論がある。しかし「内部被ばく」と「外部被ばく」の吸収線量(シーベルト)が同じであれば、放射線影響は同じである。

(3)放射線によるがん死亡の危険の概要
　広島・長崎では原爆の爆発に伴い、一過性に大量の放射線が放出され、被ばく者はこれによる急性被ばくを受けた。被ばく者集団に対する原爆傷害調査委員会(Atomic Bomb Casualty Commission)(その後を引き継いだ放射線影響研究所)による疫学調査が現在も続けられている。被ばく後約5年以上経過し

た頃から、被ばく線量に伴い白血病が発症し、その後固形腫瘍(白血病以外の全腫瘍)で死亡する人も、被ばくしなかった人より少しずつ増加し始め、その傾向は現在も続いている。1950年における原爆被ばく者(爆心から2.5 km)と、対照として選ばれた調査集団(爆心から2.5〜10 km；5 mSv以下)との寿命が比較調査されている。それらは「寿命調査集団(Life Span Study cohort)」と命名された一定集団(広島・長崎の原爆被ばく者9万3千人と対照(コントロール)として非被ばく者2万7千人の計約12万人)であり、死亡率の追跡調査が1961年以来行われ、現在も行われている。放射線リスク評価において、この広島・長崎の原爆被ばく者の疫学研究がもっとも信頼性の高い疫学データといわれている。しかし、被ばく線量が100 mSv以下の場合は、原爆放射線被ばく者の調査に用いた集団は数が少なく、統計的に明らかに増加したというデータは取れていない。ICRP Publication 99 (2005)によれば、この12万人という人数では100 mGyのリスクを検出するのが統計学的な限度であり、10 mGyのリスクを検出するには60万人規模のコホートが必要といわれ、疫学調査の限界を示している。

　福島原発事故で良く使われるようになった放射線の単位1 mSv/yや20 mSv/yなどは、あくまでも放射線影響を最小限に防ぐ目的で採用された防護上の数値である。この値は、広島長崎の原爆被ばく者のデータから「LNT仮説」で外挿して得た「仮想値」である。それだけにごく低線量の放射線被ばく状況での集団線量に、この仮説を用いることは国連科学委員会(UNSCEAR: United Nations Scientific Committee on the Effects of Atomic Radiation)とICRPの双方が厳しく禁じている。

(4) 放射線の損傷と修復(DNA修復)

　放射線のDNA修復機構は、1950年代の後半から主に大腸菌を材料に進められ、紫外線に高感受性な突然変異株が単離された。その後ヒト細胞も培養できるようになり、紫外線に高感受性な遺伝病(色素性乾皮症・除去修復欠損症)の患者の細胞が、大腸菌の変異株と同じように紫外線で生じるピリミジン2量体を除去できないことが発見され、紫外線のDNA修復の研究が急

速に発展した。電離放射線の修復系は、その損傷が多様であることから研究が遅れたが、ヒトの劣性遺伝病で電離放射線に高感受性な毛細血管拡張性運動失調症患者の原因遺伝子が単離された。更にヒトのDNA二本鎖切断（DSBs:Double Strand Breaks）も修復されることも明らかにされた。その結果ヒトも含めた全ての生き物がこれらDNA損傷修復系を持ち、それも種々の修復系が何段構えにも備えられていることが明らかにされた。

ヒト細胞や動物細胞に約1Svのγ線を照射すると、細胞あたり約60万個の分子が損傷を受ける。DNAの損傷は約数千個という計算になる。その主な損傷は、塩基の損傷、塩基遊離による脱プリン／ピリミジン部位（AP部位）、一本鎖切断（SSBs：約1,000個）、DSBs（約30個）、DNA-DNAやDNA-タンパク質の架橋結合などである。しかしDSBs以外の損傷は修復されやすいと考えられている。放射線が照射されなくてもヒト細胞では、DNA合成や生体内化学反応で生じるラジカルなどで様々な損傷が生じ、DSBsでさえ、1日あたり1細胞に約10個生じていて、ほぼ完全に修復されているといわれている。だから、我々の先祖も我々も無事生き続けていることになる。100 mSvの急性照射では、約3個程度のDSBsが作られるので、低線量率でゆっくりと照射された放射線の場合には更に少なくなり、常時働いているDNA損傷修復能でDSBは完全に修復されていると考えられる。

(5)高自然放射線地域と定期航空便のパイロット

自然放射性物質であるカリウム40やトリウムを含む花崗岩地帯が関西に広く分布している。自然放射線は関東（1 mSv/y以下）より関西（1 mSv/y以上）の方が少し高い。世界的にはいくつかの高自然放射線地域がある。インド南西端のアラビア海に面したケララ州は、黒い砂（モナザイト：トリウム、ウランを含む）の海岸地帯を持つ。この地域の人口は1991年の調査によると385,103人、世帯数約7万を数える。2001～2002年に、ケララ州カルナガパリ地区の高自然放射線地域4区（平均3.8 mSv/y、最高35 mSv/y）：チャバラ、ニンダカラ、アラパド、およびパンマナ、約12万人）と対照地域2区（オアチラとテバラカラ、約6万人）として、がん死亡リスクを比較すると、中国の高自然

放射線地域での調査結果とほぼ同程度で、年間被ばく線量が数mSvと高くても、がん死亡リスクの増加は観察されていない。

定期航空便のパイロットは、飛行中に年間平均2～5 mSvの宇宙線を地上にいる場合より余分に浴びている。この被ばく量の累積値とがん死亡率の関係が、欧州7ケ国の男性パイロット19,184人について、1960～1997年間にわたって調査された。パイロットと比較したコントロール集団は各国の一般人である。宇宙線を25 mSv以上被ばくしたパイロットのがん死亡率は、余分の宇宙線を浴びていない一般人のがん死亡率より有意に低い。

5　放射線と社会

(1) なぜ、放射線を怖いと感じるのか

日本人にとって放射線の怖さは、1945(昭和20)年8月6日の広島(その年の12月には約247,000人の死亡)、8月9日の長崎(12月には約74,000人の死亡)の原爆及び1954(昭和29)年3月1日のビキニ環礁での水爆実験による第五福竜丸の被ばく事故(久保山氏死去：長く放射能症と思われていたが輸血による肝炎)の惨劇から、日本人にとって「放射線は怖い」ものだと思われてきている。当然、その後に起きたスリーマイル島及びチェルブイリ原発事故が拍車をかけたことも否めない。

リスク認知の第一人者であるポール・スロビック(P.Slovic)心理学教授が1987年にまとめた研究では、一般の人びとの「恐ろしい・怖いとの判断」を、「恐ろしさ」「未知性」「リスクにさらされる人数(災害規模)」の3つにまとめている[18]。「恐ろしさ」には、「制御できない」、「結果が致命的である」、「自発的ではない」、「後の世代にリスクが及ぶ」などの評価が含まれている。また、「未知性」には、「観察できない」、「結果が出るのに時間がかかる」、「新しいリスクである」といった評価が含まれている。そういう意味では、「放射線」は一番恐ろしい部類に属している。このような一般の人びとのリスク認知は、リスクの大きさを、影響度「危険有害性」とその可能性「生起確率」の積として評価する専門家の判断とは大いに異なっている。

このように、リスク概念には確率的発想を基礎にしているが、日本人は確率という概念そのものを理解していない。科学技術庁の調査データによると[19]、日本人成人のうち、確率の意味を正しく理解していたのは、たった31〜44%に過ぎなかった。つまり、日本人はリスク概念を31〜44%しか理解していないことになる。外国のブラックユーモアで、この病気は難しく100人に1人しか助からない。幸いにも貴方は当病院の100人目の患者で、既に99人は亡くなっているので、貴方は大丈夫ですと言うのがある。これだと、さすがこの確率の話はおかしいと誰にでも分かる。しかし、確率の説明に宝くじを例に説明することがよくある。一般に宝くじ券の発行は多いし買ってもほとんど当たらないので、この比喩は正しいと思いがちだが間違いである。百分の1の確率で当たり券があるとして、たった百枚のくじ券しかなければ、99人が引いて当たりが出なければ最後の1枚に当たりくじが残っているはずである。そうでなければ詐欺である。しかし、確率とはそうでなくて、例え百枚の宝くじに一枚の当たりくじが入っているとしても、各自が引いたくじ券を再び元に戻して、次の人が引くという操作をするようなものである。その場合にはどの人も同じ確率(百分の1)で当たりくじを引き当てる可能性がある。その上、百人が引いても当たり券が出ない場合もあるし、当たり券が2回も出る可能性もある。このような説明ならば宝くじを例にしても、確率の本質が理解出来ると思う。

　しかし世間に流通している考え方は、すでに266頁で述べたように、このような確率を基礎にしたリスク概念とはほど遠い「安全・安心」という考え方である。安全と危険、安心と不安という二値論理で物事を判断する思考法であるが、これには大きな落とし穴がある。「安全」の反対が「危険」であると一般に考えられがちだが、危険はその対象となるシステムや事象の中で1つでも危険な点を挙げれば「危険」のラベルを貼ることが出来る。しかし、安全はそのシステムや事象の全ての点で安全でないと「安全」とは言えない。つまり、「危険」とするのは簡単だが、「安全」と言うのは証拠を挙げて証明する必要があり、考えられる全てについて行うことは不可能に近い。更に、「安全」と言った後に、後から危険性が見つかると責任問題が生じるが、「危険」と言ってい

れば「可能性があるのだから警告を発しただけ」と言えば、たとえ間違っていても責任が問われない。

本当は「安全」という言葉の代わりに、「リスク」概念を理解してもらった上で「リスクが少ない」という表現を使うべきであろう。

(2) 生物学と原子炉

戦後、理科(生物、物理、化学、地学)の中で、一番急激な変化にさらされ、「パラダイムシフト」したのは生物学(医学分野を含む)である。かつて生物学は、博物学や分類学だと思われ、暗記もの教科といわれてきた。近代生物学が、環境を知る上でもヒト(自分自身)を理解する上にも重要な教科となるのに、原爆が深く関係していたことはあまり知られていない。1945年の広島・長崎の原爆被害に驚き、放射線がヒトの遺伝子に及ぼす影響に不安を抱いた米国原子力委員会は遺伝学の研究に大金を注ぎ込んだ。その研究費の一部が博士号取得前奨学金としてインディアナ大学の若き遺伝学者ジェームス・デューイ・ワトソンにわたり、1953年近代生物学の扉を開く「DNA二重らせん構造」の発見に至った。

近代生物学や医学は、この生体高分子DNAを基礎に、原子炉で造った人工放射性同位元素などを利用して発展してきたと言っても過言ではない。そして近代生物学の知識を身に付ければ、マスコミで良く話題となる、がんの診断・治療、DNA修復、遺伝子診断、アレルギー、鳥インフルエンザ、狂牛病、遺伝子組換え植物、クローン生物、iPS細胞などを理解する上に役立つにもかかわらず、小中高を優秀な成績で卒業しても例え大学を出ても、十分な知識を身に付けられないのは残念である。その一因は、大学入試で生物学[19]が必須になっていないことかも知れない。

米国のシカゴ大学のフットボール競技場だった古い建物の脇に「1942年12月2日に、人類はここにはじめてのウランの連鎖反応を起こすこと(原子炉を作ること)に成功して」という記念碑があることは良く知られている。しかし実は、地球上では人類の前に自然がウランの連鎖反応を始めたことは、あまり知られていない。約17億年前にアフリカの西岸ガボン共和国のオク

ロ (Oklo) 鉱山で、天然の原子炉が出来ていたこと、その天然原子炉が軽水炉型で、約数十万年も連鎖反応を続けていたことが1972年にフランスによって報告されている[20]。

(3)似非科学と理科教育

既に述べたが、γ線やX線や紫外線などのエネルギーの高い電磁波の光子は、電子を電離や励起してDNA分子の結合の分解、新しい結合形成、突然変異誘発などを起こす可能性がある。しかし、マイクロ波の光子は化学結合を伸ばしたり曲げたりはするが、化学結合を切るほどのエネルギーを持たない。だから遺伝子DNAに変化も与えず、ましてや発がんのような生物影響を引き起こすことは考えられない。この電磁波のマイクロ波を悪役に仕立てた悪徳科学ジャーナリスト(ポール・ブローダー、Paul Brodeur)や弁護士がいた。根拠のない話(似非科学)をネタに「送電線の電磁場の恐怖」、「マイクロ波による脳障害」、「気象レーダーは流産やがんを誘発」などとして、アメリカやカナダで莫大な賠償金目当ての訴訟を起こしていた。結果としてアメリカ政府は250億ドルという大金と18年の研究を通じて「マイクロ波による健康被害はない」ことを明らかにせざるを得なかった[21]。

日本でもポール・ブローダーの本は翻訳され、この物理用語「マイクロ波」はアメリカと同様に大衆を惑わせた。教師が道徳教育の道具として使ったことで有名になった似非科学の「水からの伝言(波動教育社)」では、「振動」という物理用語が使われていた。最近まで、テレビコマーシャルで大手電機メーカーが「マイナスイオン[22]」というキャッチフレーズで、掃除機、クーラー、乾燥機、除湿器などを宣伝・販売して、これら企業を儲けさせていた「化学用語」の「イオン」もしかりである。

現在も多くの大手化粧品会社が「お肌がツルツル」というキャッチフレーズで「コラーゲン、collagen」という「生物用語」を使っているが似非科学である。真皮、靱帯や軟骨に多く含まれる分子量約10万のコラーゲンタンパク質は、アミノ酸に分解され吸収されるが、体の中で再びコラーゲンになるとは限らない。その合成にはアミノ酸のリシンやビタミンCが必要で、これらがない

とヒトの体で作られない。

　このような疑似科学を大手企業が商売に使い、それを簡単に信じる日本の大人の「科学リテラシー」の欠如は、「科学用語」を正しく理解していないという単純なことではないだろう。日本の理科教育の何処に問題があるから、似非科学がまかり通ることになるのだろうか。子供時代に理科で良い成績を取っても、大人になると科学リテラシーを持っていないことを既に述べたが、子供だけの問題ではないようである。大人も含めた生涯教育の重要性が浮かび上がってくる。

(4) 科学リテラシー

　「科学リテラシー」が単なる科学に対する知識量ではないことは、1985年に始まったアメリカの全米科学振興協会(American Association for the Advancement of Science)による理科教育改革プロジェクト「全てのアメリカ人のための科学、Science for All Americans」という試みで明らかになった。1989年に出版された"Science for All Americans"[23]とその続編"Benchmarks for Science Literacy" (1993)[24]で知ることができる。その「科学リテラシー」向上のための「プロジェクト2061」の序文に科学リテラシーの説明がある。

　「科学リテラシーは、数学や技術にも、自然科学や社会科学にも関わるものであるが、種々の側面を持っている。自然界に親しみ、その統一性を尊重すること；数学や技術や科学が相互に関連することの重要さを認識すること；科学の重要な概念や原理を理解すること；科学的な思考ができる能力をもつこと；科学、数学、技術が人間の営みであることを知ること、それらが示す有効さと限界を知ること；個人や社会のために科学的知識や科学的思考法を活用できること、などがあげられる。」

　Science literacy—which encompasses mathematics and technology as well as the natural and social sciences—has many facets. These include being familiar with the natural world and respecting its unity; being aware of some of the important ways in which mathematics, technology, and the sciences depend upon one another; understanding some of the key concepts and principles of science; having a capacity for scientific ways of thinking; knowing that science, mathematics, and technology are human enterprises, and knowing what that implies about their strengths and limitations; and being able to use scientific knowledge and ways of thinking for personal and social purposes.

　残念ながら、「全てのアメリカ市民が持つべき科学」の基礎的知識を、種々の分科会を作り、リストアップしてみると余りにも膨大な数となり、それらを全て知っている人はいないということになり、このプロジェクトは挫折した。戸田山氏[7]が1995年に発刊されたモリス・シャモス（Morris H. Shamos）の「科学リテラシーの神話」[25]にその経緯が書かれていることを紹介している。

　そうなると「科学リテラシー」とは、知識量でなく、「科学的な考え方」や「科学的な方法論」を習得していることになるが、「どのようにすればそれを身に付けられるのか」というのが問題となる。科学は客観的なことを扱い、他の知識との整合性がなければならないし、科学には常に不確実性が付きまとっている。リスクの検証には限界があり、「絶対に危険はない」、「リスクはない」とはいえない。そうなると、小中高で、「科学は、常に明確な答えがある」かのように教えるのは良くないことになる。

6　世界の理科教育の動向

　この問題について、日本科学教育学会会長もされた小川正賢氏[26]が、『科学と教育のはざまで』（2006）という著書の中で「いろいろな科学リテラシーに関する議論や調査を眺めてみると、一つだけどうしても欠落しているものがあることに最近気づいた。それは、科学リテラシーの現実的な基準（到達目標）がないという点である。」と述べている。更に、科学リテラシーの必要性を強調している科学者や技術者にしても、その研究集団としては高いであろうが、各個人としては、科学リテラシーのレベルに大きな偏りがあり、一般の人達に高い科学リテラシーを望むのはおかしいのではないかという疑問を投げかけている。この疑問はもっともだと考える。更に別の視点からみる

と、多くの人が自分達の行動を決めるにあたって、「科学」は多数の要因の一つに過ぎないことが知られているからである。

しかし、『現代理科教育改革の特色とその具現化—世界の科学教育改革を視野に入れて』(2010)[4]を読めば、世界各国(アメリカ、イギリス、ドイツ、フランス、フィンランド、中国(北京)、中国(上海)、中国(香港)、韓国、台湾、シンガポール)で科学教育改革が検討されていることが報告されている。各国とも「科学リテラシー」を強化することについての言及があることからして、「科学リテラシー」について、検討する必要がないということにはならない。

欠落しているもう一つの議論は「最低限の科学知識とは何か」である。それには他国の理科教育改革を参考にすることが良いヒントを与えてくれる。基本的な科学知識の最大公約数的な部分を作る努力をしなければならない。

既にアメリカはAAAS2061プロジェクトの「科学リテラシー 2061」から、1996年に全米研究審議会(National Research Council)が公表した全米科学教育スタンダード(National Science Education Standards)を作成したが、オバマ政権になり、新しい教育改革を提案し、全米科学アカデミーが「新しい教育スタンダード」の検討会議を始めている。教師のためのデータバンクの充実、デジタル化された様々な指導案や映像教材が作成され、毎年新しいものが付加されているそうである。日本にもこのようなデータバンクを設立する必要がある。

イギリスでは、歴史的にScience for Allが標榜され、努力されてきた。21世紀に入り、子どもの科学教育の目的は、「市民として現代社会に行動的かつ教養ある参加をするために必要な知識とスキルを獲得し育成する」ことであるとして、Twenty First Century Scienceが開発された[27]。14歳から16歳の2年間で科学の授業時間を全カリキュラムの20％とする。重要な科学について、深く学習することはないが幅広くかつ定性的に把握する16項目(化学物質、化学変化、物質とその特性、生命体と相互依存、生命の化学物質循環、生命体の基本単位としての細胞、生命の維持、遺伝についての遺伝子説、自然選択による進化論、病気についての細菌説、エネルギー資源と利用、輻射の考え、放射能、地球の構造と進化、太陽系の構造、宇宙の構造と進化)を10％とし、科学についての

科学的知識の特徴やそれらが獲得され、評価を受け、洗練される方法について知る必要があるとしての6項目（データと限界、相関関係と原因、説明の展開、科学的コミュニティー、リスク、科学と技術についての意思決定）を10%として構成されたハイブリッド型カリキュラムである。これは非常に参考になると思われる。特に後者の6項目は、「科学リテラシー」を学ぶに必要なカリキュラムだが、日本の小中高の理科教育ばかりでなく、大学の科学教育においても参考にすべき、日本が一番遅れているカリキュラムだと考える。

7 疑う心、正しく恐れる

　世界の国々が理科教育の大切さを痛感して、各国の科学者達自身も理科教育に取り組んでいるが、日本はどうであろうか。科学者の守備範囲が益々狭くなり、蛸壺的な知識に陥りがちであるのに、大学の教養課程をなくした背景には大学の教員の主要な任務は研究だとし、教育や教育管理を軽視したところにある。法人化直前に退職したので実感はできないが、大学の法人化後さらに研究環境さえ悪くなったと聞いている。多くの管理職ポストができたにもかかわらず、大学教員の研究、教育、管理経営に関する分業化は、逆になされていない。更に、学術会議も政府主導の学術審議会ができたことで、その機能を失ってきた。3.11を契機に、日本の学者集団も、理科教育をどうすべきか検討すべきである。そして現在の教師の責任を問う前に、まずは知識を持つ専門家や研究者が、子供の目線で、分かりやすく知識を伝える努力をしなければならないと考える[28]。義務教育に教員免許を持つ教師だけでなく、そうでない人達も参画できるような、柔軟な教育制度にすべきであろう。
　「科学リテラシー」を教えることは、そう簡単ではない。とはいうものの、基本は子ども達が本来持っている「なぜ」と問う好奇心を失わせず、また「疑う心」を教えることであろう。「疑う心」とは、一見合理的な考えから矛盾を見つけ出すことだと考える。学校教育では、知識を教えることが優先されて、教えたことをひたすら信じ込むようなことになっている。教えていることは合理的なことばかりであるが、この世の中には、非合理的なこと及び未だ合

理的な説明ができないことの方が多い。そういう意味で、これまで問題になってきた「似非科学」について、反面教師の例として教えることにより、「科学リテラシー」の本質を学び取れると考える。

当然、「科学リテラシー」の育成を目的としてイギリスが開発したTwenty First Century Scienceの科学カリキュラムを日本に導入すべきであろう。

川上正光氏[29]が、日本の教育は明治時代から「各人の能力を引き出し、知能を啓き育てる」のではなく、「教え育てる」ことに重点を置き、答えを出す過程でなく、その結果の点数だけの評価なので、clever（頭の回転が早いが深さに欠ける）を育ててもwise（知識経験が豊で物事を正しく判断し対処する能力がある）な子どもを育てられないと苦情を述べている。彼が提案するように、知識経験が豊かで物事を正しく判断し対処する能力を身につける教育方法に変えて、科学ができる子供を育てたいものである。

次世代を担う子ども達に、知識を伝えるということが、教育の本質である。物理学者寺田寅彦氏の随筆に出た「正当に怖がることはなかなかむつかしい」[30]という言葉は、今回の事故でますます有名になったが、放射線に関する正しい知識・概念を身につけて、「正しく恐れ」て、行動して欲しいと願っている。

　　　ものを怖がらなさ過ぎたり、
　　　怖がりすぎたりするのはやさしいが、
　　　正当に怖がることはなかなかむつかしい。　（寺田寅彦）

謝辞　この原稿の仕上げるに当たり、尾池和夫京大名誉教授、大西武雄奈良医大名誉教授の他、多くの先生からコメントを頂き感謝している。

注

1　地震の破壊エネルギーの大きさを表す尺度。地震を起こした断層運動の強さから算出する。地震計の針の揺れから算出するマグニチュードよりも地震そのものの規模を正確に表す。

2 (中学校指導要領)問(3)傷害の防止に、二次災害が示された理由を説明してください。答 二次災害については、現行の学習指導要領解説に「地震に伴って、津波、土砂崩れ、地割れ、火災などによる二次災害が発生することがあることを理解できるようにする。」と示していました。今回の改訂において、個人生活における健康・安全に関する内容を重視する観点から、学習指導要領に新たに明記することとしました。これは，防災の有効性をより高めるためには、災害発生時と同様、実際に災害をもたらしている二次災害を取り上げることが必要と考えたからです。したがって、今回の解説には、二次災害の発生に加えて、二次災害によって生じる傷害の防止についても示しています。
3 独立行政法人科学技術振興機構 "Science Window"「この震災が理科教育に問うもの」5 巻 2 号 通巻 40 号、2011 年 6-7 月。
4 橋本健志、鶴岡義彦、川上昭吾編著『現代理科教育改革の特色とその具現化—世界の科学教育改革を視野に入れて』東洋館出版社、2010 年。
5 questions which can be asked of science and yet which cannot be answered by science
6 コンセンサス会議とは、政治的、科学的、社会的利害を巡って論争状態にある科学的もしくは技術的話題に関して、素人からなるグループが専門家に質問し、専門家の答えを聞いた後に、この話題に関する合意を形成し、最終的に彼らの見解を記者会見の場で公表するためのフォーラムである (Joss & Durant,1994)。その発端は 1996 年代にイギリスで起こった BSE (牛海綿状脳症)問題である。人間への BSE の感染は可能性が低く、牛肉を食べることが安全であると政府及び専門家が、国民に繰り返し流しながらそれを撤回せざるを得なくなってことによって、政府や科学者への「信頼の崩壊」が起きた。この信頼の再構築をする方法として考えられた対話型コミュニケーションである。
7 池内　了『疑似科学入門』岩波新書、2008 年。
8 戸田山和久『「科学的思考」のレッスン—学校で教えてくれないサイエンス』NHK 出版新書、2011 年。
　素晴らしく良く書かれた啓蒙書である。残念ながら、唯一間違った判断は、ECRR (European Committee on Radiation Risk) と ICRP を科学的に同程度に確からしい対立仮説としたことである。ECRR の主張する根拠は信頼性が薄く、同程度に確からしいとは言えない。
9 これらの生データは、科学技術政策所のホームページの調査研究一覧の No72 (科学技術に関する調査)に掲載されている。http://www.nistep.go.jp/achiev/results01.html
10 「子供の学力」の国際比較については、国際教育到達度評価学会 (IEA, The

International Association for the Evaluation of Educational Achievement）による国際教育調査報告者のデータや、経済協力開発機構（OECD, Organization for Economic Co-operation and Development）の調査による 2000、2003、2006、2009 年に行われた 15 歳（高校 1 年）の数学と理科の国際比較（PISA, Programme for International Student Assessment）を参考にしている。日本の子供の科学的リテラシーの OECD 加盟国中の順位の推移は、2000 年（1 位）、2003 年（4 位）、2006 年（6 位）、2009 年（4 位）となっている。

11　小・中・高など学校の各教科・科目などの内容「理科」
- 「エネルギー」「粒子」「生命」「地球」などの概念などを柱として、発達の段階を踏まえた内容の構造化を図る。
- 科学的な思考力・表現力の育成を図る観点から、観察・実験の結果を整理し考察する学習活動などの充実を図る。
- 観察・実験や自然体験、科学的な体験の一層の充実を図る。
- 学ぶことの意義や有用性の実感、科学への関心を高める観点から、実社会・実生活との関連を重視した改善を図る。
- 高等学校では、物理、化学、生物、地学の 4 領域の中から 3 領域以上を履修するよう科目構成を見直す。

12　この文部科学省のホームページから、誰でもダウンロードできる。http://www.mext.go.jp/b_menu/shuppan/sonota/attach/1313004.htm

13　このホームページより、誰でもダウンロードできる。https://www.ad.ipc.fukushima-u.ac.jp/~a067/FGF/FukushimaUniv_RadiationText_PDF.pdf

14　内海博司「放射線と生命のかかわり」日本栄養士学会雑誌 54,11,9（2011）

15　地球ダイナモ：地球には磁場（地磁気）があるが、それは地球内部のダイナミックな活動を反映しているものである。地球の内部の鉄やニッケルを多く含んだ核（コア）の大部分は溶融しており，それが自転と熱対流によって回転することで電流を生じ、この電流が発電機（ダイナモ）のように大規模な磁場を生成・維持していると考えられている。

16　シーベルト（Sv）は異なる放射線の影響を比較するときに重要な放射線の単位である。生体（人体）に受けた放射線の影響は、放射線の種類と当たった部位（臓器や組織）によって異なる。注 17 に説明している吸収線量（グレイ）に、放射線の種類や対象組織ごとに決めた加重係数を乗じてシーベルトを計算する。例えばエックス線やガンマ線では 1 グレイは 1 シーベルトと同じだと考えて良い（中性子やアルファ線などは別）。より詳しく述べると、人体への影響を表す方法には、実効線量と等価線量があり、単位は同じシーベルトであるので分かり難い。等価線量は、人体のある臓器・組織が放射線を受けた時の影響に放射線の種類による影響の大きさを加えた

線量である。実効線量は、それぞれの臓器・組織が受けた等価線量に臓器・組織（臓器・組織1からNまで）の影響について重み付けをして足し合わせたものである。等価線量＝吸収線量×放射線の加重係数である。実効線量＝（臓器・組織1の等価線量×臓器・組織1の加重係数）＋…＋（臓器・組織Nの等価線量×臓器・組織Nの加重係数）。組織荷重係数とは、骨髄などの弱い臓器は0.12、強い臓器の皮膚や脳は0.01という係数である。甲状腺はその中間で0.04である。放射線の種類での荷重係数は、γ線やX線やβ線は1、陽子線は2、粒子線（α線、重粒子線など）は20としている。

17　グレイ（G）とは、ある物質に放射線が照射されたときに、その物質の吸収線量を示す単位である。放射線は最終的には熱になるので、単位質量あたりに発生する熱エネルギー（J/kg）として定義される物理量である。

18　P.Slovic, Perception of risk, Science, p.236, p.280,1987.

19　科学技術庁科学技術政策研究所「日・米・欧における科学技術に対する社会意識に関する比較調査」平成2・3年度科学技術振興調整費調査研究報告書、1992年。

20　約10数年前（1999.2.20）に、筆者が朝日新聞の論壇に「東大の医学部生にニワトリの絵を描かせると4本脚の絵が約2割いた」、「京大医学部でも80％の学生が高校で生物が取っていない」と嘆いて「生命科学を大学入試の必須に」という題で投稿した後、医学部と薬学部への入学試験に生物学が必須になった経験がある。

21　黒田和夫『17億年前の原子炉』講談社（ブルーバック）、1988年。

22　ロバート・L・パーク、栗本さつき訳『わたしたちはなぜ「科学」にだまされるのか ニセ科学の本性を暴く』主婦の友社、2007年。

23　この「マイナスイオン」は科学用語ではない。それを科学的に立証されているかのように、誤解を故意に与えるやり方は、疑似科学・オカルト・霊感商法に属する犯罪と考える。毎日新聞2012（平成24）年8月23日（木）の記事「イオン発生機能付き」をうたう高性能ドライヤーについて家電大手4社が十分な実験をせずに髪の潤いや保湿の効果があると宣伝していたことが、東京都の調査で分かった。都は景品表示法の不当表示に当たる可能性があるとして適正な実験をするよう業界団体に要請。4社はカタログや広告の内容などを改める方針。

24　このホームページより、誰でもダウンロードできる。　http://www.project2061.org//tools/sfaaol/

25　このホームページより、誰でもダウンロードできる。　http://www.project2061.org//tools/benchmarks/

26　M.H.Shamos, The Myth of Scientific Literacy, Rutgers University Press, 1995.

27　小川正賢『科学と教育のはざまで　科学教育の現代的諸問題』東洋館出版社、2006年。

28　R.Millar, Twenty First Century Science: Insights from the Design and

Implementation of Scientific Literacy Approach in School Science, International Journal of Science Education, 28, p.1499, 2006.
29　渡辺政隆監訳、野中香方子翻訳『科学教育の危機を救ったレオン・レーダーマン　科学力のためにできること』近代科学社、2008年。
30　川上正光「独創性啓発のための毒舌と薬言」、川上正光、本間三郎編「脳のはたらきと独創」朝倉書店、1980年、35-76頁。
31　寺田寅彦「小爆発二件」文学3巻11号1935年；小宮 豊隆 編『寺田寅彦随筆集』岩波書店（岩波文庫）5巻、254-260頁、1948年。

参考文献
・内海博司(2013)『椙山人間学研究』、放射線と生命の関わり―ヒトにとって何か危険か―、椙山人間学研究センター。
・小島正美(2012)『誤解だらけの放射能ニュース』エネルギーフォーラム新書。
・文部科学省(2011)「諸外国の教育動向2010」明石書店。
・畝山智香子(2011)『安全な食べものってなんだろう』日本評論社。
・村田翼夫・山口満編著(2010)『バイリンガル・テキスト　現代日本の教育―制度と内容―』東信堂。
・小林傳司(2007)『トランス・サイエンスの時代』NTT出版。
・近藤宗平(1998)『人は放射線になぜ弱いか』第3版、講談社。
・丸山茂徳・磯崎行雄著(1998)『生命と地球の歴史』岩波新書。
・菊池聡・谷口高士・宮本博編著(1995)『不思議現象なぜ信じるのか　こころの科学入門』北大路書房。
・内海博司(1992)『培養細胞から生命をさぐる』裳華房。

第11章　教育の情報化
―― 知識基盤社会に生きる市民を育てる ――

久保田賢一

> **本章のねらい**
>
> 　現代社会の急速な変化に、従来の教育方法では対応できないのではないかという問題意識が共有されるようになり、新しい教育方法の模索が始まっている。これまでの教育では、教科書で学んだ知識を記憶し、テストのときに書き出していく力をつけることが学力であると見なされてきた。しかし、予測のつかない状況に遭遇したときに、どのように対処したらよいか、既存の知識を身につけただけでは、対応できないのは明らかである。単に知識を蓄積するだけでなく、それをどのように活用し、問題解決につなげていくかが問われている。このような課題に対処するために「教育の情報化」の動きが活発になってきた。情報教育では、子どもたちに21世紀の知識基盤社会に生きるための力を育成することを目指している。情報通信技術（ICT）はそのための手段として、あらゆる場面で活用し、さまざまな問題を解決するための有効なツールとして利用できる可能性がある。本章では、まず「教育の情報化」に向けて、どのような政策がとられてきたのか、その施策はどのようなものか概観する。次に、情報教育の目標やカリキュラムの捉え方について議論をする。従来の学力観と新しい能力観を対比させるなかで、新しい学習環境をどのようにデザインしていくべきか検討を加える。さらに、教育の情報化が進んでいる韓国の教育状況を概観し、日本の教育への適応可能性について考えていく。

1　現代社会の急激な変化

　現代社会は急速な速度で変化をしている。経済のグローバル化が進み、一国の経済政策を改善しても、他の国との関係を抜きに経済発展は望めなくなった。人々の国家間の移動が増加し、外国人の定住者の数も年々増加の傾向にある。また、情報ネットワークが発展し、私たちは世界の情勢を瞬時に入手できるようになった。テクノロジーの進化がこれらの急速な変化を大きく後押しをしている。とくに情報通信技術(ICT, Information and Communication Technologies)は、私たちの情報の扱い方、コミュニケーションのあり方に大きな影響を与えるようになった。産業社会から知識基盤社会に、社会の有り様が変化してきたといえる(Bonk 2009)。

　このような急速な社会変化に対応するために、学校教育において情報を学ぶことの必要性が認識されるようになり、近年「教育の情報化」が国の政策として推し進められてきた。文部科学省によると「教育の情報化」で目指すものは次の三つであると提示されている(表11-1参照)。

　第一は、子どもたちの情報活用能力を育成することを目指した情報教育である。第二に、各教科の目標を達成するために効果的にICT機器を活用することである。そして、第三に、教師の事務負担を軽減し、子どもと向き合う時間を確保するための校務の情報化である。

　2001年に導入された「総合的な学習の時間」では、情報をテーマに調べ学習をするだけでなく、国際理解や環境などのテーマについて情報を収集したり、発信したり、コミュニケーションをとったりするための道具としてICTに注目が集まるようになった。2003(平成15)年からは高校において教科「情報」が新設され、生徒は選択必修科目として学ぶようになった。

表11-1：「教育の情報化」への取り組み[1]

①情報教育(子どもたちの情報活用能力の育成)
②教科でのICT活用(ICTを効果的に活用した分かりやすい授業)
③校務の情報化(ICTを活用した情報共有、校務の効率化による指導時間の確保、校務の負担軽減等)

総合学習や情報教育は、学校教育に新しく導入された領域であり、大学の教員養成課程でも導入当初は十分な指導がなされなかった。教科「情報」の導入に当たり、数学や理科の教員が短期の研修に参加し、「情報科」の免許を取得した経緯がある。学校に導入されたコンピュータをどのように使って情報教育を実践するか、教師自身が戸惑っていたのが実情であった。ICT環境を整え、維持管理をしっかりしていくとともに、教師が授業でICTを積極的に活用していくためにはどのようなことをしていかなければならないか、さらなる検討が求められる。

本章では、「教育の情報化」に焦点をあて、まずその現状を振り返り、問題点を洗い出し、これからの「教育の情報化」を展望していく。

2　教育の情報化政策

コンピュータを使う教育は、1970年初頭に情報処理教育として導入された。それは主に大学における教育として始まり、FORTRAN、BASICなどのプログラム言語を習得するのが目的で、プログラマーなどコンピュータ技術者を養成するものであった。初等中等教育に、コンピュータが導入されるようになったのはパソコンが普及しだした1980年代半ばからであり、CAIと呼ばれるコンピュータで学習をする活動を取り入れたものであった。この頃から教育にコンピュータを導入することの重要性が認知されるようになり、臨時教育審議会で「教育の情報化への対応」や「情報活用能力」の育成を提言し、学校教育に次第にコンピュータが導入されるようになってきた。1990年代には、全国規模で学校にコンピュータが配置され、パソコン教室が作られた。しかし一つの学校に40台程度のコンピュータでは、子どもたちが日常的に活用するまでには至らなかった。1990年代後半から、インターネット回線を学校に敷設するようになり、コンピュータの台数も増加してきた（日本教育工学会 2000; 教育システム情報学会 2001）。

文部科学省による2011（平成23）年度の調査では、コンピュータ1台当たりの生徒数は6.6人である。教員用コンピュータの整備状況はほぼ100％に

なり、普通教室のLAN設置も8割を越え、学校のインターネットの接続は98％になった。しかし、目標であるひとり1台の実現には、まだ1000万台以上のコンピュータが必要であり、簡単に実現するのは難しい。コンピュータ以外のICT機器として、デジタルテレビ、実物投影機、プロジェクターなども整備されてきたが、全教室に設置されていているわけではない。各学校に電子黒板が配置されてきたが、平均するとまだ1校当たり1〜2台しかない。デジタル教科書も開発されてきたが、まだ緒についたばかりといえる[2]。

　「教育の情報化」政策では、教師のICT活用能力の向上も目指している。76％の教師が、授業の準備や評価にICTを活用できると回答している。また、62％の教師は、授業中にICTを活用して指導ができると答えている。毎年行われる調査をみると、ICT活用のできる教師の割合は増加傾向にあるといえるが、まだ十分であるといえる状況ではない。また、この調査は教師自身の自己評価をもとにしており、活用できると回答したからといって、実際に授業で効果的に活用しているかどうかは、また別の事柄であると捉えることもできる。筆者自身が学校を訪問して観察する限り、急速な「教育の情報化」に教師が対応しきれず、使い方がわからずICT機器が放置されていたり、単に教材を提示するだけだったり、せっかくの機材が効果的に使われていないケースも多いように感じている。

　2009（平成21）年に政府のIT戦略本部は、情報化をさらに進めるために「i-Japan戦略2015」[3]を発表した。それには、2015（平成27）年までにすべての教師がICTを活用した指導ができるようなり、すべての子どもに一台のコンピュータ端末を実現し、電子黒板やデジタル機器を用い、ICTを活用した教育を積極的に推進することを謳っている。この方針を受け、「スクール・ニューディール」構想[4]では、2009（平成21）年度の補正予算を使い各学校にコンピュータや電子黒板などを大幅に導入してきた。また、2010（平成22）年度には「学校教育の情報化に関する懇談会」が文部科学省の主導のもとに開かれ、学校におけるこれからの情報化のあり方について議論が進められた。

表11-2：教育の情報化をめぐる政策の歩み[5]

コンピュータ教室の整備が目標の時代	
1985年	臨時教育審議会1次答申「教育の情報化への対応」を提言
1986年	臨時教育審議会2次答申「情報活用能力」の重要さを提言
1990年	「教育用コンピュータ整備補助」 1994年度までに「小学校3台、中学校22台、高校23台」などを目標に補助
1994年	地方交付税での手当て始まる。文部・通産両省の財団法人「コンピュータ教育開発センター」などが「100校プロジェクト」。インターネット接続環境を提供
1997年	文部省調査研究協力者会議1次報告。情報教育の目標として「情報活用の実践力」「情報の科学的な理解」「情報社会に参画する態度」の育成を提言
1999年	郵政省と文部省が「学校インターネット」。2003年までに3000校以上に高速回線を整備
普通教室への整備が目標の時代	
1999年	「ミレニアム・プロジェクト」 2001年度までに全公立小中高校がインターネットに接続でき、全公立校教員がコンピュータの活用能力を身につけられるようにする。 2005年度までに「普通教室2台、コンピュータ教室42台」などを目標
2003年	高校で教科「情報」が始まる。
教員や子どもへの1人1台が目標の時代	
2006年	「IT新改革戦略」2010年度までに「公立の教員1人1台」など目標
2009年	「スクール・ニューディール」構想として電子黒板、デジタルテレビなどに補助
2010年	「新成長戦略」2010年までに「児童生徒1人1台」など目標 「フューチャースクール推進事業」児童生徒1人1台への技術面からの実験始まる。
2011年	「教育の情報化ビジョン」でデジタル教科書の開発宣言 「学びのイノベーション事業」フューチャースクール対象校にデジタル教科書などの実験始まる。 経済協力開発機構(OECD)の国際学習到達度調査(PISA)「デジタル読解力」発表。韓国1位、日本4位。

　このような流れの中、総務省は2010（平成22）年に「フューチャースクール推進事業」[6]を立ち上げ、パイロット校において子ども1人に1台のタブレット端末を配備したり、普通教室に電子黒板を設置したりして、技術面の課題を実験的に検証し始めた。また文部科学省も「学びのイノベーション事業」[7]を開始し、デジタル教科書を活用した指導法など、新しい教育方法を開発し、子どもの学習効果を検証していこうとパイロット校で調査を行っている。（**表11-2**参照）しかし、政府は「教育の情報化」に向けて目標に掲げ、ICT環境を

整えようとしているが、期限内にその目標を達成できているとはいえず、他の先進国に比べ遅れをとっているのが現状である。

　一方、このような「教育の情報化」の動きに対して、多くの学校現場の教師たちは戸惑いを見せているのも事実である。電子黒板が配置されているといっても，数が十分に用意されているとはいえず、使いたいときに自由に使える環境にはまだない。ICTを積極的に活用するようにと指示を受けても、電子黒板やプロジェクターを教室まで運びパソコンと接続したり、操作を十分に習熟しないまま電子黒板を授業で使ったりするにはまだ不安が残る。導入された電子黒板も使われないままに、ビニールカバーが掛けられたままになっている学校もみられるようである。教師自身も新しい状況に対処しようと努力するが、次々と新しいICT機器やデジタル教材が導入され、その対応に苦慮している。

3　情報教育のカリキュラム

　新しい領域として情報教育は学校に導入され、情報教育の重要性が示されてきたが、情報教育のカリキュラムもまだ発展途上にあるといえる。文部科学省は、初等、中等教育における情報教育の目標として次の3点をあげ(表11-3参照)、相互に関連づけて、バランス良く教えることが重要であると示

表11-3：情報教育の目標[8]

①情報活用の実践力
課題や目的に応じて情報手段を適切に活用することを含めて，必要な情報を主体的に収集・判断・表現・処理・創造し、受け手の状況などを踏まえて発信・伝達できる能力
② 情報の科学的な理解
情報活用の基礎となる情報手段の特性の理解と，情報を適切に扱ったり，自らの情報活用を評価・改善したりするための基礎的な理論や方法の理解
③ 情報社会に参画する態度
社会生活の中で情報や情報技術が果たしている役割や及ぼしている影響を理解し、情報モラルの必要性や情報に対する責任について考え、望ましい情報社会の創造に参画しようとする態度

しているが、具体的に授業でどのような内容をどのような方法で教えていくべきか、教師の力量に負うところが大きい。

　情報教育では、これら3つの目標を達成することを求めているが、初等中等教育でこれらの目標を達成するには多くの課題がある。たとえば、小学校においては情報教育を行うための特定の科目はなく、各教科の中に情報教育を組み込むことが学習指導要領に記載されている。たとえば、社会科では資料を集め、整理し、発表したり、算数では数量や図形を学ぶときにコンピュータを活用したり、総合的な学習の時間における調べ学習などでの利用が推奨されている。しかし、教科のどの部分でどのように情報教育を導入するべきかという具体的な基準が示されていないため、各教師の裁量に委ねられてしまう。

　中学校では、技術・家庭科において「情報に関する技術」という単元があり、情報教育を行うが、一単元だけの学習では不十分である。各教科でもICTの活用が求められているが、パソコン教室は技術科が利用するという思い込みや、教科内容の習得に追われ、情報教育が積極的に取り入れられているわけではない。

　高校では選択必修科目である「情報科」で生徒は学習するが、受験科目ではないため軽く扱われる傾向にある。このように情報教育のカリキュラムの位置づけが明確に示されていないため、学校の状況や各教師の姿勢に委ねられ、場合によっては十分に教えられていないということも多々見られる。

　情報教育のカリキュラムを検討するには、カリキュラムを支える理念を明確にする必要がある。文部科学省（2010）は、情報教育の目標を提示し、「教育の情報化に関する手引き」[9]を作り、具体的な方法を示している。しかし、各教科において、いつ、どのように情報教育を盛り込むか細かく示しているわけではないため、教師や学校によるばらつきが大きいのが現状である。とくに、小学校段階でのばらつきが大きいため、中学、高校での生徒の情報活用能力に差が見られ、授業がやりにくいという報告がある。全体としてまだ情報教育をどのようにカリキュラムに組み入れていくべきか、教師間で十分な共通理解が得られていない。教師の力量が問われる部分でもある。

情報教育で何を目指したら良いのだろうか。「自動車」について学ぶ教育とのアナロジーで考えてみよう。「自動車」について学ぶ目的は何だろうか。一つは、「職業教育」として自動車について学ぶことである。そこでは自動車の構造や性能、運転技術を学び、自動車を扱う職業に就くことを目指す。自動車に関する一般的な知識・技能に加え、エンジンやブレーキの仕組みを学び、特殊な自動車の運転技能を身につけ、将来は、自動車整備工場で働いたり、大型トレーラーやフォークリフトの運転手として活躍したりすることが期待される。

もうひとつは、「市民教育」としての自動車教育である。それは一市民として日常生活を送る上で必要な自動車に関する知識、技能の習得である。交通規則を覚え、運転技術を身につけ、安全かつ効率的に運転することを学ぶ。自動車の運転は、快適な生活を送るための手段であり、生活する上で不可欠な能力である。市民教育としての自動車教育は、特殊な自動車の運転技術を身につけたり、エンジンの構造や仕組みについて学んだりすることよりも、責任ある市民として安全かつ快適なドライブの技術を身につけることが求められる。そして、それは運転をするすべての人が身につけるべき「読み書き能力（リテラシー）」と同様の能力と位置づけられる。初等中等教育における情報教育の位置づけは、職業教育を実施するのではなく、市民教育として、情報教育の位置づけを明確にしていくべきではないだろうか。

職業教育と市民教育では目的が異なるものであり、その区別を明確にして教育をするべきであるが、情報教育の現状を見ると必ずしもそうなっていない。情報教育では三つの目標が掲げられているが、市民教育としてのもっとも重要な目標は「情報社会に参画する態度」である。そして責任ある市民として情報社会に参画するために必要な「実践力」を育て、「科学的な理解」を深める必要がある。しかし、現状ではどうだろうか。多くの学校で行われている情報教育では、ワードやエクセルなどのソフトウェアの操作方法を学ぶことに終始している。

子どもたちは、なぜこのソフトウェアの使い方を学ぶのか、わからないまま、機械的に操作方法だけを学ばされている。子どもの置かれている文脈の

中にどう情報教育を位置づけるかという視点が欠けているため、操作を学ぶだけになってしまう。将来、職場でワードやエクセルは必要になるからという論理では、子どもたちは納得しない。学習課題が子どもの生活実態に基づいていないため、何のために使うのかわからないまま、あるいは将来役立つからという理由で、ソフトウェアの操作方法を学ぶことは、情報教育をますますおもしろくない学習にしてしまう。ソフトの使い方を授業で学ぶだけではすぐに忘れてしまうし、頻繁に行われるバージョンアップで使い方そのものもどんどん変わっていく。

　情報教育を市民教育として捉えるならば、重要なことはソフトウェアの使い方を身につけることではなく、現代社会の変化に対応できる自己学習力を育てることではないだろうか。つまり、市民教育では「ICTについて学習」するのではなく、「ICTを活用して学習」することを学ぶのである。各教科や総合学習において、どのように子どもたちの情報活用能力を伸ばしていくことができるか、さらなる検討が求められる。

4　変わる能力観と学習環境

　情報教育を「ICTを活用して学習」する市民教育と捉えるならば、そこでどのような能力を育成したら良いのだろうか。情報教育を推進していこうという強い動きの背景には、産業社会から求められる能力観とは違った、知識基盤社会に求められる新しい能力を明確に描かなければならない。

　従来型の学校教育では、知識・技能の習得に重点がおかれ、学習成果を測定するためにペーパーテストが使われた。しかし、知識基盤社会で生きるためには、教科書の知識を学ぶだけでは十分ではなく、変化の激しい現代社会において、新しい問題に直面したときに、自ら考え、主体的に判断し、行動して問題解決することが出来る能力を身につけることの重要性が認知されてきた。近年、このような能力を表現する用語として、「21世紀型スキル」(Trilling et al. 2009)や「リテラシー」「キー・コンピテンシー」などが使われるようになってきた。これら多様な用語で表わされる能力を「新しい能

力」と呼ぶことにする(松下 2011)。「新しい能力」には、基礎的な知識・技能に加え、自律的に学習を進める力、仲間と協調して活動に取り組むためのコミュニケーション力、意欲的な姿勢など、より幅広い力が含まれている(市川 2003)。知識や技能に重点が置かれた従来の学力ではこれからの時代に対応できず、より幅広い能力が求められると認識されるようになってきたと言えるだろう(水越・久保田 2008)（表11-4参照）。

表11-4：従来の学校教育で教えられる学力と知識基盤社会で求められる新しい能力

従来の学力	新しい能力
教科書にある標準的な知識	教科書の枠を超えた多様な知識にアクセスする力
教科ごとに分断された知識	現実問題に対処する総合的な知識と技能
知識量、知識操作の速さ	知識を得ようとする意欲、創造する力
言われたことを素直にこなす順応性	自らの考えに基づいて行動できる能動性
繰り返し、安定して行動できる力	周りの人を巻き込む交渉力

　このような「新しい能力」を子どもたちが習得するためには、どのような学習方法が適しているか模索中でもある。そのような中、情報教育は「新しい能力」を習得するための方法を提供できるのではないかと期待されている。
　学校教育では、学ぶ内容は学習指導要領に規定されており、それに沿って作られた教科書を使って授業が行われる。各教科において何を教えるのか、教科書に記載されており、教師はその内容に沿って授業をすることが求められる。伝統的な教育観では、教科書と黒板というメディアを使い、教科書の内容をかみ砕いて、わかりやすく生徒に説明をすることが「よい授業」であると見なされてきた。さらにICTが学校に導入されるようになると、教師は従来のメディアに加え、コンピュータや電子黒板などのICT機器を活用し、「よい授業」をすることが求められるようになってきた。しかし、ICT機器を用いても、授業の進め方は従来の延長線上にあるだけである。換言すると、子どもたちが教科の知識や技能を習得することに主眼が置かれ、先述した「新しい能力」を身につけることに重点を移すわけではない。教室は、閉ざされた空間であり、教師からの一方的な説明が中心の授業が進んでいく。

「新しい能力」を獲得するには、単に知識・技能を習得するだけでなく、実際の場面でそれらを活用できなければならない。それには、高い意欲を持ち、コミュニケーション力を発揮して、協調しながら物事を処理していくことが求められる。このような能力を育てるには、閉じた教室の中で学ぶことだけでは達成できない。実社会のさまざまな問題に直面し、互いに協力して、問題を解決することに取り組む活動を通して、子どもは「新しい能力」を学んでいく。既有の知識と新しい知識をつなげ、社会的な関係を作っていくことを学ばなければならない(久保田 2000)。

そのためには、子どもたち自身がICTを活用し、さまざまな問題を解決するための活動に取り組むことである。それは子ども自身の自律的な活動であり、子どもの興味・関心にもとづいて、インターネットにアクセスし、テーマについて情報を集めたり、問題を解決するための手立てを見つける方法を探ったりする自己調整的な能力を習得することである。このような問題解決学習やプロジェクト学習において、教科書を使うだけの活動では情報が限られてしまうし、多様な視点から問題を捉えることができない。たとえば、環境や貧困、安全などの地球規模の課題について学ぶときには、子どもたち同士で議論を進め、外部の専門家に問い合わせたりして最新の情報を入手する必要があるからである。インターネットの活用は、教室の枠を超えた新しい環境を提供してくれる(表11-5参照)。

表11-5:「従来の学びの環境」と「新しい学びの環境」の比較

従来の学びの環境	新しい学びの環境
情報源は教師と教科書	さまざまなツールを使い情報を検索する。
教師は教える人、生徒は学ぶ人	学習者同士の学び合い、支援者としての教師
情報の一方向的な流れ	ネットワーク化した相互作用的なやりとり
パッケージ化された知識の伝達	多様な学習ニーズに合った学びの展開
教室という閉じた世界での学び	教室の枠を超え、実社会とつながる学び
効率よく学ばせる環境づくり	創造力を育成する環境づくり
教師が情報管理	学習者自身が知識を構築

5　教室を開くICT活用

　協働する力、コミュニケーション力、学び続ける力などの「新しい能力」を育てるには、体験的な活動を通して、何が問題であるか明確にし、解決の手立てを見つけ、情報を集め、編集し、発表していくことである。そして、このような活動にはICT活用が欠かせない。それは、新しい教材や機器が単に付け加わった以上の変化を教育にもたらす。近年、ウェブ2.0と呼ばれるインターネット技術が進み、ネットを介した情報のやり取りが容易になってきた。たとえば、Facebookやtwitterなどのソーシャルメディアを活用したコミュニケーションが活発化し、チャットをしたり、テレビ電話で相手の顔を見ながら話したりすることが簡単にできるようになった。新しいツールの出現で、私たちのコミュニケーション・スタイルに大きな変化が生まれている。

　このようにICTを活用することで、教室の外の世界とつながり、学校外の人々とも新しいネットワークを築くことができ、現実に起きている社会のさまざまな課題についても関心を向けやすくなってきた。教室外の世界とのつながりは、教室の中で行われる「お勉強」としてではなく、現実の課題に取り組む「ほんものの活動」となり、子どもの意気込みも変わってくる。解答を簡単に見つけることのできない課題に、教師も子どもと一緒に取り組み、解決にむけて試行錯誤をし、共に学ぶことができる（稲垣ら2009）。

　ICTを活用した石川県M小学校での取り組みを紹介しよう。M小学校では、国際理解教育の一環として中東の子どもたちと交流を進めてきた。はじめ、中東といっても世界の何処に位置しているのか、わからない子どもたちがほとんどであった。しかし、大きなキャンバスに協同で絵を描くというプロジェクトに参加することで、中東文化に関心を持つようになり、テレビ会議で相手を見ながら対話したり、ウェブに書き込みをしたりするようになった。このような活動を通して、子どもたちは外国の子どもたちとコミュニケーションをしたり、協働したりすることの楽しさを学ぶことができた。

　また、岡山県N小学校では、中東の子どもたちと共同で物語の本を出版しようと、インターネットを介して、自分たちが撮影した写真を交換し合っ

た。プロが撮影した観光用写真と比べ、子どもたちの日常生活を映した写真は、異文化の目から見るとよくわからない部分が多い。日本の子どもたちは中東のバスの写真を見て、中東ではバスはどのように利用されているのか、どうやってバスに乗るのか、尋ねてみた。このようなやりとりをする中で、物語のテーマが浮かび上がり、テレビ会議での対話を通して、異文化の習慣や考え方を理解し、物語制作に役立てた。交流学習というと先進国の学校との交流になりがちであるが、ICTの発達により途上国の子どもたちとの交流もできるようになった。アジアやアフリカの子どもたちとの交流は、別な視点から世界をみる力を育てるだけでなく、環境や平和、安全など地球的な課題で考えるきっかけを与えてくれる（岸ら 2009）。

　このように、単にデジタル教科書やICT機器を使えるようになるだけではなく、教室の外の人たちとコミュニケーションをとり、協働して一つの課題に取り込む活動を通して、子どもたちは意欲的になり、協調的な力を身につけ、創造的な発想を育てていくことができる。重要なことは、アナログ、デジタルに関わりなく、周りのさまざまなリソースを適切に組み合わせて、使いこなしていく力を身につけることである。

　「教育の情報化」というと、ICT機器やソフトウェアだけに目がいきがちになる。しかし、問われるべきことは、教師の授業デザイン力である。大人はICT活用をするのに四苦八苦しているが、生まれた時からICT機器に囲まれて育ったデジタルネイティブと呼ばれる現代の子どもたちは、ネットやデジタル機器にコンプレックスを持って接してはいない。ごく自然に生まれたときから身の回りにある道具の一つとして、パソコンや携帯電話を使いこなしている。そういう子どもたちに、どのような学習活動が適しているかが問われなくてはならない。ICT機器を整えるだけではなく、人やものをどのように配置し、子どもはどのように学習活動に取り組んでいくか、学びの環境をデザインする力が求められる。

6 ICT活用能力育成のための環境の整備

新しい学びの環境をどのように整えたらよいか、まだ試行錯誤の段階にあるといえる。ICT活用能力を育成するための環境を整備するに当たって、取り組まなければならない課題を、(1)教師のICT活用能力の向上、(2) ICT支援体制の充実、(3) ICT機器の整備、(4)学習コンテンツの開発の4点に整理し、検討を加える。

(1)教師のICT活用能力の向上

授業でのICT活用の方法には、2つのアプローチがある。ひとつは、教師が電子黒板や実物投影機を使って、従来の授業をより効果的、効率的にする使い方である。デジタル化により教材を「デジタル教科書」として一元的に管理でき、写真や動画を適切に使うことで、子どもたちの積極的な授業参加を促せる。

もうひとつのアプローチは、子ども自身がICTを活用する環境を用意し、子どもが主体的にICTを使って学習することである。近い将来、タブレットPCなどの情報端末をひとり一人の子どもに貸与する環境が整う。そのとき、教師には自分自身のICT活用力の向上に加え、子どもたちがICTを活用していける力を伸ばし、自律的な学習を促すことが求められる。

もうひとつのアプローチで授業をするには、教師研修のあり方を再検討していく必要がある。従来のICT活用研修は、ICTの「操作方法」の習得に終始していた。「ICTの操作ができないと教えることができない」という前提で研修が組まれていた。分厚いマニュアルを読み、ひとつ一つの操作を確実にできるように、使い方に習熟できなければ、教えられないと考えられた。しかし、教師からは「操作を学んでも使わないとすぐに忘れる」「学んだことを授業にどう役立てるかわからない」という不満がでてくる。また、研修でソフトウェアの使い方を学んでも、自分の勤務校にはそのソフトウェアがなかったり、決められたソフト以外インストールが禁止されたりした。このような問題は、研修内容が学校現場のニーズに合わなかったり、実態を考慮し

ないままに研修が用意されたり、教える側の都合でカリキュラムが作られたりすることからおきる。

　これからの教師研修では、用意されたマニュアルを学ぶことよりも、授業でのICT活用を念頭に自主的な研修会を組織することが求められる。それは、授業における指導のあり方全体を見直し、質の高い教育を提供するにはどうしたら良いかという視点を持ち、子どもがICTを活用し、主体的に学習を進めていけるように授業を組み立てることを目指した研修である。

　教師研修の参加者同士の対話と協働を重視した「子どものICT活用を促進する研修」には、教師が自分自身の授業課題を持ち寄り、ICT活用のノウハウやコツを共有し、課題解決に取り組む事例分析が中心になる。コンピュータが一人一台の時代において、教師は子どもと共にICT活用を学ぶ姿勢が大切であり、情報を収集、編集、まとめていくプロジェクト学習を支援し、子どものICT活用能力を育成する環境をデザインすることである。

(2) ICT支援体制の充実、

　文部科学省(2012)[10]の調査によると、小中学校、高等学校の教師のほぼ7割が「ICT活用をサポートしてくれる人材がいない」と回答している。また、8割の教師が「学校又は地域単位で、授業におけるICT活用を支援する専門家を確保し、彼らを派遣する体制を確立してもらいたい」という要望を持っている。

　教師のICT活用指導力を向上させるためには、授業でICT活用がしやすい環境を用意することが欠かせない。ICT活用に関して、困ったことをすぐに相談できれば、安心して利用することが出来る。しかし現状では、十分な予算措置がなされていないため、ICT支援員が必要な人数分配置されず、各学校を訪問する回数が少なかったりして効果的な対応がなされていない。そういう状況の中、次々とバージョンアップされるハードとソフトに対応したり、ネットワーク環境の維持管理をしたりするは大変である。ICTの管理責任を教師だけに委ねてもうまく機能しないのは明らかである。教師がしっかりと子どもと向き合うためにも、地方自治体レベルにおいて十分な数の人

材を手当てしていくことが求められる。ICTのほとんどのトラブルは簡単な操作で解決できるので、ICT支援員は専門家である必要はない。学校ボランティアとして大学生や地域の人を配置することも検討するべきだろう。

また国レベルでは、学習コンテンツのデータベースを構築し、教師が利用しやすい環境を整えたり、教師間のコミュニケーションを支援したりする組織を用意することが求められる。教育情報ナショナルセンター（NICER）は、予算削減のあおりを受け、2011年に活動を終了してしまった。教師が教材を共有したり、優良な教材を活用したりしたいと思っても、それを支援してくれる場が閉鎖されてしまっては、教育の改善は望めない。「教育の情報化」を図るには、それを支援してくれる人材と組織が安定的かつ継続的に活動していくことが必要である。

(3) ICT機器の整備

「教育の情報化」政策により、学校に大型モニター、パソコン、デジタルカメラ、実物投影機などの機器が導入されるようになってきた。さらに、電子黒板、タブレット端末、ゲーム機など新しいICT機器も増えてきている。これまではコンピュータは特別教室に置かれていたが、普通教室での利用も進んできた。各教室にICT機器が配置され、子どもが日常的に活用するところまでには至っていないが、ICT活用は確実に普及してきた。

近い将来は、一人一台の情報端末を子どもが利用し、デジタル教材を活用するようになる。しかし、次々と現れるICT機器やデジタル教材に教師が対応しきれず、ICT活用を支援する体制も不十分である現状も一方にはある。

急速に変化するICT環境に学校教育は後追い状態が続く。たとえば、携帯電話が普及し、多くの子どもたちが身につけるようになってきた。そして、それがスマートフォンに置き換わりつつある。スマートフォンは、電話機能だけでなく、インターネットに常時接続されており、電話としてよりも携帯情報端末としてどこでもネットに接続できる便利なツールとして普及してきた。ポータブルなICT機器としてスマートフォンを教育に活用しようとする動きも生まれてはいるが、学校教育はまだ保守的であり、教育への利用

には懐疑的である。現状では大阪府をはじめ、多くの学校では学校への携帯電話の持ち込みを禁止したり、学内での利用を禁止したり、携帯端末を閉め出す方向で指導が行われている。一方、子どもは学校から適切な指導を受けないまま、携帯端末を利用しさまざまな問題を引き起こしている現状も見逃してはならない。

　教師の手に負えないからと、携帯端末を禁止するのではなく、積極的にスマートフォンなどのICT機器を教育活動に取り込んでいくことが望まれる。近い将来、携帯電話のほとんどはスマートフォンに置き換わる。学校教育においてスマートフォンを利用すれば、機器の更新にかかる費用や手間を大幅に削減できることは明らかである。もちろん、すべての子どもがスマートフォンを持つわけではないが、スマートフォンの活用を考えることで、機器の維持管理や更新費用の課題は乗り越えることができる可能性がある。授業では、インターネットでの検索をはじめ、さまざまな情報を取り出すことができるため、国語辞典や百科事典としての活用が見込める。また、授業外においても英語や数学のドリルとして、外国語の発音練習として、学習管理のツールとしてさまざまな使い方ができる。これからは、パソコンよりもスマートフォンが私たちの生活には確実に根付き、活用されることが予測できる。情報教育は、パソコンを使ってワープロソフトの使い方を学ぶのではなく、タブレット端末やスマートフォンを使い、情報を検索、編集、発信できる学習活動を取り入れることに変わってくるだろう。

(4) 学習コンテンツの開発

　教材のデジタル化が進んでいる。これまで印刷メディアとして子どもたちに配られていた教科書に加え、「デジタル教科書」が利用されるようになるだろう。もちろん、印刷メディアはなくならないが、教材をデジタル化することで、インタラクティブ性が増し、理解が深まることが期待されている。文部科学省はデジタル教科書の開発を推進しているが、まだ開発途上であり、試験的な利用の段階である。

　デジタル教科書の特徴は、子どもひとり一人の学習進度の違いに対応でき

ることである。とくに障がいのある子どもに対して、学習効果が期待できる。デジタル教科書は、ユニバーサルデザインを意識して開発され、さまざまな障がいに対処できる機能を持っている。たとえば、弱視の子どもが字を読めるように大きさを自由に拡大できる機能を持っている。視覚障がいの子どもには文字を音声に変換し、聴覚障がいの子どもには、音声を文字に変換して対応する。学習障がい(learning disorders; LD)やディスレクシア(読字障がい)の子どもには、動画やインタラクティブなマルチメディア教材が学習効果を高めている。デジタル教材を使った学習が、すでに一部で始まっており成果を上げている。

　デジタル教科書が利用されるには、コンテンツの開発に加え、インターネットが自由に使える環境、パソコンと大型ディスプレイ、子ども一人に一台の情報端末を用意する必要がある。そのためには十分な予算措置が必要である。総務省は、2015年度には全国のすべての小中学校にデジタル教科書を配備する目標を掲げ、ICT活用を図るための実験である「フューチャースクール推進事業」を実施し、検証をしている。また、文部科学省も2011年から「学びのイノベーション事業」を実施し、指導方法を中心に実証実験を始めた。ICTを教育で活用するためには、魅力的な学習コンテンツの開発が必須である。しかし、現状ではコンテンツの不足が懸念されている。

　「教育の情報化」に向けてさまざまな取り組みが行われているが、まだ試行錯誤の段階であり、十分な予算を配置できないために教師への負担が増しているのが現状である。学校教育におけるICT活用は、知識基盤社会においては欠かせないものであるという認識は定着し、それに向けて教育関係者の努力が注がれている。一方、ICT活用の負の側面にも注目し、対処する方策も同時に検討していくことが大切である。

7　情報化の負の側面に対する対応

　ICTの発展に伴い、私たちは便利な生活を享受できるようになった。一方

でICTに関する多くのトラブルも生じている。このようなトラブルに対処できるように情報教育を通して、子どもたちは情報モラルや著作権、肖像権に関する内容を学んでいる。総務省(2011)[11]や文部科学省(2008)[12]は、インターネットに関わる様々なトラブルを整理し、どのような問題が起き、どのように指導していくべきか、具体的な事例を挙げて対処法について紹介している。インターネットに関するトラブルを7項目に分類し、具体的な内容について説明する。

①書き込みやメールでの誹謗中傷やいじめ

　SNSや電子掲示板、プロフはコミュニケーション・ツールであり、子どもたちは情報を交換したり、自己紹介をしたり、友達の写真を掲載したりしている。これらのサイトでは、悪質ないじめの書き込み、誹謗中傷、動画サイトにいじめの現場を録画して投稿なども行われたりしている。インターネット上に投稿された書き込みや動画はすぐに広まり、消去することは難しい。他人になりすまして、誹謗中傷の書き込みをしたり、誹謗中傷やいじめのメールが特定の子どもに何度も送られたりすることも多い。子どもは軽い気持ちで書き込んだりするが、それを受けた相手を強く傷つけたり、誤解されたりしてトラブルが発生する(原・山内 2011;家納 2011)。

②ウィルスの侵入や個人情報の流出

　セキュリティ対策を十分に行わないと、ウィルスに感染してパソコンが動かなくなったり、個人情報が流出したりする。SNSやプロフに安易に記載した個人情報が、他人に利用され、嫌がらせを受けることがある。また、ID・パスワードが盗まれたり、なりすまして不正アクセスを受けたりすることがある。

③インターネットショッピングをめぐるトラブルと不当請求

　ネットでの取引は、利用者名、クレジットカードの番号と有効期限を入力するだけで、商品やサービスを購入できる。子どもが、保護者の了承を得な

いで、クレジットカードを使用し、オンラインゲームに参加したり、インターネットショッピングをしたりして、トラブルが起きている。また、芸能情報、占い、ゲームなどのサイトにアクセスしたり、登録したりするだけで、高額な料金を請求されたりすることもある。1回のクリックで、一方的に契約したことにされ、多額の料金の支払を求められたりする。オンラインゲームに参加し、アバター（ネット上の自分の分身として画面上に登場するキャラクター）を強化するために、有料のアイテムとは知らずに購入し高額な請求を受けたりする。

④著作権法等の違反

　有料のゲームソフトを無料で入手できる違法サイトからダウンロードすることは著作権の侵害に当たるが、子どもたちは軽い気持ちで行っている。また、著作権のある動画を許可なくアップロードすることも簡単にできるため、違法行為であるとは思わずに行ったりする。

⑤誘い出しによる性的被害や暴力行為

　出会い系サイトやSNS、ゲームサイトで知り合った人と実際に会い、脅迫を受けたり、性的被害や暴行被害を受けたりするトラブルがある。

⑥ネット依存による日常生活への悪影響

　ネットゲームに夢中になり、睡眠時間を削って長時間ゲームを続けることで、疲労して健康に悪影響を与える。ゲームに夢中になり依存するようになると、普段の生活で気力が低下し、対面での人間関係が希薄化し、引きこもったりする。また、ゲームは携帯電話でもできるため、授業中に使ったり、お風呂にも持ち込んだりし、やめることが出来なくなったりする。同様に、ソーシャルメディアの利用が広がり、ネットへの書き込みを1日中行い、日常生活に支障が出てくる人も増加してきた。

⑦犯行予告等

　インターネット上の掲示板は、誰もが自由な書き込みをすることができるため、いたずらで犯行予告や嫌がらせをする書き込みをして、人を傷つけたり、多くの人に迷惑をかけたりすることがある。書き込みした人は、軽い気持ちでやったとしても、それが大きな問題に発展したりする。

　このようなインターネットに関するトラブルは、まず子どもにネット利用に関する十分な知識がないために引き起こされている。交通規則を知らない人が、一般道路で自動車を運転したら事故を起こすのと同様に、インターネットを安全に使いこなすには、インターネット上でどのような問題が起きているか知り、その対処法を学ぶことである。インターネット上では、発信した情報は一瞬で広がり、公開した情報は消去するのが難しいことなどを理解していれば、安易な書き込みをしなくなるだろう。しかし、「これはいけない」、「あれはやってはだめだ」ということを説明するだけでなく、ネットいじめなどがどのように起きるのか実際に体験して学ぶ活動やシミュレーション・ゲームを積極的に取り入れると効果が上がることが報告されている。

　重要なことは道徳やモラルは、現実社会においてもネット上においても違いはないということを理解することである。社会生活を営んでいく上での行為とそれに伴う責任を、子ども自身がしっかり自覚し、節度のあるネット利用が大切である。それには、普段から教師や保護者など周りの大人とコミュニケーションをしっかりと取り合い、問題が起きたときにすぐに話し合うことができる関係を作っていくことである。

8　韓国の情報教育

　海外における「教育の情報化」はどうなっているのだろうか。「教育の情報化」は、世界規模で推進されており、その中でも欧米諸国やアジアの国々では、世界に先駆け新しい機器が導入され、教育でのICT利用が進んでいる。たとえば、シンガポールでは教師教育段階でICTを活用して授業をするこ

とがカリキュラムの中に組み込まれ、情報教育が推進されている。フィンランドでは、探求型の学習に重点が置かれ、子どもたちが日常的にICTを活用して、情報を集め、編集し、発表する学習スタイルを身につけている。米国では、ホームスクーリングでオンライン教材が利用されているだけでなく、eラーニングが初等・中等教育でも積極的に活用されている[13]。

　本節では先進的な国の中から、最も情報インフラが整備され、徹底した情報教育を実践しているといわれる韓国を取り上げ、「教育の情報化」について考察する。筆者は、1990年代半ばから毎年韓国を訪問し、研究者と交流を重ねてきた。また、2000年以降、韓国の情報教育関連の学会と連携をし、国際会議を毎年開催し、韓国での「教育の情報化」に関する取り組みを見学したり、情報教育に関わる共同研究を行ったりする中で、韓国の様子を窺ってきた。

　韓国は、1997（平成9）年の経済危機後、経済発展には情報産業を育成することであると政策転換し、「教育の情報化」に集中的に取り組んできた。産官学の連携が強く、政府は積極的にICT産業の育成に力を注ぎ、「教育の情報化」はICT産業の育成と一体になって進んできたといえる。このように国を挙げての「教育の情報化」政策は、韓国の急速な経済発展と直接つながっており、私たちが参考にするべきことは多くあると考える（和田2007）。

　全国の学校には、授業においてICT活用をすることを前提に、ICT機器と学習コンテンツが整備されている。教員には1人1台のパソコンが与えられ、普通教室からもインターネットに接続することができ、電子黒板をはじめ、大画面ディスプレイや実物提示装置などが配置されている。2015年までには、デジタル教科書が全国規模で普及する計画である（加藤ら2010）。

　「教育の情報化」に向けて先導役を担っているのがKERIS（Korea Educational Research Information Service：「教育の情報化」を推進する政府機関）[14]である。KERISでは、学習コンテンツを開発したり、NEIS（韓国の全国教育行政システム）を構築し校務の効率化を図ったり、情報教育に関する教師研修やイベントを開催したりと、「教育の情報化」に関する多くの活動を先導的に行っている。

　このように「教育の情報化」は国のリーダーシップのもとに進められてきた

が、北欧などの国々がプロジェクト学習を推進し、一斉授業のスタイルから脱却してきたのに比べると、韓国のICT活用は依然として知識習得に重点が置かれた伝統的な教育方法から抜け出ていない。韓国では受験制度が教育の中で重要な位置を占め、教育情報総合サービス「エデュネット」でeラーニング教材を配信し、効果的、効率的に支援することが目指されている。家庭学習を支援するため、eラーニング教材が開発され、利用されているが、その内容は塾の肩代わりであり、いわゆる「詰め込み学習」が行われている。韓国では大学進学は教育の最重要課題であり、入学試験を合格するための教育に特化し、ペーパーテスト対策になっている。しかし、批判的、創造的な思考を伸ばすためには、ドリル教材に加え、協調的な活動や探索的な活動を支援する教材の開発が必要だろう。

　情報教育を推進するためにKERISでは、教師向けの研修や支援も行っている。学習コンテンツとして、教師の制作したもの、民間企業のソフトウェア、国営放送ＫＢＳの放送番組などがデータベース化され、多くの教師が利用している。ICT活用に関する教師研修も定期的に開催され、すべての教師が参加できる体制を整え、苦手意識を払拭している。教師は研修に参加すると点数を獲得でき、昇進、昇級の評価に付加することができる。また、ICTに関するコンテストやイベントも多数開催され、入賞者は賞金が与えられたり、海外旅行に招待されたり、参加意欲を高めるインセンティブが用意されている。

　学校評価は全国的に導入され、情報化の整備状況、授業方法、校長のリーダーシップなどが総合的に評価され、「教育の情報化」を推進する要因の一つに数えられている。学校評価の結果は公表されないが、各学校にフィードバックされ改善への取り組みが期待される。韓国の学校経営は、トップダウンで行われるため、校長の役割は重要であるが、校長は一般的に、保守的な傾向が強く、情報化が進まないという状況もある。このような管理職向けにも研修が行われ、「教育の情報化」を進めるうえで大きな効果をあげている。

　情報教育の先進事例としての韓国から、私たちは何を学ぶことができるのだろうか。まず、「教育の情報化」に向けて国を挙げて推進しようとする政府

のリーダーシップが重要な役割を果たしていることがわかる。情報産業と連携し、早い時期から学校にインフラとしてのICT環境が整備されてきた。まず、ICT環境を充実させ教師が使える状況を提供することが第一であろう。教師がICTを活用できるように、インセンティブを整えたり、研修を用意したりして活用への意欲を高めている。また、その結果を評価する仕組みを整え、各学校へのフィードバックも充実している。

　一方、ICT環境は整ってきたといえるが、教育方法は受験を目指した知識伝達型のものから抜け出ていない状況もしっかりと確認しておく必要がある。単に機器をそろえたり、研修を充実したりしても、伝統的な教育方法はそう簡単には改革できない。フィンランドがPISAで好成績をあげたときは、多くの日本人がフィンランドの教育方法について調査に出かけた。フィンランドのレベルの高い教育方法に注目が集まったからである。2000（平成12）年に入り、韓国がPISAの上位を占めるようになったが、ICT環境の充実度には注目が集まっても、受験のための教育は海外からは注目されない。ここでの教訓は、単にICT環境を整えるだけでは、教育改革は推進されないということである。探求型の新しい学習を学校教育に取り入れるには、ICTを学習過程にどのように組み込めば、子どもが主体的に取り組めるプロジェクト学習や問題解決学習ができるのか、さらなる調査研究が求められているといえる。

9　まとめと展望

　「教育の情報化」に関する取り組みは、知識基盤社会と呼ばれる現代の急激な変化に伴いその重要性は増してきている。これまでの取り組みを振り返り概観してきたが、乗り越えなければならないさまざまな課題があり、まだ十分に対応ができていないことがわかった。しかし、一方ではフェイスブックやツイッターなどのソーシャルメディアが急速に普及し、その利用者は10億人に迫ろうとしている。はじめは、友達作りのツールとして開発されたフェイスブックは、社会改革のツールになり、中東諸国の民主化を加速させ、

当初の予想を超える形で利用され、発展している。スマートフォンやタブレット端末など、新しいICT機器の出現は確実に私たちの生活の中に浸透し、生活スタイルを変えつつある。

21世紀の現代は、将来が不透明で不確実な時代でもある。学ぶべき内容は変化し、何を問題として捉え、取り組んでいくべきか、ひとり一人の子ども自身が考え取り組むことの重要性はすでに説明した。21世紀に求められる能力は、単に教えられた内容を記憶するのではなく、積極的に社会的な課題に取り組み、解決に向けて行動を起こすことである。市民教育としての情報教育は、学び手の主体的な取り組み、膨大な情報の海から適切な情報の取捨選択、情報の整理や編集できる力を育て、そして責任ある情報発信者としての自覚の育成など、従来の学校教育ではあまり取り入れられなかった活動に重点を置かなければならない。これまでの受け身な学び手から主体的な学び手に成長するためには、学校教育システムそのものの変革を迫っているともいえる。

注

1　文部科学省『教育の情報化に関する手引き』2010年、http://www.cec.or.jp/seisaku/pdf/tebiki/H22tebiki.pdf（2012/10/20）
2　文部科学省『平成23年度学校における教育の情報化に関する調査結果』2012年、http://www.mext.go.jp/a_menu/shotou/zyouhou/1323235.htm（2012/10/20）
3　IT戦略本部『i-Japan戦略2015～国民主役の「デジタル安心・活力社会」の実現を目指して～』2009年、http://www.kantei.go.jp/jp/singi/it2/kettei/090706honbun.pdf（2012/10/20）
　　文部科学省『教育の情報化ビジョン～21世紀にふさわしい学びと学校の創造を目指して～』2011年、http://www.mext.go.jp/b_menu/houdou/23/04/__icsFiles/afieldfile/2011/04/28/1305484_01_1.pdf（2012/10/20）
4　文部科学省『「スクール・ニューディール」構想の推進に関するお願い」について』2009年、http://www.mext.go.jp/b_menu/houdou/21/06/1270179.htm（2012/10/20）
5　朝日新聞、朝刊2011年12月7日。
6　総務省『フューチャースクール推進事業』2012年、http://www.soumu.go.jp/main_sosiki/joho_tsusin/kyouiku_joho-ka/future_school.html（2012/10/20）
7　文部科学省『学びのイノベーション事業』2012年、http://www.soumu.go.jp/main_

content/000154124.pdf（2012/10/20）
8　文部科学省『情報化の進展に対応した教育環境の実現に向けて』、http://www.mext.go.jp/b_menu/shingi/chousa/shotou/002/toushin/980801e.htm（2012/10/20）
9　文部科学省『「教育の情報化に関する手引」について』2010年、http://www.mext.go.jp/a_menu/shotou/zyouhou/1259413.htm(2012/11/11)
10　文部科学省『平成23年度学校における教育の情報化に関する調査結果』2012年、http://www.mext.go.jp/a_menu/shotou/zyouhou/__icsFiles/afieldfile/2012/09/10/1323235_01.pdf　(2012/11/11)
11　総務省『インターネット利用におけるトラブル事例等に関する調査研究（平成23年度版）インターネットトラブル事例集(Vol.3)』2011年、http://www.soumu.go.jp/main_content/000173723.pdf（2012/10/20）
12　文部科学省『「ネット上のいじめ」に関する対応マニュアル・事例集（学校・教員向け）』2008年、http://www.mext.go.jp/b_menu/houdou/20/11/08111701/001.pdf（2012/10/20）
13　EDUNET: http://www.edunet4u.net/engedunet/ed_01.html?entryway=edunetEng（2012/10/20）
14　KERIS: http://english.keris.or.kr/（2012/10/20）

参考文献
・家納寛子(2011)『ネットいじめ』ぎょうせい。
・原清治・山内乾史(2011)『ネットいじめはなぜ「痛い」のか』ミネルヴァ書房。
・岡嶋裕史(2010)『ポスト・モバイル：ITとヒトの未来図』新潮社。
・加藤直樹・前田光男・上市善章・村松祐子・森本泰弘(2010)「学校改善を支援する教育情報システムの検討：韓国NEISと国内先進地域の調査結果をふまえた提言」『日本教育情報学会第26回年会』、58-61頁。
・松下佳代(2010)『＜新しい能力＞は教育を変えるか: 学力・リテラシー・コンピテンシー』ミネルヴァ書房。
・稲垣忠・清水和久・塩飽隆子(2009)「国際交流プロジェクトにおけるコミュニケーション・ツール利用の分析」『教育メディア研究』16(1)，7-18頁。
・岸磨貴子・三宅貴久子・久保田賢一・黒上晴夫(2009)「ICTを媒介とした国際間協同物語制作学習による異文化理解」日本教育工学会論文誌 33 (Suppl.)，161-164頁。
・Bonk, J. B. The World Is Open: How Web Technology Is Revolutionizing Education. Jossey-Bass.（2009）。
・Trilling, Bernie; Fadel, Charles (2009) 21st Century Skills: Learning for Life in Our Times. Jossey-Bass;

・水越敏行・久保田賢一(2008)『ICT教育のデザイン』日本文教出版。
・和田勉(2007)「韓国の初中等情報教育」『オペレーションズ・リサーチ:経営の科学』52(8), 469-473. 社団法人日本オペレーションズ・リサーチ学会。
・ドミニク・S. ライチェン、ローラ・H. サルガニク(2006)『キー・コンピテンシー』明石書店。
・市川伸一(2003)『学力から人間力へ』教育出版。
・教育システム情報学会(2001)『教育システム情報ハンドブック』実教出版。
・久保田賢一(2000)『構成主義パラダイムと学習環境デザイン』関西大学出版部。
・日本教育工学会(2000)『教育工学事典』実教出版。

執筆者紹介

井坂　行男（いさか　ゆきお：第2章1）
1961年生まれ。大阪教育大学教授。専攻は特別支援教育（聴覚障がい教育）。
主要著書
共編著『特別支援教育の扉』八千代出版、2005年。共編著『かずを学ぶ、りょうを学ぶ　～身体を通した学びの支援から、知識による学びの支援まで～』明治図書、2008年。

岩槻　知也（いわつき　ともや：第4章）
1966年生まれ。京都女子大学教授。博士（人間科学）。専攻は社会教育学・生涯学習論。
主要著書
共編著『家庭・学校・社会で育む発達資産―新しい視点の生涯学習』北大路書房、2007年。
共著『読書教育への招待』東洋館出版社、2010年。共著『人生を変える生涯学習の力』新評論、2004年。

上田　学（うえだ　まなぶ：第1、3章）　　編者、奥付参照。

内海　成治（うつみ　せいじ：第5章）
1946年生まれ。京都女子大学教授兼京都教育大学大学院連合教職実践研究科教授。博士（人間科学）。専攻は国際教育協力論、ボランティア論。
主要著書
『国際教育協力論』世界思想社 2001年。共編著『ボランティア学を学ぶ人のために』世界思想社、1999年。編著『初めての国際協力 - 変わる世界とどう向きあうか』　昭和堂、2012年。

内海　博司（うつみ　ひろし：第10章）
1941年生まれ。京都大学名誉教授、（公財）京都「国際学生の家」理事長、NPOさきがけ技術振興会理事長、（公財）体質研究会主任研究員。理学博士。専攻は放射線生物学・放射線基礎医学。
主要著書
分担執筆『低線量・低線量率放射線による生物影響発現』（大西監修）（株）アイプリコム、2003年。著書『培養細胞から生命を探る』裳華房、1992年。共編著『放射線同位元素等取扱者必携』オーム社、1983年。

久保田　賢一（くぼた　けんいち：第11章）
　1949年生まれ。関西大学総合情報学部教授。Ph. D (Instructional Systems Technology)。専攻は学習環境デザイン・教育工学。
　主要著書
　　共編著『大学教育をデザインする』晃洋書房、2012年。共編著『ICT教育のデザイン』日本文教出版、2008年。編著『映像メディアのつくり方』北大路書房、2008年。

堤　　正史（つつみ　まさふみ：第9章）
　1954年生まれ。大阪成蹊大学教授。専攻は哲学、倫理学、道徳教育。
　主要著書
　　共著『バイリンガル・テキスト　現代日本の教育』東信堂、2010年。共著『＜思考＞の作法』萌書房、2004年。共著『現代教育学のフロンティア―新時代の創出をめざして―』世界思想社、2003年。共著『道徳教育論―対話による対話への道徳教育―』ナカニシヤ出版、2003年。

中田　英雄（なかた　ひでお：第2章2）
　1948年生まれ。つくば国際大学東風高等学校校長。筑波大学名誉教授。博士（心身障害学）。専攻は特別支援教育。
　主要著書
　　監訳『盲・視覚障害百科事典』明石書店、2009年。共編著『アダプテッド・スポーツの科学』市村出版、2004年。共編著 "Adapted Physical Activity" Springer-Verlag, 1994。

村田　翼夫（むらた　よくお：第7章）　　　編者、奥付参照。

森　　繁男（もり　しげお：第6章）
　1953年生まれ。京都女子大学教授。専攻は教育社会学。
　主要著書
　　共編著『教育とジェンダー形成―葛藤・錯綜／主体性』ハーベスト社、2005年。共著『家族論を学ぶ人のために』世界思想社、1999年。共著『教育現象の社会学』世界思想社、1995年。

山口　　満（やまぐち　みつる：第8章）
　1937年生まれ。関西外国語大学特任教授。筑波大学名誉教授。専攻はカリキュラム研究。
　主要著書
　　共編著『バイリンガル・テキスト　現代日本の教育』東信堂、2010年。共編著『改訂新版・特別活動と人間形成』学文社、2010年。編著『第二版　現代カリキュラム研究』学文社、2005年。

索引

■ア行

アジア人留学生	172
アジア言語学習	171
東洋	314
アセアン ASEAN	173-174, 188, 192, 195-196
アセアン憲章	195
アセスメント・ポリシー	188
新しい能力	293, 301-304, 318
アバター	312
アフガニスタン教育省	62-64
生きる力	123, 136, 147, 149, 228
イデオロギー	227, 231-234, 237, 244-246, 251, 254
イデオロギー批判	245-246
異文化理解教育	171, 183
インクルーシブ教育	31, 38-40, 43, 45-49, 51-57, 62, 192
インターネット回線	295
インターネットショッピング	311-312
インタラクティブ性	309
インドネシア教育大学	58, 61, 66
ウェブ2.0	304
エスニック・マイノリティ	112
似非科学	257, 282-283, 287
エラスムス計画	171, 173, 187-188, 197
オンラインゲーム	312

■カ行

海外・帰国児童生徒の教育	174, 179-180
海外児童生徒の教育	179
海外留学者	171, 186-187
外国語活動	171-172, 178, 183, 198, 201, 203, 206, 208, 210, 217
外国語教育	172, 178-180, 183
外国人児童生徒の教育	172, 176, 180, 183
外国人留学生	171, 185-186, 197
階層格差	147-149, 153
開発教育	171, 179-181, 184-185, 197
開発途上国	i, 31, 57-58, 66, 141, 171, 179, 181, 184, 192-194
科学教育改革	259, 285, 288
科学リテラシー	257, 262, 283-287
学士課程答申	188, 197
学習意欲	18, 59, 151-152, 154-155, 169
学習コンテンツ	306, 308, -310, 314-315
学習支援 NPO	147, 154
学習指導要領	9-10, 32, 37, 74, 147, 149, 171, 178-180, 198-211, 213-214, 216-217, 224-226, 228, 230, 253, 263, 288, 299, 302
学習障害（learning disorders; LD）	54, 55
隠れたカリキュラム	147-148, 161-163, 165, 168-169
「型」の教育	227, 234-235, 237, 241
価値相対主義	236
学校運営協議会	82, 93, 113
学校教育の国際化	174
学校教育法	6-9, 13, 27-29, 32, 34, 40, 54, 74, 78, 92, 206, 209
学校支援地域本部	113, 115
学校設置基準	27, 74
学校選択制	20-21, 204
学校と地域の連携	106, 113
学校評議員制度	92, 113
金子郁容	93, 101, 119, 121, 129, 142, 145

カリウム40　　　270-271, 273-274, 278
カリキュラム観　　　199, 212-214
苅谷剛彦　　　150-151, 169-170
韓国・朝鮮の文化や言語　　　181
慣習的道徳　　v, 227, 237-240, 246, 251
キー　　11, 25, 41, 98, 101, 301, 319
帰国児童生徒の教育　　172, 174-175, 179, 180, 183
規制緩和　　　11, 81, 207, 238
基礎的環境整備　　　31, 48, 52-53
義務教育制度　　　21
義務教育費国庫負担法　　　88, 93
キャリア教育　　123, 158, 165, 168, 201, 209
教育委員会　9, 21, 23, 33-34, 42-43, 45, 47, 76-82, 88, 91-93, 114, 116, 120, 155, 177, 180, 183, 199, 203-204, 206-208, 210-211, 214, 224-226
教育委員会法　　　76-77, 92
教育委員の準公選制　　　80
教育改革法（英国、1988）　25, 83
教育課程　7, 9, 15-17, 26-27, 32, 74, 78, 81-83, 91, 112, 123, 144, 199, 201-205, 208-214, 216, 220-226, 228, 230, 232
教育課程化（curricularization）　216, 221, 224
教育課程特例校　　199, 205, 209-211
教育コミュニティ　　106-107, 113-114, 117, 119-121
教育刷新委員会　　7, 232, 233, 250
教育情報ナショナルセンター（NICER）　308
教育勅語　　　232-233
教育的自覚　　　142
教育の情報化　　v, 293-299, 305, 308, 310, 313-318
教育法（英国、1944、1996）　6-9, 13, 23, 27-29, 32, 34, 40, 54, 74, 78, 92,

206, 209
教員研修留学生　　i, 173, 189-190
教員養成　13, 58, 62, 64-66, 244, 252, 295
共生分野　　　181
協働授業研究会　　　58, 60, 66
協働授業研究モデル　　　60, 66
グローバルイシュー　　　181
グローバル化社会　　　ii, 201
研究開発学校　　　199, 209-211
広域特別支援連携協議会　　31, 42, 53
高機能自閉症　　　34, 43, 55
公共性　　　126, 128-130, 133, 254
高自然放射線地域　　　278
構造改革　　　11, 12, 20, 27, 205
構造改革特別区域法　　　20, 27
高大連携　　　18, 28
高等専門学校　　3, 12-14, 20, 27-28, 70
公民科　　　232, 250-251
公民教育刷新委員会　　　232, 250
公立義務教育諸学校の学級編制及び
　教職員定数の標準に関する法律　88
国際化　ii, 171, 173-175, 179-180, 185
国際教育協力　58, 61, 66, 173, 191, 334
国際協力機構（JICA）　　　58
国際理解教育　　171-172, 175, 179-182, 186, 196-198, 222, 304
国民教育省特別支援教育課　　　58
心の教育　　221, 230-231, 234, 254-255
個の尊厳（dignity of individual）　139
個別の支援計画　　　36-37
コミュニケーション　　4, 45, 48, 95, 99, 102, 118, 134, 142, 177, 180, 206, 209, 260, 288, 294, 302-305, 308, 311, 313, 318
コミュニティ　　　　　　　　ii, iv, 80, 82, 84, 93, 95-97, 99-110, 112-114, 117-121, 134, 138, 184-185, 191, 286
コミュニティ・スクール　80, 82, 84, 93,

	95, 105, 107-110, 113	宗教的情操	241-243
コミュニティ・デザイン		修身	200, 231-233, 245, 250-251
コミュニティ科学	97, 101-104, 106, 119, 121	授業研究（Lesson Study）	58-60, 66, 190, 253
コミュニティ教育学	97, 101, 105-107, 114, 119-121	授業研究会	58-60, 66
		障害者基本法	36, 38, 54
コミュニティ心理学	97, 101, 103-104, 106, 119, 121	障害者の権利条約	39
		肖像権	311
		小中連携	17, 205, 210
		情報科	210, 295, 299

■サ行

		情報化社会	ii
サラマンカ声明	31, 38, 57	情報活用能力	294-295, 297, 299, 301
ジェンダー・ステレオタイプ	162	情報教育	232, 293-295, 297-302, 309, 311, 313-315, 317, 319
ジェンダー・バイアス	167		
ジェンダー・フリー教育	147, 158, 162, 165, 167	情報通信技術	293-294
		情報モラル	298, 311
ジェンダー格差	147	職業教育	i, 12-13, 61, 71, 300
紫外線	264-267, 273, 277, 282	新自由主義	10-12, 148, 239
自己学習力	301	スクール	ii, 23, 31, 49, 52, 80, 82, 84, 93, 95, 105, 107-110, 113, 147, 154-166, 169, 296-297, 310, 317
私事化（privatization）	ii, 93, 246-248		
私事化社会	246		
持続可能な開発のための教育（ESD）	219	スクール・カウンセラー	155
		スクール・ソーシャルワーカー	147, 154-155, 169
市町村立学校職員給与負担法	88		
実物投影機	296, 306, 308	スマートフォン	308-309, 317
指導要録	23, 27, 202-203, 224	政治的決定への参加（participate in decision making）	139
柴野昌山	163, 170		
自発性	126-128, 132, 251	セキュリティ対策	311
市民科（東京都品川区）	199, 203-204, 207-208, 224	セシウム 137	271, 274
		設置者管理主義	78
市民教育	195, 221, 223, 253, 300-301, 317	設置者負担主義	78, 88
		先駆性	129
地元による学校経営（英国、LMS）	83	全国共通カリキュラム（英国、National Curriculum）	25, 83
社会化	160-162, 164-165, 170, 335		
社会階層	148-149, 152-153	選択教科制	209
社会的公正	133, 137-138, 153-154, 169	選択必修科目	294, 299
社会的孤立（排除）	96, 100, 112, 118	全米科学教育スタンダード（National Science Education Standards）	285
社会文化的要因	151, 152, 154		
就学指導委員会	43		
宗教教育	227, 241-244, 252-255	創意的体験活動（韓国）	221-224

索引　325

総合学習	199, 209, 215-216, 218-224, 295, 301	中央教育審議会	15, 28, 34, 39, 51, 81, 170, 179-180, 188, 197, 224
総合実践活動（中国）	220-221, 225	中等教育学校	3, 12, 14-15, 22, 27-28, 37, 70, 88, 92, 111-112
総合的な学習の時間	180-181, 198, 204, 206, 208, 210-211, 216-219, 221, 225, 294, 299	著作権	311-312
相互言語依存説	177	通級による指導	33, 44, 46-47, 55
創造性	129, 219-220	つながり	5, 26, 90, 95-96, 98-101, 106, 107, 109, 112, 114, 116-119, 121, 131, 156, 252, 304
ソーシャル・キャピタル	95, 97-101, 103, 107, 109-110, 117-118, 121	ディーム（Deem）	164

■タ行

		ディスレクシア（読字障害）	310
大学間交流	171, 173, 187, 188	適応教育	171, 175-176, 182
多言語社会	172, 183	デジタル教科書	296-297, 305-306, 309-310, 314
確かな学力	123, 199, 201, 212, 228	デジタルネイティブ	305
脱イデオロギー	232, 234, 237, 244	デューイ	135, 144, 281
奪文化化教育	171, 177-178, 182	電子掲示板	311
タブレットPC	306	電子黒板	296-298, 302, 306, 308, 314
タブレット端末	297, 308-309, 317	電磁波	262, 264-268, 274, 282
多文化教育	175-176	電離放射線	264-265, 273, 278
多文化共生教育	171-172, 182, 184-185	動画サイト	311
多文化社会	172	道徳教育の強化	228-231, 233, 239
多様な個性	iv, 147-148, 154, 158, 165, 169	道徳教育の不振	ii, 230, 233
		道徳の時間	228, 230, 232, 253
多様な学びの場	31, 46-47, 52-53	東南アジア諸国連合	173, 195
男女平等教育	158, 160-161, 165, 170	特殊教育	31-34, 37, 40, 51, 54, 56, 63
地域開放学校	95, 107, 110, 113	特別支援学級	40, 44-48, 51-52
地域教育協議会	95, 114-116, 120	特別支援学校	22, 27-28, 31, 37-38, 40, 42-49, 51-53, 55, 58, 61, 65, 70, 88, 176, 224-225
地域サービス学習	138-141, 144		
地域サービス学習担当（social service learning coordinator）	139	特別支援教育	iv, 27, 31, 33-46, 48-58, 60-66, 155, 334-335
地球規模の課題	303	特別支援教育教科書の開発	64
知識基盤社会	ii, 188, 201, 203, 212, 218, 293-294, 301-302, 310, 316	特別支援教育コーディネーター	31, 41, 53
地方学事通則	75	特別支援教育のセンター的機能	42
地方教育行政の組織及び運営に関する法律	70, 73, 77, 92-93	特別支援教室	46
		徳目主義教育	236
地方分権	11, 69, 81, 89-90, 204, 207	トランス・サイエンス	259-261, 291
チャリティ	128, 130-131		

■ナ行

南南教育協力	171, 173, 192, 194
南南協力	66, 192-193, 194
南南三角教育協力	66
南南三角協力	66
日本語演習・指導	176
日本ユネスコ・アジア文化センター（ACCU）	191
認定就学者	33, 48, 53

■ハ行

発達障害者支援法	37, 54
ハビトゥス	147-148, 152, 154, 157, 169
反省的道徳	v, 227, 237, 240, 246, 251
ハンナ・アーレント	133, 142, 144-145, 254
万人のための教育（EFA）	171, 173, 191
非営利性	126-127, 130
東アジア共同体	173-174, 188-189, 195-198
東日本大震災	ii, 134, 219, 257-258, 260
ヒューストン（Houston）	167
開かれた学校	113
品性教育（Character Education）	236-237, 240, 244-245
フェミニズム	162
福島原発事故	258-259, 261-267, 275-277
副読本	234, 257, 267-269
不正アクセス	311
フューチャースクール推進事業	297, 310, 317
ブラジル人児童	182
フルサービス・スクール	109
ブルデュー（Bourdieu）	152
ブルネラビリティ vulnerability（脆弱性）	142
プロジェクト学習	303, 307, 315-316
プロフ	311
文化資本	147-148, 152-154, 157
平成の大合併	89
平和部隊	141
ベルグソン	143, 145
奉仕	125, 131-132, 134, 220, 231, 243
放射性同位元素	269-271, 274, 281
放射性物質	258, 264, 269, 270-272, 276, 278
放射線	ii, v, 257-265, 267-279, 281, 287, 289, 290-291, 334
放射線の修復	278
放射線の人体影響	v, 257, 260, 262-263, 274, 275
放射線防護	267, 276
母語教育	177, 185
母子保健法	43
ボランティアの課題	123
ボローニャ・プロセス	171, 173, 188, 197

■マ行

まちづくり	96, 100
学びのイノベーション事業	297, 310, 317
民主主義の教育	227, 240, 244, 246, 248, 250-251
無縁社会	ii, 95-96, 98, 118, 121
物語制作	305, 318
問題解決学習	303, 316
文部科学省	28-29, 32,-35, 37, 39-43, 47, 51, 54-56, 63, 73-74, 92, 120, 155, 169, 176, 178, 191, 196-198, 202, 205, 209, 224-226, 267, 289, 291, 294-299, 307, 309-311, 317-318
文部科学省特別教育研究連携融合事業	63

■ヤ行

ユース・サービス	111
ゆとり教育	149, 263
幼小連携	17
よきサマリア人の譬え	127
横浜版学習指導要領（横浜市）	224-226
読み書き能力（リテラシー）	300

■ラ行

ライフ・チャンス	148, 154, 158
ラヒマ・ワーデ	138
リスク認知	257, 279
臨時教育審議会	113, 175, 179, 295, 297
ローカル・カリキュラム	204, 207
ロバート・コールズ (Robert Coles)	124
ロバート・パットナム	97

■数字・欧字

21世紀科学 (Twenty First Century Science)	285, 287, 290
21世紀型スキル	301
6-3-3制	7
ADHD	34-35, 43, 55
CAI	295
EFA	171, 173, 191
EU	171, 173-174, 187
Facebook	304
Gotong Royong	60
ICT活用能力	296, 306-307
ICT機器	294, 296, 298, 302, 305-306, 308-309, 314, 317
ICT支援体制	306-307
i-Japan戦略2015	296
JICA	58, 62-67, 193-194
JICA技術協力プロジェクト	63-66
LD	34-35, 43, 55, 310
NEIS（韓国の全国教育行政システム）	314, 318
PISA	149, 152, 289, 297, 316
RECSAM	194
SNS	311-312
twitter	304

編者紹介

村田翼夫（むらた　よくお）

1941年生まれ。京都大学教育学部講師、マラヤ大学客員講師、国立教育研究所主任研究官、筑波大学教育学系教授、大阪成蹊大学教授を経て、京都女子大学教授。筑波大学名誉教授。博士（教育学）。専攻は東南アジアを中心とする比較国際教育学。

主要著書

『タイにおける教育発展―国民統合・文化・教育協力』東信堂、2007年。共編著『バイリンガル・テキスト　現代日本の教育―制度と内容―』東信堂、2010年。編著『東南アジア諸国の国民統合と教育―多民族社会における葛藤―』東信堂、2001年。共編著『多文化共生社会の教育』玉川大学出版部、2001年。

上田　学（うえだ　まなぶ）

1947年生まれ。帝塚山大学助手・講師・助教授、京都女子大学教授を経て、千里金蘭大学教授。京都女子大学名誉教授。博士（教育学）。専攻は教育行政学。

主要著書

『日本と英国の私立学校』玉川大学出版部、2009年。『日本の近代教育とインド』多賀出版、2001年。『ある英国人のみた明治後期の日本の教育』（翻訳）行路社、1995年。編著 "Educational System and Administration in Japan"、協同出版、1999年。

現代日本の教育課題―21世紀の方向性を探る　　　定価はカバーに表示してあります。

2013年7月31日　初版　第1刷発行　　　　　　　　　〔検印省略〕

編者Ⓒ村田翼夫、上田　学／発行者　下田勝司　　　印刷／製本　中央精版印刷

東京都文京区向丘1-20-6　　郵便振替 00110-6-37828　　　　発行所　株式会社 東信堂
〒113-0023　TEL (03)3818-5521　FAX (03)3818-5514

Published by TOSHINDO PUBLISHING CO., LTD.
1-20-6, Mukougaoka, Bunkyo-ku, Tokyo, 113-0023 Japan
E-mail:tk203444@fsinet.or.jp　http://www.toshindo-pub.com

ISBN978-4-7989-1183-0　C3037　　Ⓒ Y.Murata, M.Ueda

東信堂

現代日本の教育課題──21世紀の方向性を探る	村田翼夫・上田 学編著	二八〇〇円
バイリンガルテキスト現代日本の教育	村田翼夫編著	三八〇〇円
発展途上国の保育と国際協力	山口美和編著	三八〇〇円
国際教育開発の再検討──途上国の基礎教育普及に向けて	浜野隆明著	三八〇〇円
日本の教育経験──途上国の教育開発を考える	小川啓一・西村幹子・北村友人編著	二四〇〇円
子ども・若者の自己形成空間──教育人間学の視線から	高橋勝編著	二七〇〇円
君は自分と通話できるケータイを持っているか──「現代の諸課題と学校教育」講義	国際協力機構編著	二八〇〇円
教育文化人間論──知の逍遥／論の越境	小西正雄著	二〇〇〇円
グローバルな学びへ──協同と刷新の教育	小西正雄著	二四〇〇円
教育の共生体へ──ショナルの思想圏	田中智志編著	二〇〇〇円
人格形成概念の誕生──近代アメリカの教育概念史	田中智志編	三五〇〇円
社会性概念の構築──アメリカ進歩主義教育の概念史	田中智志著	三六〇〇円
教育の自治・分権と学校法制	結城忠著	三八〇〇円
教育による社会的正義の実現──アメリカの挑戦 (1945-1980)	D.ラヴィッチ著／末藤美津子訳	四六〇〇円
学校改革抗争の100年──20世紀アメリカ教育史	D.ラヴィッチ著／末藤美津子・宮本健市郎・佐藤隆之訳	五六〇〇円
教育における国家原理と市場原理──チリ現代教育政策史に関する研究	斉藤泰雄著	六四〇〇円
ヨーロッパ近代教育の葛藤──地球社会の求める教育システムへ	太田美幸編	三八〇〇円
〈シリーズ 日本の教育を問いなおす〉		
拡大する社会格差に挑む教育	西村和雄・大森不二雄・倉元直樹・木村拓也編	二四〇〇円
混迷する評価の時代──教育評価を根底から問う	西村和雄・大森不二雄・倉元直樹・木村拓也編	二四〇〇円
教育における評価とモラル	西村和雄・倉元直樹・木村拓也編	二四〇〇円
地上の迷宮と心の楽園〔コメニウス・セレクション〕	J.コメニウス著／藤田輝夫訳	三六〇〇円

〒113-0023 東京都文京区向丘1-20-6
TEL 03-3818-5521 FAX 03-3818-5514 振替 00110-6-37828
Email tk203444@fsinet.or.jp URL:http://www.toshindo-pub.com/

※定価：表示価格（本体）＋税

東信堂

比較教育学事典	日本比較教育学会編	一二〇〇〇円
比較教育学	馬越徹	三六〇〇円
比較教育学——伝統・挑戦・新しいパラダイムを求めて	Ｍ・ブレイ編 馬越徹・大塚豊監訳	三八〇〇円
世界の外国人学校	末藤美津子・大塚豊・関口礼子・ 浪田克之介編著	三八〇〇円
多様社会カナダの「国語」教育(カナダの教育3)	関口礼子編著	三八〇〇円
国際教育開発の再検討——途上国の基礎教育普及に向けて	小川啓一・西村幹子・北村友人編著	二四〇〇円
中国教育の文化的基盤	顧明遠 大塚豊監訳	二九〇〇円
中国大学入試研究——変貌する国家の人材選抜	大塚豊	三六〇〇円
中国高等教育独学試験制度の展開	大塚豊訳著	三二〇〇円
大学財政——世界の経験と中国の選択	南部広孝	三四〇〇円
中国の民営高等教育機関——社会ニーズとの対応	鮑威	四六〇〇円
「改革・開放」下中国教育の動態	阿部洋編著	五四〇〇円
中国の職業教育拡大政策——背景・実現過程・帰結	劉文君	三八二七円
中国の後期中等教育の拡大と経済発展パターン——江蘇省と広東省の比較	呂光耀	五〇四八円
中国高等教育の拡大と教育機会の変容	王傑	三九〇〇円
現代中国初中等教育の多様化と教育改革	楠山研	三六〇〇円
ドイツ統一・EU統合とグローバリズム——教育の視点からみたその軌跡と課題	木戸裕	六〇〇〇円
教育における国家原理と市場原理——チリ現代教育史に関する研究	斉藤泰雄	三八〇〇円
中央アジアの教育とグローバリズム	川野辺敏編著	三二〇〇円
バングラデシュ農村の初等教育制度受容	日下部達哉	三六〇〇円
オーストラリア学校経営改革の研究——自律的学校経営とアカウンタビリティ	佐藤博志	三八〇〇円
オーストラリアの言語教育政策——多文化主義における「多様性と」「統一性」の揺らぎと共存	青木麻衣子	三八〇〇円
マレーシア青年期女性の進路形成	鴨川明子	四七〇〇円
「郷土」としての台湾——郷土教育の展開にみるアイデンティティの変容	林初梅	四六〇〇円
戦後台湾教育とナショナル・アイデンティティ	山﨑直也	四〇〇〇円

〒113-0023 東京都文京区向丘1-20-6 TEL 03-3818-5521 FAX03-3818-5514 振替 00110-6-37828
Email tk203444@fsinet.or.jp URL:http://www.toshindo-pub.com/

※定価：表示価格（本体）＋税

東信堂

転換期を読み解く——潮木守一 時評・書評集	潮木守一	二六〇〇円
大学再生への具体像【第二版】	潮木守一	近刊
フンボルト理念の終焉？——現代大学の新次元	潮木守一	二五〇〇円
いくさの響きを聞きながら——横須賀そしてベルリン	潮木守一	二四〇〇円
大学教育の思想——学士課程教育のデザイン	絹川正吉	二八〇〇円
国立大学法人の形成	大﨑仁	二六〇〇円
国立大学法人化の行方——自立と格差のはざまで	天野郁夫	三六〇〇円
転換期日本の大学改革——アメリカと日本	江原武一	三六〇〇円
大学の責務	丸山文裕	三八〇〇円
大学の財政と経営	立川明・坂本辰朗 D・ケネディ著／井上比呂子訳	三二〇〇円
私立大学マネジメント	㈳私立大学連盟編	四七〇〇円
私立大学の経営と拡大・再編——一九八〇年代後半以降の動態	両角亜希子	四二〇〇円
大学の発想転換——体験的イノベーション論二五年	坂本和一	二〇〇〇円
ドラッカーの警鐘を超えて	坂本和一	二五〇〇円
30年後を展望する中規模大学	市川太一	二六〇〇円
マネジメント・学習支援・連携		
大学のカリキュラムマネジメント	中留武昭	三三〇〇円
戦後日本産業界の大学教育要求——経済団体の教育言説と現代の教養論	飯吉弘子	五四〇〇円
教育機会均等への挑戦——授業料と奨学金の8カ国比較	小林雅之編著	六八〇〇円
アメリカ連邦政府による大学生経済支援政策	犬塚典子	三八〇〇円
アメリカ大学管理運営職の養成	高野篤子	三三〇〇円
大学事務職員のための高等教育システム論【新版】——より良い大学経営専門職となるために	山本眞一	一六〇〇円
アメリカにおける多文化的歴史カリキュラム	桐谷正信	三六〇〇円
現代アメリカの教育アセスメント行政の展開——マサチューセッツ州（MCASテスト）を中心に	北野秋男編	四八〇〇円
現代アメリカにおける学力形成論の展開——スタンダードに基づくカリキュラムの設計	石井英真	四二〇〇円
大学教育とジェンダー——ジェンダーはアメリカの大学をどう変革したか	ホーン川嶋瑤子	三六〇〇円
スタンフォード 21世紀を創る大学	ホーン川嶋瑤子	二五〇〇円

〒113-0023 東京都文京区向丘1-20-6
TEL 03-3818-5521 FAX 03-3818-5514 振替 00110-6-37828
Email tk203444@fsinet.or.jp URL·http://www.toshindo-pub.com/

※定価：表示価格（本体）＋税

東信堂

大学の自己変革とオートノミー―点検から創造へ	寺﨑昌男	二五〇〇円
大学教育の創造―歴史・システム・カリキュラム	寺﨑昌男	二五〇〇円
大学教育の可能性―評価・実践・教養教育・FD	寺﨑昌男	二五〇〇円
大学は歴史の思想で変わる―FD・評価・私学	寺﨑昌男	二八〇〇円
大学改革 その先を読む	寺﨑昌男	一三〇〇円
大学自らの総合力―理念とFDそしてSD FDの明日へ	寺﨑昌男	二〇〇〇円
大学教育のネットワークを創る	京都大学高等教育研究開発推進センター編	三二〇〇円
大学教育の臨床的研究―臨床的人間形成論第I部	田中毎実	二八〇〇円
高等教育質保証の国際比較	杉本和弘 羽田貴史 編	三六〇〇円
英語の一貫教育へ向けて	立教学院英語教育研究会編	三六〇〇円
「主体的学び」につなげる評価と学習方法―カナダで実践されるICEモデル	土持ゲーリー法一訳	一〇〇〇円
ポートフォリオが日本の大学を変える―ティーチング/ラーニング/アカデミック・ポートフォリオの活用	土持ゲーリー法一	二五〇〇円
ティーチング・ポートフォリオ―授業改善の秘訣	土持ゲーリー法一	二〇〇〇円
ラーニング・ポートフォリオ―学習改善の秘訣	土持ゲーリー法一	二五〇〇円
IT時代の教育プロ養成戦略―日本初のeラーニング専門家養成ネット大学院の挑戦	大森不二雄編	二六〇〇円
学士課程教育の質保証へむけて―学生調査と初年次教育からみえてきたもの	山田礼子	三二〇〇円
大学教育を科学する―学生の教育評価の国際比較	山田礼子編著	二八〇〇円
一年次(導入)教育の日米比較	山田礼子編著	三六〇〇円
「深い学び」につながるアクティブラーニング―全国大学の学科調査報告とカリキュラム設計の課題	河合塾編著	二八〇〇円
アクティブラーニングでなぜ学生が成長するのか―経済系・工学系の全国大学調査からみえてきたこと	河合塾編著	二八〇〇円
初年次教育でなぜ学生が成長するのか―全国大学調査からみえてきたこと	河合塾編著	二八〇〇円

〒113-0023 東京都文京区向丘1-20-6　TEL 03-3818-5521　FAX 03-3818-5514　振替 00110-6-37828
Email tk203444@fsinet.or.jp　URL:http://www.toshindo-pub.com/

※定価：表示価格（本体）＋税

東信堂

現代日本の地域分化—センサス等の市町村別集計に見る地域変動のダイナミックス	蓮見音彦	三八〇〇円
地域社会研究と社会学者群像—社会学としての闘争論の伝統	橋本和孝	五九〇〇円
覚醒剤の社会史—ドラッグ・ディスコース・統治技術	佐藤哲彦	五六〇〇円
捕鯨問題の歴史社会学—近代日本におけるクジラと人間	渡邊洋之	二八〇〇円
新版 新潟水俣病問題—加害と被害の社会学	飯島伸子・舩橋晴俊編	三八〇〇円
新潟水俣病をめぐる制度・表象・地域	舩橋晴俊編	五六〇〇円
新潟水俣病問題の受容と克服	関礼子	四八〇〇円
組織の存立構造論と両義性論—社会学理論の重層的探究	舩橋晴俊	二五〇〇円
自立支援の実践知—阪神・淡路大震災と共同・市民社会	似田貝香門編	三八〇〇円
〔改訂版〕ボランティア活動の論理—ボランタリズムとサブシステンス	西山志保	三六〇〇円
自立と支援の社会学—阪神大震災とボランティア	堀田恭子	四八〇〇円
個人化する社会と行政の変容—情報、コミュニケーションによるガバナンスの変容	藤谷忠昭	三八〇〇円
〈大転換期と教育社会構造〉地域社会変革の社会論的考察	佐藤恵	三二〇〇円
第1巻 教育社会史—日本とイタリアと	小林甫	七八〇〇円
第2巻 現代的教養 I —生活者生涯学習の地域的展開	小林甫	六八〇〇円
第3巻 現代的教養 II —技術者生涯学習の生成と展望	小林甫	六八〇〇円
第4巻 学習力変革—地域自治と社会構築	小林甫	近刊
社会共生力—東アジアと成人学習	小林甫	近刊
ソーシャルキャピタルと生涯学習	J・フィールド 矢野裕俊監訳	三二〇〇円
NPOの公共性と生涯学習のガバナンス	高橋満	二八〇〇円
〈アーバン・ソーシャル・プランニングを考える〉（全2巻）	橋本和孝・藤田弘夫・吉原直樹編著	
都市社会計画の思想と展開	橋本和孝・藤田弘夫・吉原直樹編著	二三〇〇円
世界の都市社会計画—グローバル時代の都市社会計画	橋本和孝・藤田弘夫・吉原直樹編著	二三〇〇円
移動の時代を生きる—人・権力・コミュニティ	吉原直樹監修 大西仁	三二〇〇円

〒113-0023 東京都文京区向丘1-20-6
TEL 03-3818-5521 FAX03-3818-5514 振替 00110-6-37828
Email tk203444@fsinet.or.jp URL:http://www.toshindo-pub.com/

※定価：表示価格（本体）＋税